叢書・ウニベルシタス　1043

セリーナへの手紙

スピノザ駁論

ジョン・トーランド
三井礼子 訳

法政大学出版局

John Toland, *Letters to Serena,* London, 1704

凡例

一、本書はジョン・トーランド『セリーナへの手紙』(John Toland, *Letters to Serena*, London, 1704) の全訳である。底本には、リプリント版 John Toland, *Letters to Serena*, New York & London, Garland Publishing, 1976 を用いた。

一、訳出にあたって、以下のリプリント版および他国語訳を参照した。

・*Letters to Serena*, mit einer Einleitung von Günter Gawlick, Stuttgart-Bad Cannstatt, F. Frommann Verlag, 1964.

・*Lettres Philosophiques*, traduites de l'Anglois de J. Toland, Londres, 1768. 表題は『哲学書簡』と題され、翻訳者名も明記されていないが、これはドルバック男爵(ポール゠アンリ・ティリ・ドルバック)による『セリーナへの手紙』の仏訳書である。

・*Lettere a Serena*, in *Opere di John Toland*, a cura di Chiara Giuntini, Torino, UTET, 2002.

・*Lettres à Serena et autres textes*, édition par Tristan Dagron, Paris, Honoré Champion, 2004.

一、原書の脚注は＊1、＊2……で示し、注の本文はその節の末尾にまとめた。脚注のほとんどは、ギリシア語、ラテン語による原典引用である。ギリシア語のものは〔希〕、ラテン語のものは〔羅〕の注記を入れて示した。

一、訳注は〔一〕、〔二〕……で示し、訳注の本文は巻末にまとめた。そのさい、「表題」、「序文」、および各書簡ごとに番号を改めた。

一、( )は原著者による。〔 〕は訳者の補足である。

一、傍点は、原著の斜字体を示し、ゴシック体は、原著の大文字表記を示す。ただし、原著で斜字体が引用文を示すさいには「 」を、著作名を示すさいには『 』を用いた。

一、引用文に邦訳を利用させていただくさいに、旧字体については新字体に直した。

セリーナへの手紙

一、偏見の起源と力
二、異教徒における魂不滅説の歴史
三、偶像崇拝の起源および異教信仰の諸理由
さらに、
四、オランダの一紳士に宛て、スピノザの哲学体系には原理あるいは基盤がないことを示す
五、運動は物質に本質的である。「スピノザ反駁」に寄せられた、ある貴人からのいくつかの意見に答える
これらすべての前に付される、
六、序文。これはロンドンの一紳士に宛てた手紙で、以上の諸論考と一緒に送られた。各論考について執筆のきっかけが記されている

トーランド氏著

年月は、人間の思いつきの数々を消し去り、
自然の判断をより確かなものへと変えていく〔羅〕

キケロ『神々の本性について』第二巻(一)

ロンドン、
フリート街、ミドル・テンプル・ゲイト、
バーナッド・リントット発行、
一七〇四年

序文

これはロンドンの一紳士に宛てた手紙で、以下の諸論考と一緒に送られた。各論考について執筆のきっかけが含まれている

1　私がどこに滞在しているか、どのような人たちと交際しているかを考えれば、私が自分の本や知人のことを忘れていても無理はない、とすべての手紙であなたはほのめかしておいでです。そのようなことを完全に良しとはしないけれど、寛大にも大目に見ようとお考えです。定期的な文通がかわされなかったことについて言えば、私からの先の手紙で満足なさったでしょうし、この件ではそれ以上のことなど期待なさってもいないでしょう。ですから、さしあたり今はこの地における公的なニュースや非公式の策謀をお知らせするのではなく、私自身の研究について少し話すことにします。すぐにも認めますが、これは私が取り上げるテーマとしてはもっとも魅力に乏しく面白みのないものの一つです。でも、あなたご自身はその労を認めてくださるかもしれませんし、このようなテーマの選択を許していただければと願っています。さて、まず率直に言わねばなりませんが、あなたはこの国に対してひどく公平さを欠いておられますし、あなたによる次のような比較論、〔この国の〕霧深い大気とどんよりした知性、緩慢な動作と面白みのない概念、広大な荒地や沼地と混沌とした想像力や方法論のない凡庸な考察、といったものはいずれもまったく根拠がありません。あなたの不公平をいさめるには、この国があらゆる時代に輩出し、今でもその誉れとなっている、軍事や政治、技芸や学問に秀でた人々のことを思い出していただく他ありません。あなたが自国の人々への贔屓目をもう少し慎んでいれば、あるいは外国人をもう少し高く買っていれば、あなたもロンドンでこういう多くの人々と会話を楽しめたかもしれません。このように申しますのも、ほとんどの外国人が一般にイングランドで冷淡さと無視に遭遇し、しかも自国に来たさいにとても親切にもてなしてやった当の人々からしばしばそういう扱いを受けるので、彼ら外国人がもらす不満は残念ながらもっともだからです。

2　今私が滞在しているこの町〔二〕は洗練と優美の都《みやこ》だと言えます。首都なのですから、洗練をきわめた才子、輝くばかりの麗人、供回りを従えた華麗な馬車が人目を引き、また外国人も絶え間なく往き交い、自国では第一級の地位を占める人々が好奇心にかられ、その財力に飽かせて他国の人々や習俗を見ようとここにやって来ていると、きっとあなたも推測しているでしょう。ここの人たちは確実で有益な知識を豊かに備えていますが、世の人が誤って学問と呼んで栄誉を授けたがるようなものはほとんど見かけませんし、また彼らはさまざまな優れた書物に囲まれていますが、書物の知識一辺倒の連中は彼らのあいだではもっとも軽蔑に値する代物であることは、あなたに申し上げておきます。ここで起っていることを見かけだけで判断すれば、青年と女性が演じる、とぎれることのない恋の浮かれ騒ぎの光景――確かに行政官や雇い主から注意されることはあっても、邪魔されたりはしません――にすぎません。急ぎ足の旅人、あるいはあらゆる集まりに顔を出せない人はそれ以上のものは見ませんし、自国にいた時以上に見聞を広めることもなく、友人に間違った話をして聞かせるのです。しかし、信じていただきたいのは、個人の蔵書にこれほど選りすぐりの書物がたくさん収集され、さまざまな歴史の分野や自然の秘密をこれほど自由に探究している人たちがいる地域、(ひと言で言えば)勉強を会話に役立て、読んだことを社会で実践して効果を発揮させ、衒学癖と学問、儀礼と礼節を区別する技にこれほど秀でた人たちがいる地域に私は行ったことがありませんでした。

3　このような場所に居るのに、ご存知のように私があれほど夢中になって取りくんでおり、ああいういろいろな気晴らしの中断でさえやる気をそぐどころかむしろ高められる、あれらの研究を私が怠っているのであれば、それは自分がいけないのだとあなたはお思いでしょう。断言しますが、健康と自由に恵まれるかぎり、そこにこそ唯一完璧な楽しみが見いだせると確信している、良き本の利用を私にやめさせるどんな理由もありはしません。というのも、私は人間にとって自然なその他多くの楽しみも好きですし、合法的なことなら適度にはめを外したりもしますが、それらのどの楽しみにも、待っている時や、楽しんでいる最中や、終えたあとに必ず苦みが混ざるという誰でも知っている経験知に同意せざるをえないからです。ところが、面白い本を読むときは、人はその楽しみを妨げるいかなる不安も持たず、過去を気にせず将来を案じることなく、完全な満足を味わって現在の幸福のみに没頭できます。こういうわけで、私にはこれまでの研究を追求する力も意志もありますし、私たちの本性の華であり極致である知識を豊かにする数多くの機会にも恵まれています。ですから、こんな良い境遇のもとで私があまり研究を進められないようなら、それは私に意向がないからではなく能力がないからだと思ってください。

4　私は一部の人たちが考えるほど、少なくとも彼らが言うほど仕事を抱えているわけではありませんが、でもこちらへ来た当初は私信を書こうという気持ちさえ抑えて、読書と談話だけに時間を充てようと決めました。ところが、私はすぐに別のやり方をとらざるをえなくなりました。いかなることであろうと私には拒みようのない、ある文通者からのたび重なる要請のためです。その方はこの町ではありませんが海のこちら側に住んでおられます。そして、あなたの偏見には、いっそう抵触することでしょうが、添付しました論考――こうしてお送りするのも、私はあなたが思っているほど怠け者ではないと納得していただくためです――のうち初めの三篇のテーマについて私に意見を求められたのは女性です。(三)彼女は高貴な方の奥方です。さしあたり彼女について知っていただくべきことはこれで十分でしょう。

5　今あなたが心の中で考えていることは、まるであなたの心の重りやバネを私が按配したり、あなたの脳を作ったりしているかのように、よくわかります。私がたびたび女性の肩を持って、あなたの判断というより偏見に反対したのを覚えておいででしょう。そもそもこの論争では私に分があると気づいていたものの、自慢ではありませんが、もっと不利な場合でも、あなたが友人とのいつものおしゃべりから引きだしてきたような論拠が相手ではやはり勝てたことでしょう。女性はたいていひどい教育しか受けていないとか、ご自分が生まれ育った土地の淑女方のうち、よく知っている人の話ばかりで、その後にせよ前にせよ、知り合った優れた女性について話をすることはないのですから。わが男性諸氏にしても、会話や文芸で教養や洗練を身につけないと、いかに粗野で無作法で無知でがさつな人でなしになるか、そしてそのような百姓の女房や娘たちの方が一般に彼らよりずっと多くの機知や才気、行儀や明敏さを備えているか、幾度あなたに説明せざるをえなかったでしょうか。学問からの女性の排除が、根深い慣習のせいなのか、それとも男性による意図的なものかは私の詮索するところではありません。しかし、ある女性がたまたま人生で一度でも本をのぞき込み、そのせいで彼女が手におえなくなったり、気取ったり、滑稽になったりすると（そんなことはまずありそうもないですが）、私たちはこの件でなんと騒ぎ立てることでしょうか、女性の天分を腐すのにこの件をなんとうまく利用することでしょうか、私たち側の理解力は優越しているとどれほど勝利宣言を下すことでしょうか。しかし、誓って言いますが、そんなことは全くの的はずれです。あるいはせいぜいのところ、学問の半可通、浅薄な読書家、著者や著作の先棒担ぎ、こむずかしい大げさな言葉やちんぷんかんな語句の収集家、文法規則や語源の熱心な探索屋、学者馬鹿、要するに単なる阿呆でしかないああいう男どもの無礼、思い上がり、学者気取りと何の違いもありはしません。知性に係わる器官は両性で変りはないとあなたに証明したこと（証明する労に値すると思いましたから）、そして日常の仕事でのやりとりでは両性に変りはない（これはだれも否定しません）のですから、教育や、旅行や、社会参加や、実務参画という同じ利点を同じに受けるなら、両性とも平等にあらゆる改善能力を持てること、こういうことはもうここでくり返しません。

6　私の見解が経験によって明らかに支持される場合、その理由をあえて述べる必要はないかもしれませんし、またあなたの蔵書のために私が推薦した、古今の著名な女性たちの伝記を収めた何冊かの大部の本のことをよもやお忘れではありますまい。彼女たちは哲学、神学、倫理学、歴史学、詩や散文におけるすばらしい著作によって、また絵画、音楽、その他あらゆる技芸や学問、そして恐るべき戦争の指揮、国内の統治、家政における万人が認める優れた技能によって、その時代に有名となり、後世に名が伝えられるにふさわしい女性たちなのです。**ディオゲネス・ラエルティオス**[三]はあの古代哲学者たちの生涯と学説〔『著名哲学者伝』〕をある女性に献呈しました。ですから、その女性は哲学者たちの諸学説を、多くのきわめて複雑難解なものも、とりわけ彼女がたいへん好んだ**プラトン**[四]や**エピクロス**[五]の哲学説さえも理解していたと考えるべきです。**メナージュ**氏[六]は女性哲学者だけを扱った本を書き、それを現代のある女性に献じました。高名な**ダシエ**夫人[七]、偉大な文献学者**タヌギ・ルフェーヴル**[八]の息女です。彼女のすばらしい諸著作は学識者たちみなから高く評価されており、彼女がギリシア・ラテンの著作家に関する現代のもっとも優れた考証学者の一人であることは誰も疑いません。ですが、そのためフランス王が彼女にたっぷり年金を与えたのだと言うのは、彼から年金を受けている他の幾人かのことを考えてみれば、まったく説得力に欠けるものです[九]。私だったら故人の中から古代イタリアのピュタゴラス派の婦人たちを生き返らせずとも、現在ヨーロッパ各地にいるとわかっている女性学者についてあなたに一冊の本を書いてあげることができます。あなたはイングランドのさまざまな女性学者（その数はとても十分とは言えません）の中の一人にお気づきかもしれません。私は直接知っているわけではありませんが、彼女は形而上学のもっとも抽象的な思索さえ自在に扱える大家であり、**ロック**氏の『人間知性論』を批判したある高名な神学者〔一〇〕の書簡に対して、平易な文体と論証によって弁護論を展開しました。その表題は『ロック氏の『人間知性論』を弁護する。……『人間知性論』に対する数篇の論評に答える』〔一一〕というものです。

7　賢明な国家統治や戦争で勇敢な指揮を行う女性について、バビロニアの**セミラミス**〔一二〕、スキタイの**トミュリス**〔一三〕、ブリタンニアの**ボウディッカ**〔一四〕、パルミラの**ゼノビア**〔一五〕にまで遡る必要はないでしょう。スペイン領ネーデルラント総督として有名な**マルゲリータ**〔一六〕についてはどのようにお思いになりますか。また、博識で諸言語に通じていたわが**エリザベス**女王（エリザベス一世）の栄光を語る年代記をあなたが夢中になって読んでいるのに私は幾度気づいたことでしょう。彼女は比類なき顧問官たちを選び彼らを統括し、賢明な策として初めは法王教徒（カトリック教徒）たちに彼女の恩顧が得られるという希望を持たせておいたのも、後に（実際に行ったように）より確実にプロテスタントの宗教に磐石の基盤を与えるためでした。こうして彼女はたちまちのうちに敵からは恐れられ、臣下からは愛され、同盟者からは頼られ、ヨーロッパ中から羨望と称賛の念を抱かれたので、以来その英名は全世界に広く知れわたりました。今日その同じ玉座に御座します**アン**女王〔一七〕は**エリザベス**を範とし、女性がどれほどのことを行えるかを十二分に示されています。というのも、彼女は自らの領土に共通の正義を施行することにかけてはいかなる君主にも譲らず、海上には強力な艦隊、陸上には大勢の軍隊を維持し、フランスの暴政に対抗するあれほど多くのさまざまな国や宗派から成る大同盟〔一八〕の先頭に立ち、ドイツ、フランドル、スペイン、インド諸国〔インド・インドシナ・東インド諸島の総称的旧名〕での戦いに適切な支援を行っているからです。同様に（いっそう重要な任務と思われますが）、国内においては、対立する諸党派間にあのような互角の均衡状態を生みだし、人とも思えぬような本性をむき出しにして互いに迫害し食い合うようなまねをさせないからです。そして弟の王位僭称者〔一九〕に味方して彼女の正当な称号に反対する者たちでさえ、彼ら自身への寛大さには彼女の慈悲深さを、また彼らの邪悪な意図を抑止する手腕には彼女の思慮深さを認めざるをえません。彼女は、この先どの方面からであろうと狂信者どものわめき声に影響されることはない、という十分な証拠をお示しになっています。そのような連中は社会の中の落ち着きのない扇動者、公共の平安の攪乱者であり、自分たちは他の人々より宗教に強い熱意を抱いていると自称するものの、実は神の大義や教会を前進させると偽って、彼ら自身の各々の憤懣や意図を推し進めているだけだということもよくご存知だからです。それにもかかわらず彼女はありとあらゆる人々の気持ちを、もっとも理不尽な人々さえ除外せず、なだめ満足させようと寛大にも努めておいでです。この驚くべき優しさが（初めは正しく理解されず）不満分子を勢いづかせ、その復讐心に燃えた独断的な精神を彼らがあまりにも軽率に露わにしたときには、自由の擁護者たちは女王陛下の安全と国家の保全を案じて、穏やかに不満をいくらか漏らしました。しかし、現議会の開会演説によって、彼女がイングランドにおける周知の法に則って教会と国家を統治するのみならず、プロテスタント家系における王位継承を断固として守り、すべてのプロテスタント非国教徒にも十分かつ公平な寛容を認めることが皆に（そしてとりわけ私たちに）宣言されたときには、彼女の敵たちはひどく失望しましたし、忠実な臣下たちは時宜にかなった確証を与えてもらいました。以上はウィリアム王〔一〇〕（ウィリアム三世）というあれほど偉大な男性の位を継ぐという不利な条件のもとで、女性が示した諸々の長所をざっと述べたにすぎません。もし女性の能力についてあなたを納得させる実例がまだ足りないのであれば、私たちの王位を継承するはずの選帝侯妃ソフィア〔一一〕を引き合いにだしましょう。多数の言語を完璧にあやつられ、歴史に関して広い知識をお持ちで、国政に関して深い洞察力を備え、宗教や哲学の主要な論争まで鋭敏な精神で理解されるため、彼女はヨーロッパの多くの学識者から称賛されています。さて、こういう理由や実例があるにもかかわらず、まだあなたが心から悔い改めないのであれば、あなたは意固地な異端者と宣告されるだけでなく、その罪にふさわしい罰としてご婦人方の物笑いの種になることでしょう。

8　この問題であなたがどのような身の振り方をなさるのであれ、ここにお送りする論考の長さや本数をご覧になれば、この地で私が普段どんな仕事をしているのかというあなたの質問に十分答えることになるでしょう。論考の大半はあるご婦人からの依頼で書いたものですが、その方はそのような質問をなさる好奇心に欠けていなかったように、その内容を理解する資質も何一つ欠いてはいません。確かに古典古代の言語は理解されませんが、典拠の重要性はよくおわかりで、それがなければ事実問題に関しては何も信じてくださらないでしょう。しかし、あなたのために、またあなたが時にこれらの書簡をお見せになるかもしれない人たち（あなたのお好きなように見せてくださってかまいません）から疑念を持たれないように、私は引用句の原文をすべて欄外に書き加えました。ですが、そのご婦人へ差し上げた論考では引用句は地の文と一貫してつながり、同じ文体で書かれています。このやり方は古代人の間では称賛されてきたのですが、現代人は典拠の原文をそのまま挿入するという変なやり方で読者をひどく悩ませているのです。**キケロ**〔二二〕はギリシア人著作家からあれほどたくさんの引用句を自分自身の地の文に、自分の言葉にして巧みに織り混ぜていることが災いして、優れた理解力をそなえたローマ人女性でも彼の『義務について』や『卜占について』を読むことができなかった、などと言う人はいたためしがありません。ところが**セルデン**〔二三〕や**サルマシウス**〔二四〕を読むとなると、女性は（ほとんどの男性も）理解しようとすれば必ず飽きてうんざりするのが関の山です。もっとも彼らが〔ラテン語ではなく〕自国語で書いたにしても、変わりはないでしょうが。ご婦人方は論証で典拠などに煩わされるべきでないと言うのは、女性は非理性的な被造物だと言うに等しいばかりか、宗教において女性には聖書をけっして引用してはいけない——男性がヘブライ語を女性に学ばせたくないから、あるいは女性自身があんな耳ざわりな言語で自分たちの柔らかい発音を台なしにしたくないからという理由で——と言うに等しいのです。

9　私の文通相手は、あなたがご存知の方々の中でももっとも興味深い人の一人で、広範囲の知識に通じ、古典古代の原典の最良の翻訳はもちろんのこと、読むに値する近代語のあらゆる著作を読んでいる女性と考えてくださって結構です。女性が今生きている人々の中でも称賛に値する若い人々を高く評価するというのであれば、はるか昔に死んでいるあの古い人々を称賛することもおそらくあなたはお認めになるでしょう。**セリーナ**は架空の婦人だと考える人もいるかもしれませんが、でもとりわけあなたには断言します、彼女は本当に実在する人物です。このことを私が繰り返し言うのは、たびたびあなたに結婚を勧めてきたので、女性に対してもっと良い評価を持ってもらいたいからですし、(もし娘を持つようなことがあれば) あなたの娘たちに他の人々の模範となるような教育を授けてほしいと願っているからです。というのも財産、家柄、名声に恵まれた一人の人間が実践したことが、一国全体の改良につながることも間々あったからです。他の人々について言えば、彼らが依然として**セリーナ**のことを**フォントネル**氏[二五]の『世界の複数性』〔『世界の複数性についての対話』〕の中の侯爵夫人のように、空想上の名前と思い込んでもかまいません。というのも、私が想像で一人の女性を作り上げるならば、ああいう見栄っ張りで、軽薄で、気取った、おしゃべりで、華美な女性とはまったく別物になることを彼らにきちんと認めてもらえるわけですから。そんな女性は安っぽく月並みで、自分に外見しかないので、他人のことも外見でしか見ませんし、どんな美点とも無縁で、しっかりした美徳やまことの価値などなく、一時間ほどの気晴らしや楽しみのお相手としてはいいでしょうが、生涯にわたる大切な喜びや変わることのない親交の対象にはなりません。このことは女性だけでなく、大多数の男性についても言えることです。彼らの軽薄さ、突飛さ、傲慢、無知、粗暴は、少なくとも女性の場合と同じく低い位置に彼らを置くにちがいありません。このような考察はあなたの女性嫌いを進行させるのではなく、慎重さを促すはずです。あなたはこういうたぐいの男性ではない以上、あなたにふさわしい伴侶を期待してしかるべきです。

10　さて女性のことは今はこれぐらいにして、添付した諸書簡をあなたが読まれるのに備えて、それらを執筆したそれぞれのきっかけについて少しお話ししなければなりません。第一書簡のテーマは「偏見の起源と力」であり、その自然学的原因〔二六〕ではなく習俗的原因の考察です。それはセリーナにキケロの次の一節をお見せしたことがきっかけでした。「われわれの感覚は親や乳母や教師や詩人や芝居小屋によって損なわれはしないし、大勢の一致した意見のせいで過つわけでもない。だが、われわれの理解力には誘惑のあらゆる罠が張りめぐらされ、一方でいま挙げた連中が罠を張り、幼く何も知らないわれわれを預かると、自分たちの好きなように染め上げ、たわめるのだ。また一方で快楽が罠を張る。われわれの感覚一つ一つにあれほど深く根を張っているこの快楽は、善をもたらすふりをしているが、じつはあらゆる悪の母であり、その誘惑に陥ると、われわれは本来善であるものをはっきりと見分けることができなくなるが、善であるものにはあのような甘美さと快感が欠けているからだ[*1]」。彼女はこれらの言葉には見事な力強さ、しかも自然な平明さがあると称賛したあとで、多くの偏見がじっさいそのようなものだとわかっても、まだその影響から完全には脱しきれず、たびたび逆戻りすることもあると打ち明けられました。それゆえこの問題について意見を書くようにと私に求められましたので、まさにこの一節を典拠としてできるだけ簡潔に書いてみました。人生のあらゆる段階を通じて偏見が相次いで成長し増大することを示し、ありとあらゆる人々が各人の理性を損なうために一緒に共謀していると証明したのです。あらゆる身分の人々の偏見の有様をできるだけ短く、できるだけ生き生きと描写しましたが、誰もが他人のうちに認め非難するような事柄――自分自身のことは棚に上げておいて――以外は何も非難してはいません。私が学校や大学や教会や政治家のことを批判したために、学問や宗教や政府に異を唱えているのだと推測するような人は、同じ論法で、私は子供のしつけやお守《も》り、あらゆる職業と家業、日常会話や社会生活に異を唱えている、それらにはそれぞれ特有の悪弊がないものはなく、私はもっぱらそういう悪弊を誤りとして論証しているのだから、などと主張するかもしれません。

＊1　「われわれの感覚は、親や乳母や教師や詩人や芝居などによってゆがめられるものではなく、世論によって真実から遠ざけられるようなものでもないのだが、しかし、われわれのこころにたいしては、あらゆる罠が張りめぐらされているのだ。いま挙げた連中も、そういう罠を張ることには変わりはなく、幼い無経験なこころを抱き寄せて、望みどおりの色をつけ、思い思いにひねくり回すのだ。さらに、「快楽」が罠を張る。あらゆる感覚にからみついて、その奥深くにひそんでいるこのしろものは、つとめて善きもののまねをしてはいるが、じつはあらゆる悪しきものの母なのだ。われわれは、彼女の媚態に目がくれて、本来善きものを十分にはっきりと認めることができなくなってしまうのだが、それは、そういう善きものには、この種の甘い魅惑とくすぐるような快感がないからだ」〔羅〕。〔キケロ〕『法律について』、第一巻〔一七の四七／『キケロ、エピクテトス、マルクス・アウレリウス』（世界の名著）、中央公論社、一九六六年、一五〇頁、中村善也訳〕。

11　第二書簡は「異教徒における魂不滅説の歴史」に関するもので、**セリーナ**の依頼で書きました。ある日彼女は、私から勧められた**プラトン**の『**パイドン**』のフランス語翻訳について、それは原典をよく表わしているかどうかお尋ねになったので、表現の優雅さは伝えられているとは言いがたいが、意味内容はかなり見事に再現されていると答えました。彼女は、**カトー**〔二七〕が**カエサル**〔二八〕の簒奪に屈するのを避けようと自害を決意するさいに、この本を読んで何か力を与えられたというようなことがありうるのか、ましてアンブラキアの**クレオンブロトス**〔二九〕がこの本を読んで、そこに描かれたあの幸福な状態にできるだけ早く到達しようと、海に身を投げる気になったというようなことがありうるのか、といぶかり、あの冗長な対話全体を通じて説得力ある根拠はほとんど見いだせず、無数の不確かな推測ばかりであったと言うのです。神の権威こそが私たちの〔来世への〕希望のもっとも確かな支えであり、魂不滅の、唯一ではないにしても最善の証である、と私は述べました。加えて、この説は多くの異教徒によって疑われたり否定されたりして、彼らの大部分はさほど重要視しませんでしたが、このことは魂不滅説が最初どうやって彼らの間で知られるようになったか、そして彼らがこの説を信じる理由がいかに脆弱だったかを考えてみれば不思議ではない、と述べました。締め括りとしてこうお伝えしました。カトーはプラトンの著作を一度も読まなかったとしても、ローマの自由なしに生き延びるつもりはなかったでしょうし、またクレオンブロトスの話は十分立証されているようなものではありません。またソクラテス〔三〇〕の口を借りてそこ〔プラトンの『パイドン』〕で語られた議論にほとんど重きを置かなかった者たちが古代人たち自身のなかにもいますし、プラトンの、とりわけこの本の賞賛者だと公言するキケロでさえ次のような言葉でこの本を批判することもあります、とお伝えしました。「しかし、どうしてそうなるのかわからないのですが、読んでいる間は同意していても、本をわきに置いて自分自身で魂の不滅について推論し始めると、その同意はすべて消え去ってしまうのです」[*1]。魂不滅という見解があたかも他の概念と同じように固有の創始者も支持者も反対者もいたかのように、これがいつ異教徒たちのあいだに広がり始めたかについて私が話すのを聞いて、彼女はとても驚きました。でもその通りだったのです、と私ははっきり彼女に断言し、さらに、その説が当時知られていた地球上のあらゆる地域にだんだんと伸展していったことについても、またエリュシオンの野〔ギリシア神話で英雄、善人が死後に住むとされる極楽〕や冥界の川・裁き手・門・渡し守といった詩的な作り話、及びきちんと葬られなかったために苦しむ魂といった作り話の本当の起源についても、また異教世界のあらゆる学問と宗教の真の起源は古代エジプト人にあったという明らかな証拠についてもお話ししますと述べました。こうしたすべてを立証しようとしたさいに、かつて存在した最良の典拠によったなどと言うつもりはなく、私たちに残されたもっとも古い書物の中にある最良の典拠によったにすぎません。というのは、このような場合推測は当然何の役にも立ちませんから、誰それが最初に天文学を教えた、神殿を立てた、魔術を行ったと私たちが言うとき、それは絶対的な最初の人を意味するのではなく（そんな大昔について誰がそれに確信を持てるでしょうか）、記録からそのようなことをしたと証明できる最初の人を意味しているからです。ですから私自身がそのような言い方をするときは、いつもこの意味で理解していただきたいと思います。私はまたこの書簡で、魂不滅という見解は、哲学者たちが心の自発的運動や理性や人間の言語能力などから推論して引き出したものではないと証明し、反対に異教徒たちの間でこの概念を最初に抱いたのは民衆であったことを示しました。民間の伝承が哲学者の教理になることはしばしばあることで、他の人たちが何の論拠もなく、あるいはひどい論拠によって始めたことを、哲学者がまともな論拠を持ちだして支持しようと努めるわけです。もし私の主張が真実だということになれば、それは第一に、異教徒は魂の不滅をユダヤ人から教わったと通常考える人たちを論駁することになり、第二に、カワード博士〔三〕が採用した見解、「〔肉体から〕分離した人間の魂という存在は、他からではなく異教徒の哲学者に由来した」[*2]という説を論駁することになります。もっとも、その書簡を書いたとき、私は博士のこのような本があるとはまったく知りませんでした。つい最近読んだばかりですが、そこに私に役立つものを見つけることはできませんでした。

＊1　「しかし、どういうわけか、読んでいる間は同意するのですが、本を置いて自分で魂の不滅について考え始めると、その同意したものが全部滑り落ちてしまうのです」。〔キケロ〕『トゥスクルム荘対談集』、第一巻〔一一の二四／『キケロー選集』、第一二巻、岩波書店、二〇〇二年、二五頁、木村健治・岩谷智訳〕。

＊2　〔ウィリアム・カワード〕『大試論〔または哲学のペテンに抗して理性と宗教を擁護する〕』〔ロンドン、一七〇四年〕、一〇五頁。

12　同じくセリーナ宛てに、彼女自身の要望で書かれた第三書簡では、通常受け入れられているものとはまったく違ったやり方で、「偶像崇拝の起源」が説明されるのをご覧になれるでしょう。またそこでは異教の神殿、祭司、祭壇、祝祭、生贄、そして画像、彫像、守護神、さらに亡霊、幽霊、神託、魔術、運勢占星術を生みだした最初の原因を読んでいただけるでしょうし、また天国（または善人のための宮殿）は頭上にあり、地獄（または悪人のための牢獄）は足下にあるとどうして人々が想像するようになったか、彼らが祈るときなぜ上を見上げるのか、さらにこの種のいくつかの事柄の理由について読んでいただけるでしょう。それらについては、風習以外の説明はありえないとか、それらの起源は時の闇の中や廃墟の下に永久に埋もれてしまったと、一般には思い込まれています。この書簡ではまた、異教の主な祭式、神々についてなされる途方もない描写、神々の振る舞いについて語られる神らしからぬ物語、そして長年詩人の作り話とか人間の突飛な想像力の産物とか長年みなされて、たぶん正確な歴史にまとめられることがまったくなかったその他の詳細について、それらが生みだされた理由が示されています。最後に、異教神学における自然的神学、社会的神学、詩的神学という三区分、さらにその神秘の寓意的解釈、〔三二〕彼らの慣習とキリスト教の堕落形態との比較〔三三〕が説明されます。それによって、迷信というものは名称がいかに異なろうと、あらゆる時代で実際に同一であることがわかります。この第三書簡はすべての中で一番長いものとはいえ、私がここで言及する時間がなかった事柄は数に入れないにしても、すでに挙げたテーマでさえこれほど多岐にわたるのですから、こんなに短い書簡一通で何らかの満足を与えるのは不可能だとお思いでしょう。ですからこうお考えください、ここで私はわかりきった事柄も逐一取り上げ、テーマの各項目について言える限りのことを全部言う（そんなことはまったくしませんでした）のではなく、それらの内容を一人の女性に、したがってどんな人にでも、とてもはっきりと、易しく、わかりやすくするために本当に必要なことだけを述べていると。ですから、この論述において危険な逆説と見なされかねない主張でも、それを私が弁護するための理由や証拠がもう残されていないというわけではありません。もっとも、逆説と見なすような連中は、通常の道から一歩でも外れた所に連れて行かれると死ぬほど怖がる人々なのです。より近い安全な道を教えているだけなのに、あるいは案内人もなく荒野をぬけ湖や沼を渡り恐ろしい岩山や絶壁の間をさまようかわりに、なだらかな平原を歩くことを教えているだけなのに。

13　偶像崇拝の起源と伸展双方に関する私の見解は、ごく最近あなたに有益な本として勧めたこのテーマを扱った著者のものと大変異なっていて驚かれることと思います。もっとも信頼のおける勤勉な古代研究家、ハールレム市の重要な医者、**アントニウス・ファン・ダーレ**〔三四〕のことを言っているのです。彼の本に対する私の見解は今も同じで、（その時あなたに述べたように）彼はその表題を『偶像崇拝〔と迷信〕の起源と伸展について』ではなく、『最古の異教徒、ユダヤ教徒、キリスト教徒の迷信集成』とすべきであったということです。というのは、その本にはこれらの事柄がとても正確に記述されていますが、それらの起源についてはほとんど述べられていないか、あるいは私が引いた根拠に反することは何も——天体の崇拝に関して私が反駁した事柄〔三五〕を除けば——述べられていないからであり、また偶像崇拝がカルデアからシリアへ、そしてアジアの他地域へ、とりわけイオニアへ、そこからギリシアなどへ伸展したことはたんに推測されているだけで、証明しようとはされておらず、その本の第一論文〔三六〕の第二章と第三章を読んでいただければわかるように、その問題はじっさい単に付随的にほのめかされているだけだからです。私はあの学究的な人物なら、たとえ一般に承認されていても通俗の誤謬より、通常認知されていなくとも確固とした根拠の方を選ぶと信じて疑いません。あなたは**ファン・ダーレ**氏の異教徒の神託についての歴史〔『異教徒の神託に関する二論文』〕をすでにお読みになって大変満足しておいでです。彼は最近、主として異教徒の宗教的祭式を扱う一篇の論文〔三七〕を出版し、そこではメダル、碑文、諸著作からの引用に基づいて、古代に関するおびただしい数の発見がなされています。今彼は、いわゆる**アリステアス**の書〔『アリステアスの手紙』〕の論駁を、したがって、誤って七〇人訳者に帰されている旧約聖書のギリシア語翻訳の話を論駁する本を印刷中です〔三八〕。同じ本の中で、彼は水や血などで沐浴や灌水や浸水を行う古代の清めと再生の祭式も扱っています。ですから私たちは、キリスト教の洗礼に関する興味深い数多くの付帯状況が、最大の自由と最高の公正さで伝えられていると期待できます。というのは、**ファン・ダーレ**氏はメノー派〔三九〕あるいは（私たちの呼び名では）再洗礼派〔四〇〕を告白していますが、私がこれまでに知った人のなかでは、友も真理を〔四一〕、もっとも強く愛する者の一人であり、また貧しい境遇にもかかわらず高邁な心を持ち、明白な理由や根拠に反するいかなる事にも加担しえない高貴な考えの持ち主だからです。

14　**セリーナ**に宛てて、さらに興味をひく問題について他にも書簡を書きましたが、まだきちんと書き写していませんので、その代わりに、あなたのまったく知らない紳士方に宛てて書かれた二通の哲学的書簡を送ります。最初の書簡は――この書簡集では第四書簡ですが――**スピノザ**の心酔者で、完全に彼の原理の虜になり、その体系を誰よりも一番よくわかっていると評される人物に送られたものです。彼といくつかの題目について数回議論した後でついでに、あの哲学の構造全体は確固たる基盤を欠いていると、私は言いました。この言葉に引っかかった彼は一時も私を静かにしておいてくれなかったので、美しい田舎にこもり十分な余暇を見つけてようやくこの手紙を書きました。驚くほど率直な人なので、以前そこまでは気づかなかったが、**スピノザ**はこの点に欠陥がある、だからそれに依拠するすべてにも欠陥があることになると素直に認めました。また他のスピノザ主義者で同様の率直さを示してくれた人たちもいました。しかし、彼らの間で「**スピノザ**反駁」と称され回覧されていたこれ〔第四書簡〕に、高い家柄から言ってもすぐれた学識から言っても著名なある紳士が目を留められました。書簡内のあの哲学者に直接関わる部分についてはその方からも称賛（それを繰り返すのは遠慮いたします）をたくさんいただきましたが、後半部については反発を示されました。その部分で私は自分自身の見解を、すなわち運動は延長と同様に物質に本質的である、そして物質は不活発で、死んだ、活動力のない塊、または絶対的静止の状態にあったことはけっしてなく、またけっしてそうではありえない、と言明していました。彼がお寄せ下さったいくつかの異議に対して、私は二通目の書簡において——この書簡集では最後の第五書簡ですが——明確に返答いたしました。古代人とも近代人ともこれほど明白に対立する概念をなぜ私が主張するかという弁明は、書簡そのものでご覧になってください。そうすれば、一見すると私の見解から生じざるをえないと思える、あのような忌まわしい諸帰結は、どれも私の見解に負わされるべきではないと納得していただけるでしょう。私の見解が哲学においていかほどの重要な役割を果しうるのかについて、あなたご自身がどう思われるか予測するつもりはありません。それがいかに便利かではなく、いかに真であるかが問題であるべきですから。また、私が哲学上のさまざまな神秘についてとても平明な文体で書いたことを弁解するつもりもありません。それらの事柄をさらにもっと一般向けに、わかりやすくする時間が十分になかったことは残念ですが。通常の学問用語でそれらの事柄を述べるほうがはるかに簡単ですが、そうなると論争を審判する者たちはもっと少数になってしまい、その話題はあまり世の役にもたたず、人を楽しませることもなくなってしまいます。カワード博士がたまたまこの書簡を見ることがあれば（彼の最新作『大試論』を最近通読しました）、「私たちが物質を定義しようとすると、その本質を表す言葉を十分には見つけられないが、運動が物質でないことは明々白々である」[*1]などと断言することのないよう願っています。というのは、運動が物質のすべての観念を包含したり言い尽くしたりするものでないのは、延長がそうでないのと同じですが、運動はある観点のもとでは物質にほかならないと、はっきり示したと私は思っているからです。「神が物質に自己運動の原理を授ける可能性」*2〔四二〕を認めた人は（彼が認めると明言しているように）、その原理が「哲学的に不可能」とは考えないでしょうし、また「その原理は、神の英知の秘められた知られざる理由により、つねにその力を発揮するとは限らない」*3と主張することもないでしょう。彼が推測するそのような理由とは、「宇宙の秩序と機構を維持するため」（と彼は考えます）で、「もしすべての物質が自己運動を始めればそれらは必然的に破壊されてしまうであろうから、それゆえ神はその自己運動を制限するのが適切と考えた」*4〔四三〕というのです。ですが私の議論をよく検討してもらえれば、物質がその本質的な活動力を絶えず働かせても、彼が懸念するような危険が宇宙にもたらされることはないとわかるでしょう。実際、運動は物質に本質的である、にもかかわらず、物質のある部分だけがある機会にだけ自己運動の力を授けられる、というのは一つの矛盾となってしまいます。もし私の言うことに理があるなら、物質は時おり運動なしで存在するのと同様に、時おり延長なしで存在するようなことになってしまいます。もっとも、この方向、あの方向、あるいは他の特定の方向への物質の運動は物質に本質的ではなく〔四四〕、諸物体間の相互作用による通常の決定にゆだねられるか、あるいは全能なる神の直接的な力と賢明なる意図にゆだねられるか、になります。しかし、運動は物質に本質的であるけれども、神はそれを物質から取り除くこともあると主張することは、神は延長性や固性を物質から奪うことができると主張することであり、これはまさに、神は物質を物質でなくすることができると主張することです。

＊1　〔ウィリアム・カワード〕『大試論〔または哲学のペテンに抗して理性と宗教を擁護する〕』〔ロンドン、

一七〇四年〕、七四頁。

＊2　同書、序文。

＊3　同書、一五三頁。

＊4　同頁。

15　前に私がご自由にと申しあげたように〔四五〕、これらの書簡をそのような事柄を知りたがっているあなたの知人に誰彼の区別をせず見せてかまいません。その人たちが私の味方か敵か、ホイッグ党かトーリー党〔四六〕か、広教会主義者〔四七〕か規則遵守主義者〔四八〕か、便宜的国教会遵奉者〔四九〕か臣従宣誓拒否の教会分離主義者〔五〇〕かを問う必要はありません。というのも、この書簡集の中には宗教や政治において今彼らを分裂させている争いに係わることは何もなく、あらゆる党派、宗派、分派の人々が激情を伴わずに読める事柄以外は何もないからです。これらは古代の古びた遺跡についての害のない研究や哲学の短い試論にすぎず、誰かを憤慨させるためではなく、あらゆる人を楽しませ、そしてたとえ教えることができないにしても気晴らしぐらいにはなるようにと意図されたものです。何に関しても妬む人々については、そんな非難が誰からも相手にされなければ、彼らはそれで十分罰せられます。ですから（駄々をこねる子供を黙らせるときのように）彼らの不平を無視しその不機嫌に調子を合わせないことが、何にでも腹を立てたがり、いつも新しい冒険を探し求め、出会う人を誰でも巨人や小人族に仕立て上げる遍歴の騎士〔五一〕を黙らせるもっとも確実なやり方なのです。古代人の見解、風習、宗教、政体について世に紹介することが――こういう隠れ蓑を使って自分たちのことが言われていると近代人の誰かが思い込むことを危惧して――妨げられたりするなら、それは学問におけるあらゆる進歩、知識や教養におけるさらなる向上を阻むなんと効果的なやり方でしょう。この種の符合がときにとても自然に起こりうることは否定しませんが、著述家のほうはそのようなことを考えたり意図したりはしなかったのです。率直に私が比較論を述べたところを除けば、これこそ私の今の気持ちだと言明します。しかし、この手の推測は係わりのある人々のほうがはるかに容易に思いつくもので、彼らは自分たち自身の教理や儀式ととても似ているものを誰よりも敏感に察知せざるをえません。さて、このような場合、私の考えでは、取るべき選択肢は二つに一つです。一つは、彼ら自身が擁護している事柄に、彼らが古代人に対して断罪している事柄と同程度の論拠しかないならば、そして擁護する事柄の原型はもしかすると古代にあるかもしれないならば、自分たちが擁護する事柄自体を捨て去ることです。もう一つは、古代人が信じていた事柄は人々に教えてはならない、近代人は有害で間違ったものをすべて排除し、完全に有益で良い事柄以外は古代人からいっさい模倣しなかった、と法律で定めることです。

16　立腹したあなたの友人が口にする、お聞きになりたくもないような私への非難の言葉については、私がそのようなつまらないことに煩わされないのと同様、あなたもお気になさらないようにとよく申し上げてきました。少なくとも今は、教会と国家における高位の人たちでさえ、彼らへの人身攻撃に利害を見いだす連中や、彼らの功績に対抗できる能力を持ち合わせていない連中が浴びせる誹謗中傷から身を守ることができないのですから。人間はいつの時代も変わりません。いつも同じ策略が激情を煽ったり、熱意を間違った方へ誘導したりするために用いられ、そしていかなる弁明であろうと、道理もなくあるいは個人的な憎しみから腹を立てるような人たちを満足させることはできません。それゆえ、賢明な人々はみないつもこの種の騒々しい非難をひどく嫌ってきましたし、自分たちが注目や称賛に値するような何らかの仕事を達成したときも、予期していたような悪意に満ちた攻撃をされるより、非難を耳にしない（そういうことはめったに起こらなかったので）ほうがずっと驚きでしょう。そして他人が沈黙しているのは自分の仕事がさげすまれているからではないかと疑ってみたり、一般の賛同が得られたのは自分が真実を書かなかったからではないかと心配してみたりするのです。しかし、自らの時代に彼らの運命がどうであろうと、公平な後世の人々は彼らについて正当に評価し、一方彼らの敵はすっかり忘れられるか、思い出されても不名誉となるばかりです。というのも連中は感謝と賛同に値することに対して妬みと無知から反対したのですから。あらゆる欠点のなかでも虚栄心は確かにもっとも見苦しいものです。相手が罵るときは、この人は論理がたてられないのだと人は考えるものです。相手が腹を立てるときは、答えることができないからだと考え、相手が論題と関係のない事柄を取り留めもなく書き連ねるときは、それについて言うべきことがほとんどないのだと考え、そして相手が土埃を舞い上げるときは、読者の目をくらますためか、自分が巻き上げたもうもうたる土煙に乗じて逃げるためなのだと人は考えるものです。誰かに悪口を浴びせないと生きていけないという、あの特異体質の人たちがいることは私たちも承知しています。ですからそれが彼らの健康にとって必要であるなら、あるいは彼らの体質がこうした癇癪の発散を必要とするなら、他の人たちが彼らの言うことを気に留めないのと同様、私たちも彼らを責めるべきではありません。あなたが送ってくださった『低教会派の特性〔五三〕』とその類の他の著作家について言うならば、彼らは私が不在であり、彼らの論争に干渉していないにもかかわらず、そして『秘義なきキリスト教』に対して唱えられた異議に関して、私が『自由の擁護〔五三〕』において弁明したことを検討もせずに、宗教心など見られない罵声を執拗に今なお私に浴びせているのですから、きっと尊ぶべき我らの高位聖職者の方々の前でなんとしても私を罵詈雑言で遇したいのでしょう。要するに、私が沈黙し承服した後も、彼らは依然として同じ言葉を繰り返しているのです。まったくもって明白なことは、彼らの隣人愛は狭い範囲に限定されていると同時に、その主張はすべて偽善的であったこと、けっして私の魂を救うためではなく私個人に対する悪意から、また教会を憂慮してではなく党派心を満足させるために、彼らは行動していたことです。彼らのなかには、もっと大きな働きをして昇進を望むことができないので、こういうケチな仕事をして報酬にありつこうとする連中もいます。実はこういう連中が、自分たちが許せないと思う聖職者たちに対してああしたスキャンダルを生みだしてきたのです。しかし、少数の者が全体の同意もなく書き散らした過ちのために、組織全体がその咎を負わされることを神は禁じています。私たちを隷属から救った忘れがたき解放者、私たちに自由をもたらした比類なき救国者、**ウィリアム**王〔ウィリアム三世〕に対して敬意を払わない者が私に敬意を払わなくても、またプロテスタントかつ善良な臣民であるイングランドの非国教徒のような考慮すべき団体を容赦なく攻撃する者が私を容赦なく攻撃しても、そしてイングランド国教会の穏健派すべてのメンバーに対して思いやりを持たない者が私に思いやりを持たなくても、そんな人にはどんなときでも私からは不平どころか感謝の言葉を進呈しよう。しかし、あの人物〔五四〕が、礼儀ばかりか知識にも欠けるのは言わないとしても、その猛り狂った自制のきかない書き方で喜ばせたのはごく少数の人にすぎません。実際、彼の誹謗文書の意図自体きわめて悪質で、一部の人を迫害し、私たち全員を分裂させることにあるのですから、彼やその類の連中は無視して、私は自国では低教会派であり、国外ではその地のプロテスタントに従う便宜的遵奉者であると宣言してもかまいません。

17　あなたが以下に続く論考をお読みになるのに妨げとなる邪魔なものや障害物を取り除いて、前もってかなり十分な準備をしておきましたので、あなたも私自身もこれ以上の労力を費やす必要はないでしょう。私はイングランドに帰ることはもちろんのこと、あなたにお会いできることを（まもなくそうできると思いますが）切に願い、またあなたに謹んで仕える者であることを請け合います。

目次

第一書簡
偏見の起源と力

1　奥様、あなたはご自分がまだいくつもの偏見の虜になっておられることを大変なげいておいでですが、私はそれ以上にあれほど多くの偏見からあなたが脱せられたことにとても驚いております。すべての人がいかに惨めな状態の中に生まれてくるか、そして誤謬の中で育てられないことはいかに不可能か、大人になって先入観から自由になることはいかに難しいか、そして真実に気づいたときに自由になろうとしてもそれがいかに危険なことか、を真剣にお考えになれば、あなたは心が軽くなり慰められることでしょうし、ご自身についてもっと良い評価をお持ちになることでしょう。

2　さて、あなたがこのテーマを望んでおられますので、そもそもの始まりからこの問題を調べることにし、私たちの偏見がどのような段階を経て生長し、その過程でどのような付加的な力を絶え間なく獲得していくかをご覧にいれましょう。私たちは誰でも命を授けてくれた親の性質と一族に顕著な情念をとてもたくさん分け持っております。私たちの特徴や行動は、私たちが良いにしろ悪いにしろ何らかの刻印を子宮のなかで受けているという確かな論拠とはならなくても、母親の強い願望や他の災難（母親は覚えていることが多いのですが）のせいで生じた、私たちに時として表れる異常な痕跡は（一）、偏見の土台が生まれる以前にすでにしっかりと築かれている十分な証拠となります。この最初の形成で私たちが受け取る気質はあれこれの個々の気性や性癖への傾きをもたらすだけでなく、私たちが人生でとる大方の行動にも明らかな傾向をもたらし、その傾向を矯正するには最大限努力し理性を行使するしかないのです。

3　生まれ落ちるやいなや、私たちを惑わそうと壮大なペテンが四方八方から開始されます。まさしく産婆の手が迷信的な儀式を行いながら私たちをこの世に送りだし、出産に付き添う女たちは赤ん坊の禍を払い幸運を願う無数の呪文を唱え、その子の将来を示す前兆を見つけだそうと滑稽な意見を言い合います。土地によっては聖職者もこのおしゃべり女たちに劣らず、早くもその幼児に自分の儀式の仕方を手ほどきしようと、強力なまじないのごとくある決まり文句を唱えたり、塩や油といった穏やかな象徴やら鉄や火の押し当てといったもっと苛酷なものやらを用いたり、あるいは他の何らかのやり方で、この先この子に対しては自分に権利がありこの子は自分のものだという印を付けたりします。確かにその子はまだこういう、あるいはこれに類した愚行から影響を被ってはいません、後には説得されてそんなものにどんな力を認めるようになるにしても。ですが、このことは子供を取り巻く人々がいかに早い時期から(それが可能であれば)自分たち自身の誤りを子供に感染させ始めるのか、そしてその子が後に係わるすべての人がいかに熱心に当初からその子の理性を堕落させようと努めるのかを示しているのです。そのため、人は自分の概念の多くをいつ、どこで、どのようにして手に入れたのかを覚えていないので、それらは自然そのものに由来すると信じ込むようになり、それらの真実性に疑問をいだく者がいるとわかると仰天するのです。このようなことは次の考察からもっと明らかになるでしょう。

4　私たちは生まれるとやがて乳母に、すなわちもっとも卑しい庶民の無知な女たちに預けられますが、彼女たちは乳と一緒に自分たちの誤謬も飲み込ませ、お化けや妖怪で私たちを脅しておとなしくさせます。そして子供が外を歩き回って迷子になったり井戸や川に落ちたりしないように、亡霊やいたずら小鬼の話でこわがらせて、人気のない場所にはどこでも幽霊が出てくるし、夜には人の目に見えないものがとりわけ動き回りいたずらをすると信じ込ませるのです。このように初めは子供を支配のもとにおくために捏造されたことが(その後もずっと支配して彼らを実際みじめな奴隷にさせ)大人になっても本気で信じられ、そうして最後には全世代や全住民がそれを確信するようになり、多くの人々が(その他の点では十分に分別があるのですが)寝室で一人で寝たくないとか、昼間しか旅行はしないとか、まして人気のない家や教会堂に入る勇気などないとかいうことになります。

5　私たちは乳母の所から家に連れ戻されると、ここでも怠け者の無知な召使たちのいっそう悪い手に託されます。彼らの最大の楽しみは妖精、エルフたち、魔法、歩き回る亡霊、占い、星占い師のお告げ、その類の他の荒唐無稽な事柄についてのおしゃべりであり、互いに怖がらせたりだましたりして喜んでいるのですが、そういうことが個人的な悪巧みを成功させるためであることもよくあります。どんな意図であろうと、そのようなことは必ず子供たちに致命的な影響を及ぼします。そしてたいていの場合、私たちの両親も彼ら以上に賢いわけではないのです。

6　次に私たちは学校へ送られますが、ここに若者はみな同じように家庭でああいうものに感染させられてやって来て、ここでもダイモン、ニンフ、守護霊、サテュロス、牧神、幽霊、神託、変身、その他とてつもない驚異ばかりが聞かされます。私たちは自分が知っているあらゆる物語を仲間内で繰り返し話すので、見識ある家庭で子供に隠しておいたような事柄さえ学校で必ず聞き知ることになります。学校にあんなに多くの子供たちが呼び集められるのは互いを啓発するため（それはあのような会話からは考えられません）ではなく、互いの間違いと悪癖を知らせ合い、ますます怠け者になり、悪い手本と出会うためというわけです。私たちはむさぼるように詩人、雄弁家、神話作家の書いたものを読みあさり、そういう作り話からたくさんの抜粋を頭に詰め込み、その文体、韻律、文章構成の魅力に驚き魅せられていきます。こうして、うっとりしながら彼らの誤謬という毒を飲み込み、将来の軽信のための基礎を広々と築き、珍しい驚嘆するような事柄を聞きたがる性向を知らず知らず身につけ、ついには自分がこわがったり願ったりしているにすぎないものを信じているのだと思い込み、自分が混乱しているだけなのに確信しているのだと考え、自分が理解できないことを鵜呑みにする、ということになります。

7　大学、とりわけ海外の大学では、私たちは虚栄心にかられてさらに思い上がることはあっても、より賢くなることはほとんどありません。教授たちは（良かれ悪しかれ）すべての事柄をその国の法と宗教に適合させねばなりません。あるいは、時には彼らが哲学する自由をこっそりと行使することがあっても、たいていは極端に走ってしまいます。そして私たちに感覚器官を信用させすぎたり軽んじさせすぎたりするか、あるいは人を誤らせる抽象概念と、論題を細かく分けすぎて見えなくしついには無に帰してしまう煩瑣な区別立てで私たちを惑わすか、のどちらかなのです。大学は偏見を養う肥沃この上ない温床であり、その偏見の最たるものは、実際は何一つ教えられていないのに、そこであらゆることを私たちは学んでいると思い込むことです。自分たちの学説の不確かな概念を自信満々、機械的に唱えているにすぎず、それが他の人から否定されると、慣れ親しんだ道から外れてしまい一言も言葉が出なくなり、反対者にせよ自分たち自身にせよ満足できるような議論は何一つ見当たらないという羽目におちいります。しかし慰めとなるのは、自分たちも先生たちと同じくらい知識を持っていると思うことですが、その先生はたいてい無意味で耳ざわりな専門用語を好んで用い、また弟子を訓練して学位を取らせるための彼らの主要な技術とは、ごく普通の問題をきわめて普通でない用語で論じることなのです。しかしこれでさえ、彼らの形式にとらわれた強情さと衒学ぶり、論争と反駁を絶えずしたがる性癖に比べれば、分別ある人々にとって我慢できないものではありません。そうやって青年たち（彼らはもちろん教師たちを信用するはずです）に経験がないのをいいことにして、彼らを早々とさまざまな党派や分派へ、敵意・中傷・頑迷へと引き込むのがよく見られることについてはもう何も言いますまい。というのも、要するに世の中に出たときに、人から理解されたいならば、あるいは滑稽な厄介者と思われたくないならば、大学で学んだことの中には、忘れなければならないこと以外ほとんど何もないからです。

8　しかし、私たちの知性を堕落させるにはこれらすべてでもまだ十分ではないかのように、世界のほとんどの社会にはある種の人が他の人々から区別されていて、人々を迷いから醒ますためではなく、誤謬のうちに留め置くために雇われています。ずいぶん辛辣な発言だと思われるでしょうが、これが正統な聖職者に該当するはずはありませんし、他の聖職者に関して言えば、まさしくこうした理由で彼らは異端とみなされているのですから、これ以上に確かなことがあるでしょうか。私たちも読んだり聞いたりしたことのある奇妙な事柄や驚愕させるような物語（それらがある特定の宗教[二]には何か重要性を持つにせよ）が説教師から説教壇上で毎日私たちに向かって本当のことだと断言されるので、そこで話されることはすべて真実だと聴衆の大部分は思い込みます。誰一人として彼に反論する自由はなく、説教師は自分自身の空想を本物の神のお告げと宣告するのです。どの宗派も自分たちに固有の教理に関してそのようなことを否定するでしょうが（そしてセリーナ様、私たちが信奉する改革派の宗教[三]にそのようなことが妥当しないのは承知していますが）、それでも他の諸宗派は〔教理に関して〕互いに否定しがたい反論を立てては応酬し合っているのですから、結局はそのことを是認しているのです。というのも、それらの諸宗派すべてが正しいことは不可能であり、また二宗派以上が正しいことも不可能ですから、このことが、人類の大半を占める他の宗派の人々は彼らの聖職者によって誤謬のうちに留め置かれていることの立証となるからです。にもかかわらず天国の幸福と地獄の責め苦に関して人々が抱く不安がありさえすれば、聖職者たちの果てしない諸矛盾でさえ権威を得るには十分なのです。希望と恐怖が及ぼす影響はこれほどに強力ですが、それらはつねに無知に基づいているのです。

9　世の中に出てみると、こうしたあらゆる誤謬にはとても大きな信用があるので、そうした一般的なやり方からはずれる者はみな怪物扱いされることに私たちは気づきます。運よく真実を悟ることがあっても、利害関係という優勢な力のために、自分の財産、平安、名声、命を失うのを恐れて、本心を偽って（あるいはこう言ってもいいですが、用心深さから）私たちは反対のことを主張するようになるでしょう。このような場合、自分自身が誤謬に陥っている場合とまったく同じように、自分の行為によって他の人々の偏見をいっそう固めさせることになります。というのは、私たちの心は外に現れた行為によってしか知りえないのですから、その行為が彼らのものとよく似ていれば、私たちも同じ信念を持っていると彼らは判断するからです。その上、自分の考えは正しく他の人々は間違っていると主張するのは、他の人々すべてに対するひどい侮辱と解釈されるでしょうから、人間とはどういうものかを知っていて、世間の雑音やひしめき合いやあわただしさから離れて平穏な生活を送ろうと決めている人なら、あえてそのような責めを負ったりはしないでしょう。

10　世間の喧騒がより好きな、あるいはそれを我慢する必要により迫られる人たちは、一般に何かの職に就きます。すると自分たちが就いた特定の職業に有利となる多くの偏見に必ず引き入れられます。それらの偏見を彼ら全員が必ずしも信じるわけではないにしても、その偏見のおかげでいっそうの信用や名声や権威がもたらされるので、それらを他人が信じることは自分たちの利益になると考えます。一人の卜占官がもう一人の卜占官と出くわしたとき、自分たちの占いを信じる人たちの単純さを彼らが嘲笑しない〔四〕のを、監察官カトー〔五〕は実に意外だと思いました。彼らが仲間内で人々を嘲笑することはあったとしても（そうしたことがよくあったと歴史書から知ることができますが）、卜占官を絶対誤ることのない天のお告げの頒布人と考え、その情報にたっぷりと支払ってくれる世間の人々に、彼らは自分たちの職業集団の巧妙な手口をそうやすやすと暴露しようとはしなかったのです。それゆえ、あらゆる職業だけでなくあらゆる階層にもそれ特有の言語があり、そこには一般の能力や理解力をはるかに超える非常に驚くべき事柄が含まれると他の人々から思われています。貴族、郷紳、博労、伊達男にも、神学者、法律家、医者、哲学者と同じように、それぞれの隠語（後者のものほどわけのわからないものではありませんが）があるのです。賢く老練な少数の人は別にして、他の者はみな自分たちの専門用語がわからない奴より自分たちの方がはるかに偉いと本気で信じています。一介の猟師が自分の使う耳ざわりな隠語を理解しない人たちの良識を疑い軽蔑するのを幾度も目にしましたが、それは占星術師が自分でもほとんどわかっていないあのくだらない戯言で、信じやすい下層民を教化してやっていると胸を張るのと同じことです。たいていの職業では（とりわけ職人と称されるものでは）、その一員は自分たちの仕事上の秘密を明かさないことを誓わされますが、まさにこの秘密という観念のために、他の人々はこのように巧みに隠されたごくつまらない事柄のうちには何か驚くべきものがあると想像してしまいます。あなたがご存知の国家機密（俗衆が覗き見るべきものではなく、畏れ敬うべきものですが）でさえ時には他の秘密と同様、空しい想像上のものであったり、取るに足りない滑稽なものであったりすることもあります。

11　しかし、そこで暮らし教育を受けた社会が持っている偏見ほど私たちにしっかりとくっ付き、取り除くのが難しいたぐいのものはありません。このことは人々の世俗的慣習と宗教的祭儀、人々の考えと行動についても等しく当てはまります。自分たちの祖先がたいていは間違っていたとか、まして自分たちが毎日話をしている人たちの大半の行為はほとんど正当な理由がないとか、そんなことを容易に信じる気にはなれません。というのも、とりわけ私たちは人柄を好きになると、その人の見解も好きになったり称賛したりしがちですし、またその人と同じ信念のなかで育てられているからです。またこれと反対に、人柄のせいでその人の見解を嫌うこともよくあり、逆に見解のせいでその人の人柄を嫌うことも少なくありません。一般にその理由としては、私たちはおのおの違ったふうに育てられてきており、考えにおいて誤っている人は行動においても正しいはずがないと考えるのに慣れてきたということしかありません。こうして世界のあらゆるところで大多数の人々は幼い頃から見習え、敬えと教えられることを何でもゴクゴクと飲み込み、大人になってもそれ以上の根拠を求めることもなく教え込まれたことの真理のために喜んで死んでいきます。これは厳密には習慣への殉教者となることであって、単なる偶然でない限り、宗教や真理への殉教者となることではありません。それどころか、慣習（これが第二の自然と呼ばれるのもあながち間違いではありません）はその社会における言語そのものにもはっきりと刻印されていて、いろいろな言葉で述べられることは何であろうと、たとえ矛盾していようと不可解であろうと、たいていは受け入れられている真理として通用するのです。ところがあなたが用語を取り替えたり、他の宗派の表現を使ったりしようものなら、たとえ神託を語るにしても、あなたの話すことはすべて間違っているとみなされるか、よくてそう疑われるしかないのです。実際こうでしかありえません、他のすべての人たちのこういう偏見はけっして検討されてはならないからです。(例えば)自分はどの宗教に入るかをあなたご自身は自分で推論なさるかもしれませんが、そこから出て行くことを自分で推論してよいと言う宗教が一体どこにあるでしょうか。検討の自由を認めると公言している人たちがいるのは私も知っていますが、彼らのやり方はそれが本心ではないことをしばしば示しています。というのも、そういう検討がなされたあとで彼らの教理のどれかが疑われたり否定されたりしてごらんなさい、そんなことをした人はきわめて不幸な人生を送ることになりますから。たとえ死刑に処せられなくても、彼が属す教会が持つ権力の大小に応じて、追放されたり、仕事を奪われたり、罰金を科されたり、破門されたりするのです。その人が望みうる一番軽いところは、その社会の他の成員から忌み嫌われ遠ざけられること(どんな成員でも人を遠ざけることはできます)ですが、もっとも偉大な真理のためであろうとこのようなことに耐えうるだけの不屈さを誰でもが持てるとは限りません。知人たちへの親愛の情から、素晴らしい知性の持ち主がうわべを繕うためにもっとも不条理でばかげた誤謬を信じていると公言することもよくあるのです。

12　このようなことに加えて、私たち自身の恐れと虚栄心があります。すなわち、過去の事柄についての無知、現在についての不確かさ、これから起こることへの強い好奇心があり、そして判断における性急さ、同意にさいしての軽率さ、検討にさいして必要な留保の欠如があります。こういうことのために私たちは行動においては通俗的な誤謬により押し流され、欲望ばかりか感覚によっても誤った方向へ導かれ、思索に関しては無数の虚偽を論証済みの真理と思い込みますが、それだけでなく他人の真価を正しく評価せず、無罪の人と罪人を混同し、そしてたいていは罪人とする方を好みます。そして偏見が私たちを支配するようになると、誰が潔白で誰が有罪か、誰がその言い分においてより優れているかより劣っているかを、本当に見分けることはほとんど不可能になります。というのも、第一に問題となるのが、ある人が何をどのように行ったかではなく、その人が誰か、あるいはどこから来たのかということなので、その人が支持する派閥や党派いかんによって、人々は彼が書いた本に賛成したり非難したり、読み通したり投げだしたりするからです。これは確かに公正でもないし高潔な態度でもありません。これが真理を見いだすやり方だとか、真理をしっかり公言し続けるやり方だなどと主張する者がいないことを私は願っています。というのも、(たとえば)ある人が聖書を読むことを禁じられているなら、その人がどんな手段でコーランから離れられるかを思い描くのはむずかしいからです。さて、あるマホメット教徒が聖書を読むべきであるなら、あるキリスト教徒がコーランを読むのを恐れねばならない理由が私には分かりません。このことは世の中のあらゆる本についても同じように当てはまります。私たちを支配する情念、大衆の一致した意見の感染力、王侯にも聖職者にも民衆にも等しく支配力をふるう、最強の主人にして、逆らいえない暴君たる慣習といった月並みな話題について、これ以上詳しくお話しする必要はないでしょう。

13　以上の考察から、各々の人が危険に満ちた状況におかれていること、また感染をのがれ自分の自由を手に入れたり守ったりするのがいかに不可能と見えるかということ、これに私たちは気づくでしょう。というのも世間の他の人々がみなで欺こうと共謀しているのですから。しかし、偏見を免れた人は外的な境遇においては他の人々にまさる利点はほとんどないように思われますが、それでも理性を陶冶することは彼の人生における主な関心事となるでしょう。人生において自分の内的な安らぎと喜びに値しうるものは何もないと考えます。他のほとんどすべての人々が闇の中を這い、抜けられない迷路の中で迷い、無数の疑念にかき乱され、果てのない恐れに苦しめられ、自分たちの悲惨が死で終わるという確信さえ抱けない[六]のを見ているからです。一方、彼自身は自分の知性を正しく用いることで、これらのあらゆる空しい夢と恐ろしい妄想から完全に守られて、自分がすでに知っていることで満足し、新しい発見を喜び、不可解なものに係わることなどは考えず、そして獣のように権威や情念によって引きずり回されるのではなく、自由で理性を備えた人間として自分自身の行為に法則を与えます。

14　セリーナ様、私はこの論題についてあなたにさらに長々と述べる必要などないと誰よりもよく分かっております。あなたはすでにあれほど多くの知識を備え、偏見はほとんど持っておらず、あれほど的確に推論し、あれほど立派に考察し、あれほど公正に意見を述べておいでになるからです。あなたからの要請で私が今書きましたことも、（実は）あなたにお教えするためではなく、私たちの見解がどれほどたくさん一致しているかをご覧にいれるためでした。とは言え、あなたが多くの優れた資質であらゆる女性をしのぐように、知性の鋭敏さでは私はもちろんのこと、ほとんどの男性をしのぐことは十分承知しておりますが。偏見に関して、少なくともあなたは他の人々よりひどい状態にはないことがおわかりでしょう。あるいは、あなたの状態がもっと良好であるにしても（そうであると私は確信していますが）、あなたはご自身の心の内的な喜びと満足で十分とすべきであって、世間の賞賛を望むべきではありません。そのようなことはあなたの比類のない美徳に正当な評価をもたらすより、むしろ不名誉や危険にあなたをさらすことになりましょう。そんなことのために、推論における判断力と洞察力を認められて会話の栄誉を授けられた人々と自由闊達な談話をする、あなたの楽しみが妨げられてはなりません。

奥様、あなたのもっとも忠実なる慎み深い僕であることをここに謹んで申し上げて、私の熱意と誠意をお伝えします。

第二書簡

異教徒における魂不滅説の歴史

1　もっとも優れた宗教はその教理が真かつ有用であることによって見分けられるのと同じく、その道徳律が純粋かつ完全であることによって見分けられるはずなら、**奥様**、あなたほどに心から宗教的である方はいらっしゃいません。あなたを存じ上げる栄誉に与る人なら誰もが、進んであなたの有徳さを認めるのがその証《あかし》です。魂の不滅についてあなたが疑いを抱いておられないことは私も確信していますし、またそれについてキリスト教は最高かつもっとも明らかな証拠、まさに神ご自身の啓示を与えています。でも、この真理を異教徒たちはどのようにして発見したのだろうとあなたはたびたび驚いておられ、彼らは天からそのような啓示を受けたわけではないし、また彼らがそれをユダヤ人たちの古代の書物から教わったとあれほど確信をもって唱えられる説も、肯定するのも否定するのも同じくらい簡単らしいから、とおっしゃいました。それらの書物そのものにそんなことが書かれていないのははっきりしていますから、その説にはまったく根拠がありません。それだけでなく、「モーセ五書」[二]と他の一連の年代記からは、〔モーセの〕「律法」がイスラエル人たちに与えられるはるか以前に、多くの民族がそれぞれ自分たちの宗教と統治を持っていたことが明らかです。いわゆるアブラハムの布教[三]やノアの子孫による伝承についても同じことが言えます。これらの主張には事実問題から見れば証拠が欠けていますし、付帯状況から見ればまったく起こりそうもない事柄だからです。ですから、奥様、あなたのご意向に謹んで従うために、私はこの論題について私自身が考察したままをあなたに提示いたしましょう。どんなに人を黙らせたり面白がらせたりしても、誰にも本当の確信を与えることのない憶測や仮説によってではなく、公平な根拠と古代著作家の意見における最大限の一致に基づいて私は論じます。

2　セリーナ様ほどの知識もなく偏見から自由でもない人々は、私が魂の不滅について、まるで哲学における他の何かの見解と同じように、この説をある時代にあるいはそれを発明したある創始者に端を発し、そして人々の信念、興味、好みに応じて賛同されたり反対されたりした見解のように語るのを聞けば、おそらく奇妙に思うことでしょう。ですが、あなたがこの問題についてどうお考えになっているにしても、異教徒の間では実際そういうものだったのです。自分自身が読んだり聞いたりしたことに逆らって、この事実を認めるのを恐れているような人たちの臆病さには私はしばしば驚かされてきました。

彼らはあたかもその事柄の本質が、他の人のそれに関する誤謬によって傷つけられるかのように、あるいは異教徒たちが神の存在そのものや、私たちの宗教の他のあらゆる信仰箇条に関して途方もない妄想を抱いてこなかったかのように――こんな妄想がそれらの真理を損なう論拠となると思う人は一人もいません――考えているのです。

3　さて、魂の発明をめぐってエジプトの神官、カルデア[三]のマギ僧[四]、インドのバラモン僧[五]の間でその栄誉が争われましたが（印刷術の初まりについてハールレムとマインツ[六]の人々が、砲術と印刷術の起源について中国人とヨーロッパ人が、他の技術や見解について他の国々の人々が争ったのと同様に）、**アリストテレス**によってはっきり主張され、大多数の著作家が異論の余地ない真実として認めているのは次のことです。すなわち、最古のギリシア人哲学者たち[七]は宇宙そのものの中にも、そのいかなる部分にも、何らかの原理または動かす霊体など夢にも考えたことはなく、自然のあらゆる現象を、物質[*1]と場所運動、軽さと重さ、その他同種のものによって説明し、神々、ダイモン、魂、亡霊、天界、冥界、幻影、予言、奇蹟について詩人たちが語ったことはすべて勝手にでっちあげられた作り話、読者を楽しませるための虚構として否認したことです。こうして**タレス**[八]、**アナクシマンドロス**[九]、**アナクシメネス**[一〇]、その他の人々が、宇宙は無限であり、物質はその諸形態は変化しても、永遠であると教えた後に、**アナクサゴラス**[一一]が現れ（異教徒あるいはキリスト教徒のほぼすべての著作家から異口同音に認められているように）[*2]、この物質にもう一つの原理を付け加え、物質を動かすものかつ配列するものとしてそれを**知性**《マインド》と名づけました。するとそのあまりに奇異で新しい聞きなれない発明のために、彼は**知性**《マインド》とあだ名をつけられ[*3]、この概念ゆえに彼をあざ笑う者もいれば賞賛する者もいました。彼以前のほとんどの人たちは無限の物質を万物の原理としたのに、彼がどうやってこのような発明に思い至ったかはすぐ示すことにします。確かに、**タレス**は物質は本質的に水であると主張し、**アナクシメネス**は空気であると断言し、万物はこれらの元素からさまざまな希薄化と濃縮化を経て形成され、再びこれらの元素へと分解されると言いましたが、両者の言わんとするのは、物質の粒子は空気や水のようにきわめて微細でたえず運動しているということです。**アナクサゴラス**が動かし秩序づける知性《マインド》を付け加えるまでは、**イオニア**の全哲学者集団は〈今述べたように〉このような運動と宇宙の無限によって自然のあらゆる現象を説明していました。

＊1　「あの最初に哲学した人々のうち、その大部分は、質料の意味でのそれのみをすべての事物のもとのもの〈原理〉であると考えた」〈希〉。〈アリストテレス〉『形而上学』、第一巻〈第三章、九八三b／『アリストテレス全集』、第一二巻、岩波書店、一九六八年、一三頁、出隆訳〉。

＊2　アリストテレス『形而上学』、第一巻〈第三章、九八四10b〉[一二]。プラトン『パイドン』〈四六の九七c〉[一三]。キケロ『神々の本性について』、第一巻〈一一の二六〉[一四]。ディオゲネス・ラエルティオス〈『著名哲学者伝』第二巻、第三章〉「アナクサゴラス」〈第六節〉[一五]。プルタルコス[一六]〈『対比列伝』〉「ペリクレス」〈第四節〉[一七]、及び『哲学者の言説について』[一八]、第一巻。テルトゥリアヌス[一九]『霊魂論』。アレクサンドリアのクレメンス[二〇]『雑録』、第二巻。エウセビオス[二一]『福音のそなえ』、第一四巻。アウグスティヌス[二二]『神の国』、第八巻〈第二章〉[二三]。テミスティオス[二四]『弁論集』、第一五篇。さらに、プロクロス、シンプリキオス、その他大勢の異教徒やキリスト教徒〈羅〉。

＊3　ディオゲネス・ラエルティオス〔『著名哲学者伝』、第二巻、第三章〕「アナクサゴラス」〔第六節〕。スイダス〔二五〕〔『スーダ辞典』〕「アナクサゴラス」。プルタルコス〔『対比列伝』〕「ペリクレス」〔第四節〕。

4　ギリシア人にあのような功績をもたらした人物はそれにふさわしい報いと賞賛を受けたはずだと人は考えるでしょうが、他の哲学者たちが彼を妬んだのか、彼らが霊体などないことを望んだのか、彼らの異議にアナクサゴラスが十分答えなかったのか、理由はどうであれ、彼は当時もその後も評判がかんばしくなく、あらゆる学派から冷遇されたことは確かです。私が見る限り、その原因は彼の見解が彼らのどの見解とも完全には合わなかったからとしか考えられません。彼は粒子哲学を理解していなかったから、自然の仕組みを理解し、長い演繹と正確な観察を行い、事物の本性に取り組むという労を省くために、分離した知性《マインド》という見解を採用した（それは彼の発案ではありませんでしたから）のだと主張する者たちもいます。彼らはその裏づけとして、他の問題で彼の想像力はとてもお粗末だったと言って、彼の説[＊1]をその証拠に挙げています。例えば、太陽はペロポネソス半島よりほとんど大きくない、地球は平らで丸くない、恒星天〔二六〕はいくつかの石から成り立ち、それらの石は高速回転をしているため落ちずにいる、出産において雄は母親の右側から、雌は左側から生まれてくる、雪は黒い、そしてあらゆる物、たとえば血液、骨、黄金、乳といったものの粒子はすでに形成されていて、永遠に存在しているが、ある粒子の数が他の種類の粒子の数をはるかに超えるほど十分に集められて一つの物体になると、〔二七〕その粒子の集まりが血液や黄金、黒色や緑色となる――この見解をギリシア人たちはホモイオメレイアという言葉で呼んでいます――などです。さらに彼らはアナクサゴラスが天文学の研究にもっと時間を割くために、自分の土地を羊にまかせっぱなしにしたことを嘲笑しましたが、[*2] 太陽と恒星天のさまざまな石からなる彼の体系は、天文学において彼が驚くほど熟達していたことを示しています。彼らは、彼が生きるのに必要で有益なものを顧みず、まったく役に立たない不確かな、思弁的で難解で現実とかけ離れた考察に没頭したことを非難し、当然の報いとして老年にはパンにも事欠き、弟子の**ペリクレス**〔二八〕の助けがなかったらあやうく餓死するところだった〔二九〕と言いました。神的な知性存在を信じた者たちはと言えば、彼を自分たちとイオニア学派の合いの子哲学者とみなし、秩序づける知性《マインド》をあらゆる場合に用いているわけではない、と彼に腹を立てていました。というのは、彼はそれなしですませる限り、あらゆる自然現象を物体相互の作用と反作用によって説明したからです。**プラトン**は（『パイドン』〔三〇〕の中で）まさにこのことで**ソクラテス**が彼を非難し、彼の本に少なからざる軽蔑を示す姿を描います。まさに同じ理由によって、キリスト教教会の教父たちの中にも、彼が物質に霊体を加えたにもかかわらず彼を正統とみなさなかった人もいます。**エイレナイオス**〔三一〕は（異端反駁（『異端駁論』）の第二巻で）[*3] 彼に対して反宗教的と言うだけでなく、はっきりと無神論者という用語を用い、他の人たちからもそう呼ばれていた、と言っています。**アレクサンドリアのクレメンス**は駄洒落を使って彼に手ひどく当たっていますが、それをここに逐一訳してみましょう。「**アナクサゴラス**は事物に知性《マインド》を加えた最初の人でしたが、その動力因の尊厳を守ろうとはしませんでした。彼はあの知性のない渦巻〔三二〕を説明しながら、一緒に知性の愚かさと無活動を説明したわけですから」[*4]。また**アリストテレス**は彼のことを、英雄を自然的原因で救えない時は奇跡を持ち出して救い出す詩人になぞらえています。「**アナクサゴラス**は世界の形成において知性《マインド》を機械仕掛けの神〔三三〕のように用い、どんな原因で必然的にそうなるのかが分からない場合に限ってそれを持ちだすが、その他の場合は生成される事物の原因を知性《マインド》ではなく、他のものに帰している」[*5]と主張しているからです。しかし、彼についてもっと好意的な意見を持っている人たちが、古代人や近代人の中にいないわけではありません。著名なバーネット博士は〔その『〔哲学的〕考古学』の中で〕[*6]彼の知性《マインド》というあだ名は〔ローマの将軍たちの〕アフリカ人《アフリカヌス》やアジア人《アジアティクス》というあだ名よりはるかに名誉となると言っています。それに**アナクサゴラス**自身も自分に相応の価値を与えることを怠りはしませんでした。というのは、彼が追放された後〔惑星を脱神格化した無神論のかどにせよ、**ペリクレス**とともに陰謀を企てた反逆のかどにせよ〕、ある人が「君はアテナイ人から見捨てられている」と言うと、彼はすぐさま「いや、私ではなくて、彼らの方が私から見捨てられているのだ」[*7]と答えたからです。

＊1　ディオゲネス・ラエルティオス〔『著名哲学者伝』、第二巻、第三章〕「アナクサゴラス」〔第八節、九節、一二節〕、また彼について他の注釈者たちのものも見よ〔羅〕。

＊2　ディオゲネス・ラエルティオス〔同書〕「アナクサゴラス」〔第七節〕、その他〔羅〕。

＊3　〔エイレナイオス〕『異端駁論』第二巻。

＊4　「アナクサゴラスは物質的事物より知性に優位性を与えた最初の人でした。しかし、彼でさえその動力因にふさわしい尊厳を守ろうとはしませんでした。彼があの思慮のない渦巻きを説明したさいに、一緒に知性の無気力と愚かささえも説明したわけですから」〔希〕。〔アレクサンドリアのクレメンス〕『雑録』、第二巻〔第四章〕。

＊5　「アナクサゴラスにしても、かれはあの理性をば宇宙創造の説明のためにただ機械仕掛けの神として用

い、物事がどのような原因で必然的にそうあるのかという難問で行き詰まった場合にそれをかつぎ出してくるが、その他の場合には、事物の生成の原因〔責め〕をすべて理性より以外のものに帰している」〔希〕。〔アリストテレス〕『形而上学』、第一巻〔第四章、九八五a20／『アリストテレス全集』、第一二巻、岩波書店、一九六八年、一九頁、出隆訳〕。

＊6〔トマス・バーネット『哲学的考古学あるいは事物の起源に関する古代の学説』〕第一巻、第一〇章。

＊7「いや、私ではなくて、彼らの方が私から見捨てられているのだ」〔希〕。ディオゲネス・ラエルティオス〔『著名哲学者伝』、第二巻、第三章〕「アナクサゴラス」〔第一〇節／ディオゲネス・ラエルティオス『ギリシア哲学者列伝』、上巻、岩波書店〔岩波文庫〕、一九八四年、一二五頁、加来彰俊訳〕。

5　シュロス島の**ペレキュデス**〔三四〕は、**キケロ**[*1]やその他の人々が伝えるところによると、人間の魂は不滅であると書き物に遺した最初のギリシア人哲学者でした。というのも、タレスも同じ見解[*2]を持っていたと言われますが、何も公表はしませんでしたから。また**キケロ**とともに**テュロスのマクシモス**〔三五〕は〔『哲学的弁証』、第二八の中で〕、**ペレキュデス**の弟子であるサモスの人**ピュタゴラス**〔三六〕が「ギリシア人の中で最初に、肉体のみが死滅し、魂は不滅であり、老齢にも壊廃にもさらされず、この世に来る以前から存在している、と思い切って公けに主張した[*3]」と断言しています。おわかりのように、それはまったくの新機軸だったので、彼はそんなことを発表するほどの勇気がある大胆な人とみなされました。その後、**プラトン**その他の人々がこの教理を熱烈に信奉しました。そしてギリシア人たちはその教理を、アジア、イタリア、シチリア、ガリア、その他世界のさまざまな地域における彼らの無数の植民地を通じて、また他の諸国民からその著作の巧緻さ、洗練、学識ゆえにあれほど賞賛されたギリシアの詩人、雄弁家、歴史家、哲学者を通して、いかに広範囲に広めることができたかも私たちは知っています。

＊1 「ここ何百年もの間、他にもいたに違いないとは思うが、文献によるかぎり、人間の魂が永遠であると最初に言ったのはシューロスのペレキュデースであった。〔……〕彼の弟子であるピュータゴラースは、この意見を確固たるものとし」〔羅〕。〔キケロ〕『トゥスクルム荘対談集』、第一巻（一六の三八／『キケロー選集』、第一二巻、岩波書店、二〇〇二年、三五頁、木村健治・岩谷智訳）。

＊2 「また、ある人たちは――詩人のコイリロスもその一人であるが――魂が不死であることを主張した最初の人は彼〔タレス〕であると言っている」〔希〕。ディオゲネス・ラエルティオス『著名哲学者伝』、第一巻、第一章〕「タレス」〔第二四節／ディオゲネス・ラエルティオス『ギリシア哲学者列伝』、上巻、岩波書店〔岩波文庫〕、一九八四年、二九頁、加来彰俊訳〕。

＊3 「サモスの人ピュタゴラスはギリシア人の中で最初に、自分の肉体は死滅するが、飛び立つ魂は不滅で老いることなく出立する、というのも魂はこの世へ来る以前から存在していたから、と述べる大胆さを持っていた」〔希〕。〔テュロスのマクシモス『哲学的弁証』、第二八〕。

6　さて次の問題は、**アナクサゴラス**とその追随者が（彼らは神の啓示を持つと主張したわけではないので）この発明をどこから借りてきたかです。古代の資料から明らかなのは、彼とその一派の哲学者たちは、詩人や神話作者と同様に、この発明を一部はペルシア人がその軍隊をギリシアへ送り込んださいにマギ僧から、また一部は彼らが勉学のためにエジプトへ旅したさいにその神官から教わったことです。**タレス**[*1]はその哲学をエジプトの神官から授かりました。**プラトン**は長くエジプトに滞在しており、その著作にはエジプト人の教理がひじょうに多く含まれており、魂の不滅、来世での善人と悪人それぞれに異なる住まい、罪の償い、冥界にある湖や河や草原や洞窟や怪物について彼が教えたことはどれもエジプト人[*2]から、そして彼らの弟子**ピュタゴラス**から、また同時にペルシア人のマギ僧から学んだとすべての人から認められています。世界でも指折りの大旅行家である**ピュタゴラス**[*3]は、カルデアのマギ僧、インドの裸行者〔三七〕、とりわけエジプトの神官や予言者のもとを訪れ、最後の者たちが割礼を受けないと教えないという彼らの秘密の教理を聴こうとして、この条件を呑みました[*4]。私はここで**オルペウス**や**ホメロス**やその他最古の詩人たちについて語るつもりはありませんが、**シチリアのディオドロス**〔三八〕の『歴史叢書』第一巻に見られるとおり、彼らもみなその架空の物語をエジプト人から借りてきたと認められています。**アナクサゴラス**が初めてマギ僧から教わったのは二〇歳で、クセルクセス〔一世〕の〔ギリシア〕遠征のときであり、（**ディオニシウス・ファレレウス**の証言によれば[*5]）この頃に彼はアテナイで哲学を始めていました。彼は**アナクシメネス**の聴講生でしたが、（**テオドレトス**〔三九〕と**アンミアヌス・マルケリヌス**〔四〇〕が伝えているように）前にエジプト[*6]へ旅行したこともありました。ですから、そこから秩序づける知性《マインド》の概念を彼が得たのだとはっきりとわかります。当時ギリシア人はマギ僧からいくつもの事柄を学んだので、そのため後になって他の人々も自分たちの知識を完全なものにしようとそれらの地に赴きたいという思いに駆られました。

＊1　ディオゲネス・ラエルティオス〔『著名哲学者伝』、第一巻、第一章〕「タレス」〔第二四、二七節〕。アレクサンドリアのクレメンス『雑録』、第一巻。エウセビオス『福音のそなえ』、第一〇巻。ヨセフス〔四一〕

『アピオーンへの反論』、第一巻〈第一四節[四二]〉。
＊2　シチリアのディオドロス〈『歴史叢書』〉、第一巻。キケロ『最高善と最大悪について』、第五巻、『老年について』〈二一の七八〉、『トゥスクルム荘対談集』、第一巻〈一七の三九〉。アリストテレス『形而上学』、第一巻。ディオゲネス・ラエルティオス〈『著名哲学者伝』、第三巻、第一章〉「プラトン」〈第六節〉。クィンティリアヌス[四三]〈『弁論術教程』〉、第一巻。アレクサンドリアのクレメンス『ギリシア人への勧め』。ウァレリウス・マクシムス[四四]〈『著名言行録』〉、第八巻。フィロストラトス[四五]『アポロニオス伝』、第一巻。ヒエロニムス[四六]、第二巻、「書簡一、パウリヌスへ」〈第五三〉。ラクタンティウス[四七]〈『神学提要』〉、第四巻。その他多数〈羅〉。
＊3　ヘロドトス[四八]〈『歴史』、第三巻〉「タレイア」。シチリアのディオドロス『歴史叢書』、第一巻。キケロ『最高善と最大悪とについて』、第五巻〈第一九節、五〇〉。プリニウス[四九]『博物誌』、第三六巻および第二五巻。ディオゲネス・ラエルティオス〈『著名哲学者伝』、第八巻、第一章〉「ピュタゴラス」〈第二、三節〉。イソクラテス[五〇]『ブシリス』〈第二八〉。その他多数〈羅〉。
＊4　アレクサンドリアのクレメンス。テオドレトス『異教の病の治療』。
＊5　ディオゲネス・ラエルティオス〈『著名哲学者伝』、第二巻、第三章〉「アナクサゴラス」。
＊6　テオドレトス『異教の病の治療』。テオドロス・メリテニオテス『天文学』、「序論」。アンミアヌス・マルケリヌス〈『歴史』〉、第二二巻〈第一六章、第二二節〉。

7　しかし、異教徒の中で霊体の教理を誰が最初に発明したのか、エジプトの神官か、カルデアのマギ僧か、インドのバラモン僧か、という大きな疑問がまだ残っています。**パウサニアス**[五一]は後の二者だと大変自信ありげに言っています。「というのも、人間の魂が不滅であると最初にはっきり述べたのはカルデアとインドのマギ僧であったと私にはわかっているからだ。そしてこの説を彼らは他のギリシア人にも、とりわけ**アリストン**の子**プラトン**に信じさせた」[*1]。**パウサニアス**の他に何人かのギリシア人（そして彼らギリシア人を典拠にしたローマの著作家数人）も、カルデア人が魂不滅の発明者であるとは言わないまでも、少なくとも占星術の発明者であったとは信じていました。しかし、事実が明らかなわけではないと言うなら、証人の一団を呼び出して、カルデア人（バラモン僧は彼らの弟子でした[*2]）〔五二〕は彼らの学問と宗教のすべてを、したがって占星術だけでなく魂不滅の教理をも、エジプト人から手に入れたと証明することもできます。**マクロビウス**[*3]がエジプトを「諸学問の母」と呼び、そこの住人を「哲学におけるあらゆる学芸の生みの親」、「勇敢にも諸天体を探求し調査した人類最初の人々」、「神々のあらゆる事柄に精通した唯一の人々」すなわち当時の世界最高の神学者、と呼んだのも決して誇張ではなかったと示すこともできましょう。ですが、そのような探求がここでどうしても必要というわけではないので、私たちの目的に役立つことだけで満足しなければなりません。

＊1　「人間の霊魂が不死だ、とはじめて語ったのが、カルダイオス人とインドの呪術師だ、ということは、わたしも知っている。ギリシア人のなかにも、とりわけアリストンの子プラトンのように、上述の人びとの説を奉じる人もいる」（希）。〔パウサニアス『ギリシア記』〕「メッセニア」（第四巻、三二の四／パウサニアス『ギリシア記』龍溪書舎、一九九一年、三〇一頁、飯尾都人訳）。

＊2　「またソロイの人クレアルコスは『教育論』のなかで、ギュムノソピステスたちもマゴスたちの後裔

であると述べているが」〔希〕。ディオゲネス・ラエルティオス〔『著名哲学者伝』、第一巻〕序章〔第九節／ディオゲネス・ラエルティオス『ギリシア哲学者列伝』、上巻、岩波書店（岩波文庫）、一九八四年、一八頁、加来彰俊訳〕。

＊3　「五年目の年が始まる前に閏日を入れるという習慣は、諸学問の母であるエジプトの習慣に一致する」〔羅〕。〔マクロビウス〕『サトゥルヌス祭り』、第一巻、第一五章。「プラトンの見解はエジプト人の神官の見解であり、我々は彼らにすべての哲学的知識を負っている」〔羅〕。〔マクロビウス〕『スキピオの夢、注解』、第一巻、第一九章。「あえて天体を観察し天球を測る試みを行った人類最初の人々」〔羅〕。〔マクロビウス〕『スキピオの夢、注解』、第一巻、第二一章。「天の仕組みについて知識を持った唯一の民族であるエジプト人を真似て」〔羅〕。〔マクロビウス〕『サトゥルヌス祭り』、第一巻、第一四章。

8　宗教の発明をカルデア人に帰した人々が持ちだす理由は、カルデア人が占星術によってとても有名になっていたこと（彼らがそれをギリシア人に初めて教えました）、そして霊体とダイモン、天使の階級、終末の世界炎上、その他同様のいくつもの概念によって、彼らがいたるところで大変物議を醸していたこと以外にはありませんでした。しかし彼らの主張はもっと古い、数多くの典拠によって容易にくつがえされてしまいます。歴史の父**ヘロドトス**は、「神々を讃える集会、見世物、聖地詣でを設けた最初の人々はエジプト人で、彼らからギリシア人はそれを学んだ」と言っています。「その証拠として」と彼は挙げます、「このようなことはエジプト人によってはるか昔から行なわれてきたが、一方ギリシア人が行なうようになったのはごく最近である」[＊1]。アテナイ人は祭礼の大部分をエジプト人である彼らの王**ケクロプス**〔五三〕から手に入れ、多くの風習は同じ国の**ダナオス**〔五四〕と彼の娘たちから手に入れ、またエレウシス〔五五〕

とサモトラケ[五六]の秘儀は**イシス**と**オシリス**[五七]の秘儀の模倣にすぎなかった、とすべての人に認められています。とりわけ占星術については、**ヘロドトス**は「エジプト人が最初に、どの月や日がどの神に属すか、そして生まれた日によって人がどんな運命をたどり、どんな死に方をし、どのような人生を送るかということについて創案した。そしてこれらのことは詩に夢中になっているようなギリシア人たちに利用された」[*2]と主張しています。**ディオン・カッシオス**[五八]も同じ趣旨で、「七つの惑星に因んで日を配列することはエジプト人の創案であったが、他のあらゆる民族に伝えられたのはごく近年のことで、昔のギリシア人にはまったく知られていなかった」[*3]と言っています。**ヘロドトス**はまたエジプト人自身の最古の記録に基づいて、彼らが主張していたことを私たちに教えています。すなわち「エジプト人が最初に上級の十二神の呼称を用い、ギリシア人はそれを彼らから借用したのである。また同じくエジプト人が最初に神々のために祭壇、彫像、社を定め、石に動物の模様を刻んだ」[*4]と。これはさらに**ルキアノス**[五九]によって確証されます。以下が彼の言葉です。「エジプト人は最初に神々についての知識を持ち、寺院を建て、社と集会を設けた人々であると言われている。同じく彼らは最初に聖なる名前（または言葉）[六〇]を理解し、最初に聖なる話（または言語）[六一]を教えた人々であった。しかし、ほどなくしてアッシリア人がエジプト人から神々についての教理を学び、彼らも寺院と社を建て、そのなかに画像を置き彫像を据えた。しかし昔からのエジプト人の寺院にはどんな彫像もなかったのである」[*5]。以上はアッシリア人とギリシア人に不利な決定的な言説です。しかし、**シチリアのディオドロス**が特にマギ僧について語ることを聴きましょう。「エジプト人は自分たちの国から多くの植民者が世界中へ広がっていったと主張している。というのも、**ポセイドン**と**リビュエ**の息子と見なされる**ベロス**[六二]が植民者をバビロンの地へ導いて行き、ユーフラテス河畔に本拠地を定めると、エジプト人の風習にならい神官を設け、彼らを公的な重い義務から解放したからだ。そしてそれらの神官はバビロニア人からカルデア人（六三）と呼ばれ、彼らはエジプトの神官や自然哲学者や占星術師の例にならって星を観測した」[*6]。これはパウサニアスによって裏付けられ、彼は「バビロンの**ベロス**という名は、**リビュエ**の息子であるエジプト人**ベロス**に因む」[*7]と言っています。ディオドロスもさらに繰り返して「エジプト人たちは、バビロンのカルデア人は自分たちの子孫で、彼らにあれほどの名声をもたらしている占星術もエジプトの神官から学んだものだと言った」[*8]と述べています。これ以上証拠を挙げてあなたをうんざりさせることはしませんが、エジプト人には（とりわけアッシリア帝国（六四）以前）**セソストリス**（六五）とその後継者による驚異的な征服によって、アフリカのみならずアジア、インドにさえも、はるか後に**アレクサンドロス**大王（六六）が侵攻したよりさらに遠くまで、自分たちの教理を広める機会が数多くあったのです。**セソストリス**も同じくトラキアやその他のヨーロッパ各地へ行ったのです。別のエジプト王**ネケプソス**[*9]（六七）は多くの秘儀をマギ僧に教えたと伝えられていますが、学問は当時王侯に不似合いではなかったのです。というのも、**ポルフュリオス**（六八）が、「マギ僧一族はペルシア人のあいだに権勢を誇り高貴な者たちだったので、**ヒスタスペス**の子**ダレイオス**（六九）はマギ僧の首長たるものであったことも他の事績に加えて自身の記念碑に刻み込ませた」[*10]と述べているからです。ユダヤ教徒と多数のキリスト教徒が、エジプト人はそのすべての知識を**アブラハム**（七〇）から――生まれとしてカルデアの人《カルディーアン》（七一）で、職務としての占星術師《カルディーアン》ではありません――、エジプトにはわずか二年住んだだけで、おそらく異なる言語を話したこの異国人から手に入れたと、主張していることは私も知っています。彼の学識について「モーセ五書」にはどんな言及もありませんし、あるいは、もし彼が天文学やその他の何か学問を理解していたのであれば、なぜ彼はエジプト人に教えたように、自分自身の民にも教える労を取らなかったのでしょうか。というのも、ユダヤ人はあらゆる東方諸民族のなかでもっとも無学でしたし、また一方『使徒行伝』（第七章、第二二節）〔七三〕ではモーセを讃えるのに、彼がアブラハムの教理に従ったとではなく、エジプト人のあらゆる学問を教えられそれぞれに秀でたと記されているからです。「モーセ五書」自体には、モーセに「律法」が伝えられるはるか以前からあったエジプト人の宗教と諸学問について言及がなされているので、このことは彼らが世界のどの民族よりも古くから存在している明白な証拠です。

＊1 「神体を奉じてねり歩き、参詣のために行列をくむというような風習は、エジプト人の創始によるものので、ギリシア人は彼らからそれを学んだのである。私がそのようにいう根拠は、エジプトではそれらの行事がきわめて古い時代から行なわれていることが明らかであるのに、ギリシアの行事は最近になって始まったということである」〔希〕。〔ヘロドトス『歴史』〕第二巻〔第五八節／ヘロドトス『歴史』、上巻、岩波書店（岩波文庫）、一九七一年、一九九頁、松平千秋訳〕。

＊2 「エジプト人の創案に成ることがいろいろとあるが、それぞれの月や日がどの神に属するか、各人が生まれた日に従ってどのような運勢をもち、どんな死に方をし、どんな人間になるか、といったようなことがそれである。そしてそれをギリシアの詩人たちが利用したのである」〔希〕。〔ヘロドトス『歴史』〕第二巻〔第八二節／前掲邦訳、二一一頁〕。

＊3 「しかし、惑星と呼ばれる七つの星に日を当てはめる慣習はエジプト人によって始められ、今では全

人類のあいだに見いだされるが、その受容はかなり近年のことであった。私の知る限りでは、少なくとも古代のギリシア人はそんなことはまったく知らなかった」〔希〕。〔ディオン・カッシオス『ローマ史』〕第三七巻〔第一八節〕。

＊4 「彼らの言い分では、十二神の呼称を定めたのもエジプト人が最初で、ギリシア人はエジプト人からそれを学んだのであるといい、さらに神々の祭壇や神像や神殿を建てることも、また石に模様を刻むことも、エジプト人の創始によるものであるという」〔希〕。〔ヘロドトス『歴史』〕第二巻〔第四節／前掲邦訳、一六三―一六四頁〕。

＊5 「われわれに知られている人間のうち最初に神々のことに思いを馳せ、神殿を建立して聖域を定め、祝祭日を設けたのはエジプト人であったと言われる。彼らはまたはじめて聖なる名前を認識し、聖なる物語を語った。程なくしてアッシリア人が神々に関する話をエジプト人から聞き、聖域と神殿を構え、そのなかに神像を置き彫像を立てることを始めた。古くはエジプトの神殿でも偶像はなかったのである」〔希〕。〔ルキアノス〕『シリアの女神について』〔第二／『ルキアノス選集』国文社、一九九九年、一七四頁、内田次信訳〕。

＊6 「エジプトでの話によると、この後もこの地方から人の住む世界全域へ向かって、この上なく数多くの移民群が分散して行った。バビュロン方面へ移民を率いて行ったのはベロスで、ポセイドンとリビュエの間に出来た子と見なされている。この指導者はエウプラテス河畔に落ち着くと、祭司の職を定めてこの人びとを、エジプトでの祭司に似たように負担免除とし、一切の公共奉仕からも解放した。バビュロンではこの人々をカルダイオイと呼ぶ。そして、その上でエジプトにいる祭司、自然学者、さらには天文家を真似て、星の見張りをさせた」〔希〕。〔シチリアのディオドロス『歴史叢書』〕第一巻〔二八／『神代地

誌・世界地理・イシスとオシリス』龍溪書舎、一九九九年、四二頁、飯尾都人訳〕。

＊7　「後者〔バビュロンにあるベロス〕はリビュエの子でエジプト人のベロスに因み」〔希〕。〔パウサニアス『ギリシア記』〕「メッセニア」〔第四巻、二三の一〇／パウサニアス『ギリシア記』龍溪書舎、一九九一年、二八三頁、飯尾都人訳〕。

＊8　「バビュロンに住むカルダイオイ民もエジプト民の移住者で、天文についての学説をエジプト司祭から学んで保存している」〔希〕。〔シチリアのディオドロス『歴史叢書』〕第一巻〔八一の六／前掲邦訳、一〇九頁〕。

＊9　「ネケプソスはマギ僧に空しい秘密を教えた」。アウソニウス[七三]『書簡』、第一九。

＊10　「これらの人々〔マギ僧〕はペルシア人のあいだで偉大な尊敬すべき者と考えられているので、ヒスタスペスの息子ダレイオスはマギ僧の首長たるものであったことも他の事績に加えて自身の霊廟に刻み込ませた」〔希〕。〔ポルフュリオス〕『肉食の禁忌について』、第四巻〔第一六節〕。

9　こうしてエジプト人を正当に評価し、彼らが東方全体にとって学問の源泉であり、カルデア人とギリシア人にとって宗教の創始者であったことを証明しましたので、**セリーナ**様、次に彼らが異教徒の中で最初に、とりわけ魂の不滅を、そしてそれに依存するすべての事柄、すなわち天界、冥界、中間界〔煉獄〕、亡霊、幻術、魔術、降霊術、あらゆる種類の占いなどを言い出した人々であることをご覧にいれましょう。**ヘロドトス**は彼らの国に長く住み、彼らの神官と親しく語らい、自分が実際に見たこと、質問したこと、調べたことと噂や伝聞を注意深く区別し[*1]、彼らの古代の風習と見解を誰よりも一番よく探求できる機会があった人で、彼の言うことははっきりしており明快です。彼はこう述べています。

「エジプト人が最初に、**人間の魂は不滅である**、肉体が死ぬとその魂は生まれてくる他の動物の中へ移動し、陸に棲むもの、海に棲むもの、空飛ぶもの、とあらゆる動物の体を一巡すると、生まれてくる人間の体内に再び入るということの説を唱えた。そして、この一巡は三〇〇〇年で終わるという。あるギリシア人たちは、時代が早い者もいれば遅い者もいるが、まるで自分が発明したかのようにこの教理を用いた。それらの者の名を私は知っているが、ここにわざわざ記すことはない」[*2]。彼らが誰であったかを、**シチリアのディオドロス**は知らせてくれます。ここで、他の者の名前は挙げませんが、**ピュタゴラス**が彼の輪廻転生をどこから手に入れたかが分かるというものです。彼の説についてはこの論題を終えるまでに言及する機会〔七四〕があろうかと思います。他の教理についても事情はこうでしたが、私が前にほのめかしたように〔七五〕、ギリシア人はその天文学と占星術のほとんどをマギ僧から学んだので、マギ僧がそれらの学問を発明したと思ったのです。というのもギリシア人はアジアやイオニア諸島に植民地を持っていたので、マギ僧を知るほうがエジプトの予言者を知るより時間的にはるかに先だったからです。後者については、エジプトがペルシア人に征服されるまで〔七六〕、そして**アレクサンドロス**大王の時代になるまで、ギリシア人はほとんど知りませんでした。でも以後は、ギリシア人も大勢エジプトを頻繁に訪れるようになりました。

＊1　「これまでは私が自分の眼で見たこと、私の見解および私の調査したところを述べてきたのであるが、これからはエジプト人の話してくれたことを、私の聞いたとおりに記してゆくことにしよう。しかし私の実見したこともいくらかは、それに添えて述べるはずである」〔希〕。〔ヘロドトス『歴史』〕第二巻〔第九

九節／ヘロドトス『歴史』、上巻、岩波書店（岩波文庫）、一九七一年、二一九—二二〇頁、松平千秋訳〕。
＊2 「人間の霊魂は不滅で、肉体が滅びると次々に生れてくる他の動物の体内に入って宿る、という説を最初に唱えたのもエジプト人である。魂は陸に棲むもの、海に棲むもの、そして空飛ぶもの、とあらゆる動物の体を一巡すると、ふたたびまた、生れくる人間の体内に入り、三千年で魂の一巡が終るという。ギリシア人の中には――人によって時代上の先後はあるが――この説を採り上げあたかも自説であるかのごとく唱導しているものが幾人もある。それらの者の名を私は知っているが、ここには記さない」〔希〕。〔ヘロドトス『歴史』第二巻〔第一二三節／前掲邦訳、二四〇頁〕。

10　ゲタイ人〔七七〕は魂の不滅を彼らの同国人**ザモルクシス**〔七八〕から教わりました。彼は**ピュタゴラス**の奴隷で弟子でしたが、その巧みな弁舌でスキタイ〔七九〕の諸民族に訴えかけたので、彼らは彼が語る法と来世という教理を受け入れただけでなく、こういう恩恵を授かったために彼をたいへん尊敬し、彼が死ぬと神として崇めました。[*1] 現在の生をもっと幸福な生に取り替えられるというこの教理によって、彼らは戦闘でもひるむことなく、喜んでどんな危険にも身をさらし[*2]、彼らの気高い競争心は詩人たちによってたえずかき立てられ、詩人たちは（ガリア〔八〇〕の吟遊詩人のように）戦いで命を落とした高潔な英雄たちの記憶を不朽のものにしたのです。ガリアのドルイド僧[*3]〔八一〕（彼らからブリタニアのドルイド僧〔八二〕が発しました）もゲタイ人と同じ信念を持ち、魂の輪廻転生を説いていましたが、**ユリウス・カエサル**がはっきりとした言葉で私たちに伝えているように[*4]、彼らはギリシア人から文字とおそらくは哲学も借用していました。このようなことは、技芸と学問で有名であった最古のギリシア植民都市マルセイユ〔当時の名はマッシリア〕を通じて可能となったのでしょう。ドルイド僧は彼らの背後に位置する、イタリアに住むギリシアに故郷と宗教を持つ人々[八三]と連絡をとっていたかもしれません。また彼らの隣人であるゲルマン人〈彼らも〈ガリアの〉ドルイド僧と同じくケルト人という名の下に包含されることがよくあります〉からザモルクシスの教理を受け継いだかもしれません。しかしこれがどのように起こったにしろ、こういうすべての諸民族についてルカヌス[八四]は『内乱記』第一巻で次のように歌っています。

「凍てつく北方のあまたの諸民族は
その愚かな錯誤のなかでじつに満ち足りて、
恐怖のなかでももっとも恐ろしい死さえものともしない。
それゆえ彼らの荒々しい精神はたえず戦闘へと向けられ、
それゆえ彼らの勇猛な英雄は笑みを浮かべて死に臨み、
それゆえ命を惜しむは臆病者とみなすのも、
それは確実に再び戻ってくるゆえに[*5]」。

＊1　ヘロドトス〈『歴史』〉第四巻〈第九四―九六節〉。ストラボン[八五]〈『地理書』〉第一六巻〈第七巻、C二九七―C二九八〉。『大語義字典』の「ムナセアス」と「ヘラニコス」の項。ポルフュリオス『ピュタゴラス伝』。ディオゲネス・ラエルティオス〈『著名哲学者伝』、第八巻、第一章〉「ピュタゴラス」〈第二節〉。

＊2　ポンポニウス・メラ[八六]〈『地誌』〉、第二巻、第二章〈の一八〉[八七]。その他多数〈羅〉。

＊3　カエサル『ガリア戦記』、第六巻〈第一四節〉[八八]。ポンポニウス・メラ『地誌』、第三巻、第二章〈の

一九(八九)〕。アンミアヌス・マルケリヌス〔『歴史』〕第一五巻。プリニウスにも〔羅〕。

＊4 「大抵どんな目的にもたとえば公私の記録のようなものには、ギリシア文字を使う」〔羅〕。〔カエサル〕『ガリア戦記』、第六巻〔第一四節／カエサル『ガリア戦記』角川書店（角川文庫）、一九七〇年、一八八頁、国原吉之助訳〕。

＊5 「北極星に近い諸民族は
その誤った信念の内にあって幸福だ。
彼らはあらゆる人が恐れる死を恐れず
全身全霊をもって敵に突進し
再び戻る命を惜しむことは潔しとしないからだ」〔羅〕。〔ルカヌス『内乱記』、第一巻、四五八—四六二行〕。

11　さて、この見解をその源泉までたどってきましたが、**奥様**、それでもあなたの疑問はまだ解明しておりません。エジプト人自身が神の啓示もなく、どうやってあのような概念を考案することができたかをまだ説明していないからです。これについては、彼らの葬式と、功労者の記憶を保存する昔からのやり方とが、どうやらこの信念を引き起こした原因であったようだ、というのが私の答えです。彼らの埋葬の仕方は、ご存じのように、死体に防腐処置を施して地下の洞窟に安置し、死体はそこで何千年もの間完全な形で保たれる、というものでした。そのため、分離したあるいは不死の魂という概念よりも前に、人々は一般に、誰それは地下にいるとか、彼は**カロン**（死者を運ぶための公共の船頭の名称）にアケルシア川を渡してもらい、エリュシオンの野——そこはメンフィス近くの公共の埋葬地でした——に安置され静かに休んでいる、と言っていました。彼らが重要な出来事を不朽のものにする方法の中でもっとも確実なものは、人間や獣による暴行にも、時や風雨による損傷にもさらされることのない唯一の永遠の記念碑として、星座に記憶すべき人物や事柄の名称を付けることでした。この慣習はエジプト人から他の諸民族へと受け継がれ、彼らはその名称を替えはしましたが、同じ目的のために星々に新しい名前を与えました。このようなわけで**イシス**、**オシリス**、**アヌビス**、〔九〇〕**トト**〔九一〕のような者たちは初めは天上を指定され、その物語が説明されました。**スーフィス**、〔九二〕**セトス**、〔九三〕**ファネス**、〔九四〕**モーセ**は地下にいると言われました。しかし、学がある人たちが星にいる人々についてたえず話しているのを耳にするうちに、思慮を欠く民衆はついにその人々が実際にそこに居り、それ以外の人々はみな地下に居ると信じるようになりました。なぜなら、**キケロ**が述べているように、「死者の体は地に倒れ、土で覆われてしまうので、死者はその後の人生を地下で過ごすのだと人々は考えた」[*1]からです。そのように信じることから多くの誤謬が、とりわけ冥界についての作り話や恐怖が生みだされたのだと彼は述べています。

＊1「肉体は地面に倒れ、大地に覆われる……そして、人々は死者にとっての次の生は地下で過ごされると考えていた」〔羅〕。〔キケロ〕『トゥスクルム荘対談集』、第一巻（一六の三六／『キケロー選集』、第一二巻、岩波書店、二〇〇二年、三三頁、木村健治・岩谷智訳）。

12　星にいる人々の生活については、あなたにお約束した「偶像崇拝の起源」〔九五〕の論考を書くときに、もっと詳しくお話ししましょう。今は、エジプト、アフリカの他の地域、アジア全域、ヨーロッパの多くの場所、とりわけギリシアにおいて、あれほど多くの来世に関するさまざまな見解を誘発した彼らの葬式の話を続けましょう。**シチリアのディオドロス**は彼の貴重な『歴史叢書』の第一巻でエジプト人の葬式について、とりわけ、長い年月を経ても同じ外観と外形が保たれるように完全に遺体をミイラにするやり方について、とても詳しく述べています。そのあと彼は次のように続けます。「埋葬されることになっている遺体の親族は前もって裁判官や近親者や故人の友人に埋葬の日どりを知らせる。そして死者の名前を告げて、その者がその日に湖を渡ることになっていることをはっきり伝える。後に四〇人を超える裁判官が集まり、その湖畔に設けられた半円形状に並んだ席に座る。その間に世話を託された人々によって小船が準備され、渡し守によってそちら側へと渡される。この渡し守をエジプト人は自分たちの言語で**カロン**と呼んでいる。それゆえ、**オルペウス**〔九六〕はかつてエジプトに旅したときこの慣習を目撃し、一部はこれらの事柄を真似て、一部は自分の頭で考えだして、冥界についての彼の作り話を創作したと言われている」[*1]。**ディオドロス**はさらに続けて、誰でも故人を告発しても弁護してもよく、故人が邪悪な人生を送ったことが証明されれば通常の埋葬は否定される、と伝えています。エジプトのこの埋葬の禁止——これは生きている者には苦しみを与え、死者には不名誉をもたらします——から、ギリシア人は（さらに彼らから学んだローマ人は）埋葬されない者たちの魂は平安をえられず、川を渡ってエリュシオンの野に行くことができないという自分たちの概念をひき出し、立派な慣行を愚かしい作り話に変えてしまったのです。ここから彼らがどうやって冥界の裁判官——その職務は**ミノス**、**アイアコス**、**ラダマンチュス**〔九七〕というギリシア人の中でもっとも公明正大な王たちに与えられました——という考えを思いついたかも同様にお分かりになるでしょう。さて脱線はこのくらいにして、もし偽りの告発者が現れればその者は厳しく罰せられます。そして故人を告発する者が誰もいなければ、故人は棺に納められ近親者は喪服を脱いで厳粛に追悼演説を行いますが、その人の地位や家柄ではなく、その教育、敬虔、公正、節制、他の徳を称えます。ディオドロスはこの主題に関わる詳細をさらに語ったあとで、以下のようにとても賢明な考察を述べています。「ギリシア人は、正しき者に誉れを与え不正なる者に恥辱を与えるこのような事柄の真実を、架空の作り話や著名な詩人たちを通しておおい隠してしまった。その結果、彼らはこのようなやり方では人々を最善の生活を送るよう導くことができなくなって、ギリシア人自体が悪人から侮られ、その愚かさを嘲笑されている。しかしエジプト人の間では、悪人への懲罰と善人への報いは作り話の中にあるのではなく、眼前で見せられるので、善人も悪人も自分たちの義務を日々忘れることはない。そしてこの慣習によって、生活態度における最良のもっとも効果的な改善が育まれるのだ」[*2]。第一巻のこれよりもう少し後のほうで、彼はエジプトの学問の手ほどきを受けた著名なギリシア人哲学者と立法者の名前[*3]を列記し、「その地〔エジプト〕からオルペウスは〔ギリシアで行われている〕(九八)秘儀の大部分と、秘儀を明かすさいに執り行われる祭儀《オルギー》と、冥界の作り話とをもたらした」[*4]と繰り返しています。もう少し先でも再び、彼は目撃者として次のことを私たちに確信させてくれます。「死者の住処だと人々が偽った野原は、メンフィスの近くのアケルシアと呼ばれる湖のほとりに位置している。この町の周囲にはスイレンやショウブが咲くとても美しい野原や小さい森がある。これらの場所に死者が住むと言われるのも一概に誤っているとは言えない。というのも、エジプト人の墓の大多数が、またもっとも豪華なものがここに造られており、死体は川とアケルシア湖を渡って運ばれ、安置のために造られた洞窟の中に置かれるからだ。ギリシア人が冥界について語る他の架空の物語も、同様にエジプトで今日まで行われているさまざまな事柄と一致する。というのは、死体を運ぶ船はバリス〔小舟〕と呼ばれ、渡し守には積荷代として一オボロース硬貨を払い、渡し守はエジプトの言葉でカロンと呼ばれているからだ。これらの場所の付近には、聞くところによると、暗きものヘカテの神殿や、真鍮の門で閉じられたコキュトス〔号泣〕とレテ〔忘却〕の二つの門がある。これらの他に真理の門や、その近くに頭部のない正義の像もある。エジプト人の間には、私たちの作り話の誘因となったその他いくつもの事柄が今なお残っていて、依然として同じ名前が使われ、同じ振舞がなされている」[*5]。ここにはエリュシオンの野、カロン、彼への渡し賃、そして他界した魂の別の住処、冥界のいくつもの門についてのあのような詩的な虚構の起源に関して、きわめて自然な説明がなされています。その他の起源はすべて偽りか、あるいは明らかに不条理で根拠のあいまいなものです。きわめて綿密なディオドロスが著したこの本は全体が読まれるべき価値を持っていますが、私の論題に関して十分なように書き写してみました。

＊1　「遺体を葬むってもよい段階になると、近親者は葬儀の日取りを、裁判官役の人たちと近親者たち、さらには死者の友人たちに予告する。そして、他界してしまった者の名を呼びながら、「誰某が湖を渡ることになっている」と、あらたまった声で告げる。つぎに裁判官役四二人が式に立ち合い、湖の向う岸に設けてある半円形の席を占めると、平底船が降ろされる。舟はこの世話にあたる人びとの手で前もって造ってあるが、それに渡し守が乗りこみ、この役をエジプト民は自分たちの言葉で「カロン」と名付けている。話によるとオルペウスも、その昔エジプトに渡りこの仕来りの光景を見て、冥界のありさまを説話の

形で語り、その際エジプトでの行事を手本にして写したり、時には自分で創作した」〔希〕。〔シチリアのディオドロス『歴史叢書』、第一巻、九二の一―三／『神代地誌・世界地理・イシスとオシリス』龍溪書舎、一九九九年、一二二頁、飯尾都人訳〕。

＊2 「ギリシア人は神話を創作しまたは風聞の形で、（悪を）非難して上記の性格を持つよう説得し、その話のなかで、神をよく拝む人びとが栄典を受け邪悪なものたちが懲罰を受ける例の、何れをも伝えた。だからこそ、これらの話は（結局）、人びとに勧めて最善の生き方へ向かわせるだけの力を、持つことができるどころか、逆に愚かな連中にさえ嘲りを受け、ひじょうな軽蔑を蒙っている。しかし、エジプト民の間では作り話風にでなく目に見える形で邪悪な連中には懲罰が善良な人びとには栄典が示される。だから、日々に善人悪者何れの側も、それぞれに付随する報いのことを思い出し、このようにして性格を矯正する上に、最も重要で有効な力が得られる」〔希〕。〔シチリアのディオドロス『歴史叢書』〕第一巻〔九三の三―四／前掲邦訳、一二四頁〕。

＊3 「オルペウス、ムサイオス、メランプス、ダイダロス、ホメロス、リュクルゴス、ソロン、プラトン、ピュタゴラス、エウドクソス、デモクリトス、オイノピデス」〔羅〕。〔シチリアのディオドロス『歴史叢書』〕第一巻〔九六の二／前掲邦訳、一二八頁〕。その他の名前も挙げられている。

＊4 「オルペウスがエジプト民の間から持ち出したのは、密儀のほとんどの部分、自分の放浪を祭式化したところ、冥界の諸事項を説話化した個所であった」〔希〕。〔シチリアのディオドロス〕同書〔第一巻、九六の四／前掲邦訳、一二八頁〕。

＊5 「牧原は神話作者のいわゆる他界した亡者たちの住まいを指すが、これが「アケルシア」湖畔の場所の名で、湖はメンピスに近いあたりに位置し、その証拠に湖を囲んでこの上なく美しい牧野があり、そこ

に沼地、蓮、葦が見える。そして、これにつれて出てくるのが、死者たちがこの場所に住みついているという話で、エジプト民の墓のうち一番大きなものは、ほとんどこの地に造ってある。死者は河とアケルシア湖を渡って運ばれ、遺体はこの地に築いた墓屋のなかへ収まる。以上のほか、ギリシア人の間で冥界に関し神話の形で語られている諸事項も、今日なおエジプトで行われている諸慣習と一致している。遺体を運んで行く船を「バリス（小舟）」と呼ぶし、また、渡守りに渡し賃を与え、しかも、渡守りを地元の言葉でカロンと呼ぶ。話によると、この場所近くに暗闇のヘカテの神域があり、また号泣（コキュトス）、忘却（レテ）両門があって門を差して仕切る。これらのほかに「真理（アレテイア）門」をも含み、近くに裁きの女神ディケの頭部のない像も立つ。これらのほかにも創作神話の材料となってきた諸事項が、エジプト民の間に依然残って、その証拠に、名称や実際の振舞方が今なお守られている」〔希〕。〔シチリアのディオドロス」同書〔第一巻、九六の七―九七の一／前掲邦訳、一二九―一三〇頁〕。

13　**奥様**、魂不滅というこの見解とその諸結果が、どのようにしてエジプト人からギリシア人の間へ導入され、後者によって彼らのアジアとヨーロッパの植民地へ広められ、さらにギリシア人から宗教と法律を手に入れたローマ人へ伝播したかをお見せしてきました。この見解がスキタイ人、ゲルマン人、ガリア人、ブリタニア人の間へ広がったことにも言及しました。また、それが誕生地エジプトからどのようにしてカルデア人とインド人へ、さらに彼らから東方世界のあらゆる地域へ伝播していったかも明らかにしてきました。というのも、この教理が喜ばれて広く受け入れられたことに（教理の真の根拠に基づいて異教徒の間に打ち立てられたわけではありませんが〔九九〕）、何ら驚くべき点はないからです。なぜなら、この教理は人間が何よりも一番望んでいること、すなわち墓に入ってもなおも存在し続けたいと願う人間におもねるからです。どこかでいずれ生存が終るという考え自体に耐えられる人はごく少数しかいませんし、大部分の人はまったく存在しないよりは惨めでもせめて存在することを一般に好むからです。神の啓示によって啓発されなかったあれらの諸民族にあっては、魂不滅の説のあり方はこのようなものでした。それは民衆によって始められ、彼らからその子供らが教わり、ついにあらゆる人の教育の一部となり（一般に受け入れられた見解によくあるように）、そうやって学者たち自身も信じる根拠を見いださないうちにそれを信じてしまったのです。確かに、考えることに慣れていない一般民衆はその後もずっと（今でもそうです）信頼や権威にたよってそれを信奉しましたが、哲学者たちはそうではありませんでした。彼らは魂は分離して存在し永遠に存続するということに関して、蓋然的な議論を数多く提出してきました。彼らは自分たち自身の思考または観念は非物質的であり延長と共通するものは何もないと思い描きました。また自分たちの意志には自由というものがあり自分たちの肉体には自発的な運動というものがあることを見いだしました。また自分たちの欲望と理性の間に絶え間のない葛藤なるものを観察しました。また自分たちの夢にたいそう重きをおいて、目覚めたとき将来の危険について心の中である予感を感じると考えたりしました。また人間には知識へのあくなき欲望、将来への期待があり、人間は終わることのない幸福を熱烈に願うことを見ました。それゆえ、このようなことはすべて、肉体とは別の、自ら動き、したがって不滅である何らかの存在にどうしても由来しているはずだ、と彼らは推論したのです。なぜなら、物質のどんな部分も何か外的な原因によって動かされるし、それ自体で運動するものはけっして運動を失うことはありえないからだ、とされました。魂の不滅は異教徒の間では立法者によってもいっそう固められました。自分自身ではそれを信じなかった者もかなりいましたが、（本性や気質から有徳である人間がいる一方で、報酬と名誉を期待するゆえに、あるいは刑罰や不名誉を恐れるゆえに有徳となる人間もいることに気づくと）立法者はこの見解はどんな状況にある人々にも都合がいいと考えて進んで取り入れ、悪人は現世で厳しい法律をのがれることがあっても、来世で必ずその罪によって罰せられ、同様に善人はこの世の人生において自分たちの徳の真価が不当にも否定されることがあっても、来世でそれは報われるのだとすべての人に確信させました。このような主張は政治的というより、むしろ道理にかなっていると考える者たちもいて、彼らはそのような導きはもっとも賢明なる存在の善性と公正に間違いなく合致すると懸命に証明しようとしました。彼らのあいだでは、魂の先在・存続・本質、魂が肉体に入り去っていく仕方と時期、魂と肉体の結合について、いくつもの論争がありました。このようなテーマについて手の込んだ巧みな推測がたくさん書かれてきましたが、滑稽で、途方もない、ありえないようなものがいっそうたくさん書かれました。近代の哲学者のほうが古代人たち以上に成功したわけでもなく、近代人であれ古代人であれその中で二人の意見が一致したことなどめったにありません。ですが、私の考えでは、近代人には古代人と同じようにこの問題を検討する権利があるわけではなく、命と不死とを明らかなものとした救い主**イエス・キリスト**の権威に謙虚に従うべきなのです。

14　異教徒の間でこのようにして確立された概念が、多くの人々から疑われたり拒否されたりしたことは少しも不思議ではありません。エピクロス派のように、学派全体がそれを否定した例さえありますし、また他のいくつかの学派では死後、魂は世界霊魂〔一〇〇〕へ帰ってそこに吸収されるとしたので、その時点で魂の個別的存在はまったく破壊されてしまうのでした。しかしどんな学派にも、魂の不滅に本当は反対である個人がいなかったわけではありません。もっともそういう人たちは普段の言説では民衆の信念に合わせていました。というのも、大部分の哲学者は（私たちが現在読むように）二種類の教理〔一〇二〕を持っており、一方は内部的、他方は対外的、あるいは一方は非公開の、他方は公開のもので、後者は世間の人々に無差別に伝えられますが、前者は自分たちのもっとも親しい友人や、その他ごく少数の、その教理を受け入れる能力がありしかもそれを悪用するつもりのない者にだけとても慎重に伝えられるものだったからです。というのも、**ピュタゴラス**自身は、後世それによって大変有名になったあの輪廻転生を信じていませんでした。というのも、内部的あるいは内密の教理では、彼は物質における諸形態の永遠なる循環を言っていたにすぎないからです。諸形態の絶え間ない変化と変質がどんなものもありとあらゆるものへと変化させ、ありとあらゆるものを何かへと変化させ、植物や動物が私たちの一部となるように、私たちはそれらの一部となり、さらに両方ともども宇宙の中のその他何千というものの一部となり、土は水に、水は空気に、空気はエーテルになり、再び数限りなく果てしなく混ざり合ってゆくというのです。しかし対外的あるいは通俗的教理では、彼は曖昧な表現をして大衆をあざむき、死後諸君はいろいろな動物になると言って、人々が悪に陥るのをいっそう有効に防ごうとしたのです。**奥様**、彼の親しい知人で弟子でもあった**ロクリスのティマイオス**〔一〇三〕がどのように述べているかに注目してください。「もしある者が罪を悔い改めず強情であり続ければ、その人は法律と、天界や冥界の裁きが下るあの教理との両方によって、きっと罰を受けることになろう。その裁きで、不幸な亡霊は容赦ない苦しみや、あのイオニアの詩人〔ホメロス〕が古代の伝承から引き出したその他のもろもろに遭遇する、というわけだ。というのも、病人が体にもっとも良い薬を拒むなら、どんな薬を用いてでもその人の体を治すように、人を真なる理由によって治められないなら、私たちは偽りの理由によって人の心に秩序をもたらすからだ。それで、ああいう外来の責苦を教え込む必要があるのだ。魂の輪廻転生はそういうものとしてあり、臆病者の魂は面目を失わせるために女の体へ入り、人殺しの魂は罰として猛獣へ入り、快楽好みの魂は豚や山羊の体へ入り、気まぐれで自慢したがる連中の魂は空飛ぶ動物へ入り、怠け者や無精者そして頑固者や愚か者の魂は水に棲む動物の体に入るのだ」[*1]。冥界の責苦に関するホメロスの伝承はエジプト起源であったことはすでに証明しましたし、またここで輪廻転生が国外から入ってきた責苦と呼ばれている理由は、**ピュタゴラス**がエジプトの神官からそれを教わったからなのです。

＊1　「しかし、知恵に従わない反抗的な者には、罰が降りかかるがよい。人の法による罰と、父祖からの伝承により私たちが脅されている罰とが。その伝承は、天での名誉挽回と、地獄での責め苦——不幸な罪人のために地の底で準備されている逃れがたい責め苦——とを告げている。それに、あのイオニアの詩人が、古来よりの信仰にしたがって用いた贖罪のための罰を加えてほしい。というのも、病が健康のために良い薬で治らない場合、時には毒を用いて体を治すこともあるように、真理によって精神を統御できない場合は、嘘を用いて統御することもあるからだ。こういうものに、必要なら以下の外来の教義による恐れも加えてほしい。その教義によれば、柔弱で憶病な男の魂は、弱さのゆえに侮辱にさらされるように女の体に入り、人殺しの魂は野獣の体に、好色な人の魂は猪や豚に、軽薄で尻軽な人の魂は鳥に、怠惰な者や怠け者や愚か者の魂は魚に入る」〔希〕。〔ロクリスのティマイオス『世界霊魂と自然について』〕作品末尾に〔羅〕。

15　詩人たちは自分たちの作品を魂不滅の見解で飾りましたが、それでも彼らの多くの者が（全員が同意見というわけではありませんでしたから）――彼ら自身のはっきりした言葉で示されるように――、その見解をまったく認めてはいませんでした。以下のように語るのはセネカ〔一〇三〕一人に限りませんでした。

「死後には何も存在しない、死そのものすら無、
つかの間のレースの最終ゴールにすぎない。
そのとき聖人は天界の望みをすべて失うだろうし、
罪人は冥界の責め苦の恐れから放たれるだろう。
死後はどこに行くか知りたいか。
まさにまだ生れぬ子らの居るところ。
闇と呑み尽くす時との中に私たちは消える。
死は肉体を侵食し、ついに破壊し、
魂さえ容赦しない。冥界の深淵も
仮借ない君主が治めるあれらの暗黒の王国も
頑丈な門のかかった門を番するケルベロスも
ただの意味のない物語、中身のない言葉、
恐ろしい夢にも似た作り話にすぎない」[*1]。

詩人たち自身が信じない一番の理由として私が見いだせるのは、魂の来世での状態について自分たち自身が虚構を作り出したという彼らの経験です。というのも、自分が描きだしたエリュシオンの野の魅力的な様子も、悪人たちが受ける責め苦についての格調は高いですが恐ろしげな話も、彼らの一人として信じなかったからです。**ウェルギリウス**〔一〇四〕は冥府の地理についてもっとも正確で豊富な知識を備えた地誌学者ですが、それでも**エピクロス**のことを考えたときには、哲学的なこんな喜びの声をあげることができたのです。

「幸いなるかな、事物の諸原因を究めた者よ。
すべての恐怖から解放され、冷酷な運命と
貪欲なる冥界の川をその足下に踏みつけたとは[*2]」。

ホラティウス〔一〇五〕、**ユウェナリス**〔一〇六〕、その他の詩人たちが冥界、亡霊、その他についての話をからかっている節をすべて挙げていったら、きりがないでしょう。ですが、**コルネリウス・セウェルス**〔一〇七〕は彼ら全員の考えを、もっと深刻な調子ではありますが、エトナ山の噴火についての彼の詩の中で表現しています。

「事物に関する我々のあらゆる誤謬と錯誤の
そのほとんどは陰惨な光景から生みだされる。

詩人たちが視野の中にではなく、詩行の間に見たものは
地下に消えゆく黒い虚しい霊
そして死後の、プルトン〔一〇八〕の青白い冥界。
詩人たちはステュクス河〔一〇九〕と冥界の番犬をこしらえた。
彼らが邪悪なティテュオス〔一一〇〕の体を七エーカー以上にも引き延ばした。
哀れなタンタロス〔一一一〕よ、おまえを苦しめているのは
彼らなのだ、無情な飢えと渇きで。
ミノスとアイアコスよ、歌っているのは彼らなのだ、
うち震える魂に下すおまえたちのみごとな裁きを。
彼らこそがイクシオン〔一一二〕の無慈悲な車輪を回し、
地下のその他ありとあらゆる作り話をでっちあげる。
地上だけではあき足らず、彼らは神々についても詮索し
大胆にもあの天上を眺めやる。けっして彼らの行きつけないところを」[*3]。

この最後の行で詩人たちを天国から締め出すなんて、私のことを無慈悲だとひょっとするとお思いかもしれません。しかし、真実を損なう架空の物語を作ったのですから、やはり彼らはそれに値しますが、それは別にして、彼らにさほど実害はありません。というのも、彼らは自分たち自身の手になる冥界などあまり恐れるはずがないからです。

＊1「死後には何も存在しない。死すらも無。
疾走してゆく走路の最終関門なのだ。
望みを捨てなさい、欲深き者。恐れを捨てなさい、憂える者よ。
時とカオスとは私たちを貪欲に呑み尽くしてしまうのだから。
死は不可分のもの。肉体を滅ぼすと同時に
魂にも容赦しない。タナエルスも、仮借のない
君主が治める〔冥界の〕王国も、敷居に張りついて
非情な門口の番をするケルベルスも
虚ろな噂、中身のない言葉、
不安な夢にも似たおとぎ話にすぎない」〔羅〕。〔セネカ〕『トロイアの女たち』、第二幕、合唱団〔三九七―四〇六行／『セネカ悲劇集』、第一巻、京都大学術出版会、一九九七年、一二七頁、高橋宏幸訳〕。
＊2「宇宙の因果を知りきわめ、
すべての恐怖と、冷厳な運命と、飽くことを知らぬ
アケロン川のざわめきを、足下に踏みつけた人は幸せである」〔羅〕。〔ウェルギリウス〕『農耕詩』、第二歌〔四九〇―四九二行／ウェルギリウス『牧歌・農耕詩』、京都大学学術出版会、二〇〇四年、一三七頁、小川正廣訳〕。
＊3「詩人たちの歌う主題の多くは、舞台で演じられるものに似て現実性などなく
彼らはプルトンの暗き国のうちに地獄やさまよう影を見、

ステュクスなる川や三つ頭をもつ番犬を想像した。
ティテュオスの体が七ヘクタールの地を覆っていると思い描いた。
おお、タンタロスよ、汝を取り巻き、汝を責め苛む残酷な乾きは、
彼らが与えている責め苦なのだ。
おお、ミノスとアイアコスよ、汝らが地獄で下す裁きも彼らが歌っているのだ。
彼らはイクシオンの車輪を動かし、地中にはないその他様々なものを見せる。
彼らの虚構は地下のそれらの場所にとどまらず、
天の神々にまで押し広げられ、彼らの知識からあれほど遠い天上にまで
ためらわず好奇の眼差しを向ける」〔羅〕。〔コルネリウス・セウェルス『エトナ山』、七五―八五行〕

16　しかし、詩人であろうと哲学者であろうと、魂不滅を否定する者たちが掲げる理由は大プリニウスの『博物誌』第七巻の短い一節にほとんどすべて含まれています。「遺体埋葬後の死者の魂についてはさまざまな憶測がある。だが、すべての人は命の最後の日以後は、最初の日以前と同じ状態にある。死後に肉体や魂にもはや感覚がないことは生まれる以前と同様である。それでも生者の空しい望みは死後にまで押し広げられ、まさに死に臨んで新たな命をでっちあげる。ある者は魂に不滅性を授け、ある者は魂の輪廻転生を説き、またある者は冥界の人々に感覚を認めてその亡霊を崇拝し、今はもはや人間でさえない者を神にしたりする。まるで人間の呼吸の仕方はどうあってもあらゆる他の動物の仕方とは違っているかのように、あるいはまるで人間より寿命の長い生き物がそれほど多くは見つけられないかのように。このような生き物に同様の不滅性があるなどとは誰も夢にも思わないのに。分離した魂はどん

な種類の肉体を持つのか、どんな実体か、その思考はどこに宿るのか。魂はどうやって見るのか、どうやって聞くのか、またどうやって触るのか、何についてこれらの諸感官を用いるのか。あるいはこれらの諸感官なしではどんな幸福がありうるのか。また、魂の住処はどこなのか。これほど多くの時代を経ているのだから魂や亡霊の数はきっと膨大であるにちがいない。このようなことは子供騙しの甘言、際限なく生きようと欲する死すべき人間の虚構である。人間の肉体を保存することなど、**デモクリトス**[一三]が約束した復活と同じく空しいことだ。彼自身生き返ることはなかったのだから。しかし、命が死によって再び新たにされうると考えるとは、なんという愚の骨頂であろうか。あるいは、もしも魂が天上界で生きており、亡霊が冥界で感覚を持つならば、いったい人間はどんな安らぎを得られるというのか。本当のところ、このような愚かさと軽信は、自然からのもっとも重要な恵みである死の有用性を台無しにしてしまい、死にかけている人が自分の未来の状態を心配することにでもなれば、その苦痛を倍加させてしまう。というのは、生きることが喜びであるなら、生が終わったことを誰が喜ぶだろうか。だが、各人が自分自身の経験を信じて、生まれる以前に自分がどのような状態にあったかをよく考え、自分の心を安心させる論拠を引きだすほうがどれほど容易で確実であることか[*1]」。自分たちに分かっていないことについて長々としゃべる者たちの推論とはこのようなものです。魂の起源については間違った概念を持ち、魂と肉体の結合についてはまったく概念を持たず、魂の本質については不完全な推測しかないので、その結果、彼らは分離した魂の存在に疑念を抱き、魂の不死を否定するようになるのです。しかし、おのれの力の及ぶ範囲だけにうち捨てられた人間がどんな誤りを犯すにしても、神が嘘をつくことなどありえません。そして神が啓示なさったことは、そのすべてが私たちに理解できるわけではありませんが、それでも真であり絶対確実であるにちがいありません。この点にこそ、信仰者の小さからざる利点があるのです。すなわち、自分たちも他の人々同様にある事柄の本性について無知であっても、その事柄が存在することについては最大限の確信を抱くことができ、そしてこの〔魂不滅の〕発見を有益にあるいは適切に用いることができる、という利点です。

＊1　「葬られた後の魂についてはいろいろな問題がある。誰でも最後の日以後は、最初の日以前と同じ状態にある。そして肉体も精神も感覚をもたないことは生れる前と同様なのだ——ところが人間の空しい望みが、自己を将来へも延長し、自分で死後の期間まで続く生命までもでっちあげる。時には霊に不滅性を与え、時には変容を、時には地下の人びとに感覚を与え、霊魂を崇拝し、人間であることをやめた人を神にしたりする——人間の呼吸のし方がほかの動物のそれと違うかのように、あるいは人間より寿命の長い動物はいくらもないかのように。こういうものに対しては誰も同様の不滅性を予言したりはしないではないか。だが、魂そのものの実体は何であろうか。その質料は何か。その思考はどこに宿っているのか。どのようにしてそれは見たり、聴いたりするのか、何によって触覚を得るのか。それはこれらの諸感官をどんなふうに用いるのか。これら感官がなかったら魂はどんな幸福を経験するのか。次に、彼らの住まいはどこか、無数の時代の魂や幽霊はどんなにおびただしい数にのぼるだろうか。こういうことは子供くさいばかげた空想で、永世を貪り求める人間のすることなのだ。人間の肉体を保存しておくだとか、デモクリトスが、人間はまた復活すると約束したというようなことも同じくむなしい望みというものだ。彼自身復活などしなかったではないか。くそくらえだ。生命が死によって更新されるなんてなんとたわけた考えだ。霊魂は天上界にあって感覚を保持しており、幽鬼は下界にとどまるなどということだったら、同時代の人

びとにはどんな安息が得られるというのか。たしかに、この甘美ではあるが軽々しい想像は自然の主要な恵みである死を打ち壊し、死に臨んでいる人に、今後にも来るべき悲しみまで考えて悲哀を倍加させるのだ。というのは、生きることが楽しいものであるとしたら、誰が生を終わったことを楽しいと思うことができよう。だが、各人が自分自身を信頼し、われわれが、将来の静謐の観念を、生まれて来る前の経験から引き出すことの方がどんなにか容易で安全であることか」〔羅〕。〔プリニウス『博物誌』、第七巻〕第五六章〔／『プリニウスの博物誌』第一巻、雄山閣、第五五章、一九八六年、三三五—三三六頁、中野定雄・中野里美・中野美代訳〕。

17　ですが、私は単なる歴史家に徹するという自分の意図を超えてお話してしまいました。〔二四〕セリーナ様、そもそもあなたはプリニウス以上に有能などんな敵の害毒に対してさえ、解毒剤などまったく必要とされないでしょう。異教徒がどのようにして彼らの魂不滅という概念を手に入れたのかについて、私の見解と、私がそのように言う論拠とを、これまで率直に述べてまいりました。占星術や他のほとんどの諸学問の発明と同じくこの教理の発明を古代エジプト人に私が帰すとしても、それはすでに消滅した国への（たとえどんなに学問と思慮と洗練においてまさっていても）何かの思い入れからくるのではなく、歴史上の証拠によって十分な確信へと導かれたからです。いくら私が古代の迷宮を歩き回ったところで、恩顧をあてにしているとか恐れのせいだとか、利益あるいは復讐をもくろんでいるせいだとか、どんな嫌疑もかけられる心配はありません。ネケプソス王は占星術師の第一人者として通用すると私が認めても、彼におもねっているなどと考えられるはずはありませんし、またセソストリス王は古代における他のあらゆる英雄や征服者をはるかにしのいでいると考えても、彼から何か報酬を期待するには私は生まれるのが遅すぎました。私がこのテーマの調査をお引き受けしましたときも、あなたのご命令に従うという目的は別にいたしまして、自分自身に課した唯一の目的は真実の発見でした。奥様、世界中のいかなる君主をさしおいても、あなたからのご命令は迅速かつ従順にいつでもお受けする所存でございます。あなたから多大な御恩義を賜り、かつ献身的に仕える僕より。

第三書簡——偶像崇拝の起源および異教信仰の諸理由

1　奥様、「偶像崇拝の起源」について私の考えをあなたにお伝えする責任を私は二重に負っていると思っております。口頭でそうお約束しましたし、その後「異教徒における魂不滅説」に関する書簡の中でもそう申し上げた(一)からです。ですが、何巻もの本が必要となるような古代のあらゆる迷信の説明も、またいずれか一つの宗教についての説明もあなたはお望みではないと思います。私はもっぱら、どうして下級の神々のようなものを考えるほどに人々の理性が堕落するようになったのか、どのようにして多神崇拝は最初世界に持ち込まれたのか、そしてどんな理由で人々は自分たちの同類に——地上にいようと天界にいようと——神という栄誉を与える気になったのか、を示すことに努めます。その次に、異教徒の作り話を確かな一般的諸原理によって説明し、そして彼らの神殿、祭司、祭壇について、画像や彫像について、神託、生贄、祝祭、罪のあがない、運勢を占う占星術、亡霊、幽霊について、いくつかの国の守護神について、天界は上空にあり冥界は地下にあるとする民衆の考え、またギリシアとローマの著作家に共通して見られるその他同様の事柄について、何がそういうものを引き起こしたのかを説明します。私は難なく（**アンミアヌス・マルケリヌス**が述べているように）、エジプトでは「他の民族よりはるか以前に、人々は最初に諸宗教のさまざまな揺籃期に達し、そして神聖な祭儀の最初のきっかけを彼らの秘密の文書の内に隠して保存した」[*1]とはっきり証明することもできますが、このような趣旨で私がすでに「魂不滅説の歴史」[三]において**ヘロドトス**、**シチリアのディオドロス**、**ルキアノス**、**ディオン・カッシオス**、**マクロビウス**その他を典拠として提出した議論を繰り返してあなたを煩わせるつもりはありませんし、また「モーセ五書」に書かれている実例や律法によれば、魔術、夢判断、占星術、降霊術は、カルデアやその他の地で知られる以前に、エジプトで古くから行われていたことは明らかである、と力説するつもりもありません。

＊1 「ここで〔エジプトで〕最初、他のどの国よりもかなり早く、人々は種々の宗教のさまざまな揺籃期に達した。ここでは彼らは伝来の神聖な祭儀の始まりを秘密の巻物のうちに保存している」〔羅〕。〔アンミアヌス・マルケリヌス『歴史』〕第二二巻〔第一六章、第二〇節〕。

2　最古のエジプト人、ペルシア人、ローマ人、ヘブライ人の初期の族長、そしてその他さまざまな民族や宗派は、神の画像や彫像、崇拝のための特別な場所や豪華な様式を持ちませんでした。彼らの宗教の簡素なわかりやすさは神の本性である単純さにきわめてふさわしく、同様に場所や時間を選ばないことも無限の力と遍在性のもっとも優れた表象でした。しかし、（イスラエルのもっとも賢明な王〔三〕が言うように）「このように神は人を正しい者に造られたが、人は多くの作り事を考えだした」（「伝道の書」、第七章〔第二九節〕）のです。確かに、人はいったん根拠の疑わしい恣意的なさまざまな宗教的儀式に引きずられるままにしておくと、どんな理由をもってしても止めることができません。それが正しいものであれば、すべてのそのような儀式に等しく反対を示すはずの理由を除いては。人間の自由を脅かすたくらみを最初に心に抱いた人々は、また人間の理性を堕落させた最初の人々でもあったと難なく証明できると思います。というのも、正気であれば誰もみずから進んで自由を手放すことなど承服できません。ですから自由を奪うために力を用いる者は、自分の不当な主張が支持されるように、あらかじめ大勢の人々を買収したり欺いたりしたに違いなく、そのように力を拡大することで他の人々をそそのかしたり、脅したり、服従させたりすることができたからです。それゆえ、人々は早くから神自身について、自分たちがこれまでにこの世の王について考えていたのと同じ観念を持つように教え込まれ、こうして神は気が変わりやすく、嫉妬深く、復讐心が強く、専制的であると想像するようになると、次に人々は神の恩顧を手に入れようと努めるのに、まったく同じやり方を用いて、神の代理人あるいは腹心と称する者たちに、それどころか神々そのものであるとか神を親に持つとか称する者たちに――古代の王たちはよくそう称しましたが――媚びへつらったということはありそうにないことだとは思えません。

3　最古の学問的資料から明らかと思われるのは、迷信はすべて元来死者への崇敬と関連し、主に葬儀に由来していることです。もっとも、その最初の行事はとても素朴なあるいは称賛に値するものであり、故人に呼びかけるようなこともある追悼演説（エジプト人の死者への称賛の言葉のように）、あるいは数々の儀式を伴って死者を偲んで捧げられた像以外には何もなかったのです。しかし、自分たちの先輩である偉人たちに対するお世辞や、友人や親族が抱く過剰な愛惜や、異教の祭司が単純な人々の信じやすさから引きだす利得によって、この事態はいっそう進行していきました。王と王妃、偉大な将軍と立法家、学問の庇護者、珍しい技術の発案者、有益な発明の立案者だけがこの栄誉を共にしただけでなく、有徳な行いで他の人々から一目置かれるような私人さえ、死者に名声を授け生存する者の範とするために、国や親族によって神聖な永遠の崇拝の的とされることもしばしばありました。これこそあらゆる民族が彼ら固有のさまざまな守護神[*1]を持っている真の理由なのです（このことは適切な箇所で示します）。そしてここから各家庭に特有な祭祀[*2]も生じたのです。**プリニウス**は『博物誌』第二巻で「自分たちに恩恵を施してくれた者たちに人々が感謝の念を示す最も古いやり方は、その者たちを死後に神格化することであり」（このことは彼以前にも、すでに**キケロ**[*3]他いく人かによってはっきり述べられていました）、「神々や星々のいくつもの名前は、称賛に値する人間の行為に由来する」[*4]と述べています。ですから、最初の偶像崇拝は（一般に想定されているように）星々の美しさや秩序や影響力に起因するのではなく、私が「魂不滅説の歴史」でお話したように、[四]書籍は火、虫、腐敗によって消滅し、鉄や真鍮や大理石も同じように人の暴力や風雨による損傷を被ることを知った人々は、（唯一の不滅の記念碑として）星々に自分たちの英雄や歴史上の記憶すべき事柄を示す固有の名称を付けたのです。キュレネの**エラトステネス**[五]はあらゆる学問の並外れた知識をそなえた古代哲学者ですが、彼は『星座について』という本（今なお残っています）を書き、その中で星座の名称の理由を伝えています。それらの理由は古代の歴史を頻繁に示唆しています。もっとも、その歴史は時の経過によって驚くほど損なわれ姿を変えて、そのほとんどが単なる作り話となっていますが。博学なる**ル・クレール**氏[六]は『古今東西文庫』第七巻で、他のいくつかの神話学的論考を取り上げる中で、**エラトステネス**（『星座について』）を抜粋したさいに、次のような警句を作りました。

「古代人は自然の威力が
真鍮や大理石の記念碑をも破壊すると確信し、
賢明にも自分たちの歴史を天界の永遠の火に
託して後世に伝えた[*5]」。

彼は他の箇所で、彼自身も星々の名称について同じ見解を持っていると表明し、その雑誌の中でこの原理に基づいていくつかの作り話の説明をしています[七]。この慣習をさまざまな民族が次々に学ぶと、それに従って彼らは自分たちで天体の名称を改め、それぞれの民族が自分の国に係わる名称と出来事を天の星に与えました。これはギリシア人の諸天体と異邦人（非ギリシア人）の諸天体において明らかですし、またこの理由から、クレタ島の人々は「神々のほとんどは自分たちの中から誕生した。彼らは人間であったが、人々に公益をもたらしたために不死の栄誉を獲得したのである」[*6]と主張しました。なぜなら彼らはギリシアの神々は全人類の神々であると信じていましたし、また星座に名を冠して称賛に値する人間を神格化するこの方法が、彼らが実行する以前に他の地域でも長い間使われていたことを知らなかったからです。キリスト教徒の中にも、このようなやり方を評価して、私たちに理解もできず係わりもないああいう異教の名称をやめ、代わりに旧約・新約聖書の話を含む新しい名称を星に与えようと努めた人がいなかったわけではありません。でも彼の案は天文学者の間に広めることができなかったのですから、余談はこれまでにしましょう。最後に、このような事柄の本当の理由を知らなかった者たち、あるいはその理由を恥とした者たちが、自分たちの崇拝を正当化しようとして（後に明らかにするように、説得力のない議論によってなのですが）、太陽や月やその他の惑星と恒星の永遠の秩序だった運行、その素晴らしい輝きと普遍的な有用性という理由を持ちだしました。このことはまた哲学者たちに、惑星の運動はその球体に留まり宿っているある知性体によるもので、それが絶えず惑星をあのような運行へと導いているのだと説明させることになりました。だからこそ、太陽と月は目鼻と口を持った顔のように描かれるのです。

＊1　土着の神々〔羅〕。
＊2　家の祭祀〔羅〕。
＊3　「他方、人間の生活と共通の慣習は、恩恵によって卓越する人間たちを称賛と感謝を込めて神格化するようになった。このことから、ヘーラクレース、カストール、ポリュデウケース、……が神格化され

た」〔羅〕。〔キケロ〕『神々の本性について』、第二巻〔二四の六二／『キケロー選集』、第一一巻、岩波書店、二〇〇〇年、一二六頁、山下太郎訳〕。

＊4 「このような人々を神々の列に加えることは、彼らの仁慈に対して感謝の意を表するもっとも古い方法なのだ。事実他の神々の名、そしてまたわたしが上に述べた星の名は、人々の尊敬の念に由来するものだ」〔羅〕。〔プリニウス『博物誌』、第二巻、第五章／『プリニウスの博物誌』第一巻、雄山閣、一九八六年、七七頁、中野定雄・中野里美・中野美代訳〕。

＊5 「金石の記念物さえ朽ちかねないことを
知っていた古代の人々は、
その歴史を未来へと伝えるために
天の永遠なる火を賢くも用いた」〔羅〕。〔ル・クレール『古今東西文庫』、第七巻、一六八七年、一〇五頁〕。

＊6 「神のなかでも人間に共通の功労を尽くして不死の栄典を獲ち得た神は、そのほとんどがこの島の住民の間で生まれた」〔希〕。シチリアのディオドロス〔『歴史叢書』〕、第五巻〔／『神代地誌・世界地理・イシスとオシリス』龍溪書舎、一九九九年、四四一頁、飯尾都人訳〕。

4 十二の大神〔オリュンポス十二神〕という見解は、黄道十二宮に結びついている種々の物語から発し、同じように七惑星は七人の名称を持ち、彼らにも一週間の各曜日が捧げられましたが、各曜日はその神の気質と位階に応じて神聖さや幸運度に差があると見なされました。こうして、時間を月と週に分割するエジプト人の方法と、彼らが星によって不朽にしようとした物語とが相まって、異教徒のもっとも上位の神々を誕生させたのです。ここから運勢占星術がごく自然に起こりました。というのも、人々は、後にお分かりになるように、これらの神々は彼らの祭司と交信していると信じ、祭司が天体の食を予言したように、他の秘密も予言できるかもしれないと考えて、自分たちが恐れたり望んだりしているあらゆることについて彼らに意見を求めたからです。人間の心が希望と恐れの間を揺れ動くことが迷信の主な原因の一つなのです。というのも、自分たちの利害に大きく係わる事柄の成り行きを予測することがどうしてもできずに、今は最善のことが起こる希望を持つかと思えばその直後には最悪のことが起こるのを恐れるといった有様で、こうしたことから彼らは、過去の何らかの幸運や災難のさいに起こったどんなことでも、やれ良い前兆だ、やれ悪い前兆だと容易に思い込んでしまうばかりか、どんな助言にも簡単にとびつき、占者や占星術師に相談することになるからです。このようなことは病人が腕の立つ医者より魔術師を、よく効く薬よりばかげた呪文を、たびたび好むのと同じやり方に従っているにすぎません。**プリニウス**は言っています。「魔術そのもの（もっとも悪い意味での）〔八〕は間違いなく医術に起源を持ち、それより良い治療を施し、よりすばらしく神聖なものだと偽った。そのような人の心をくすぐりそのかす魔術の約束に、宗教（この害を人類はつねに手ひどく被る）〔九〕の力と数学的な術（占星術を意味します）〔一〇〕の力とが結合して加えられた。だれでも自分の将来に係わることを知りたがり、本当のことが天からならきっと知ることができるかもしれないと信じたからである。こうして三重の紐で人々の知性をからめとり、魔術はあれほどの驚くべき高みにまで上り詰めた……」[*1]。わけのわからない言葉や呪文による宗教的な効能、および星々の感化力や知識を用いる占星術的な効能に加えて、ある種の薬草や、石や、鉱物や、その他きわめて手に入れがたい自分たちだけが知っている種々の物が持つ自然の隠された力によって、魔術師たちは道理にかなう理由もなしに行っているのではないと見せかけました。私はすでに先の書簡で、エジプト人が占星術の発明者であったことを立証しました。また、ギリシア人たちの弟子である**キケロ**はその発明をどちらかといえばアッシリアのカルデア人に帰したいようですが、この賢明な人がどんなふうに自分の考えを慎重に述べているかは聴くに値します。「カルデア人(二)は——職業によってではなく、民族によってそのように呼ばれる人々を指すが——たえず星を観察することで一つの学問を構築したと考えられている。それを用いてあらゆる人にどんな事が起きるか、どんな制約の下に生れついたかを予言できるとされた。エジプト人も同様に長い年月にわたって同じ術を持っていたとずっと昔から信じられている[*2]」。

＊1　「魔術が最初は医術から起こったこと、そして健康を増進すると公言しながら、より高いより神聖な方式という仮面の下に陰険に進出したこと、そのこのうえない魅惑的で好ましい約束に、今日でも人類にとってほとんど蒙昧状態にある宗教をつけ加えたこと、さらにうまい出会いによって占星術をつけ加えたこと——それは自分の運命を知りたいと熱望しない人、運命についての正しい説明は天を見守ることによって得られると信じない人はいないからだが——これらのことは誰も疑わないであろう。したがって人間の感情を三重の絆で縛って、魔術はひじょうな高所に登ったので、……」〔羅〕。〔プリニウス〕『博物誌』、第三〇巻〔第一章〕／『プリニウスの博物誌』第三巻、雄山閣、一九八六年、一二四二頁、中野定雄・中野里美・中野美代訳〕。

＊2　「カルデア人は——この名は術にではなく、民族に由来したが——星座を長期にわたって観察するこ

とで一つの学問を完成したと考えられている。それはどんな人にもその運命がどうなるか、どんな運命の力のもとに生れたかを予言することができるとされた。同じ術はエジプト人によってもはるか昔から長い時代にわたって獲得されていたと信じられている」〔羅〕。〔キケロ〕『卜占について』、第一巻〔一の二〕。

5　このように魔術と占星術を説明してきましたので、先に進む前に、人々が祈るときに上を見上げ天界は自分たちの頭上にあり、冥界は足下にあると信じることについて一言付け加えておきます。同じく亡霊と幽霊を生みだすきっかけとなった原因についても述べましょう。というのも、このようなことはみな偶像崇拝の起源と共通する同じ根源から、すなわち死者に係わる古代人の儀式から生じたからです。私は「異教徒における魂不滅説」に関する書簡で、星々に住む人々がいると民衆がどのような段階を経て信じるようになったかを説明しましたので、ここではそのような人々がどういうわけで神という至高の地位にまで高められたのかを説明しましょう。そうすれば、このことが、人が祈るとき天上で自分たちを見守っている神々に向かって、天を仰ぎ見てその手を天に伸ばすという習慣を導いたのだ、と容易にお分かりになるでしょう。また同じ葬式の祭儀から、民衆は冥界が自分たちの下にあり、善人と悪人の住まいである――両者の住む場所と環境は区別されていますが――と信じるようになりました。なぜなら、ありとあらゆる人は等しく埋葬され、神々とされたごく少数の人だけが天上にいると彼らは考えたからです。ですが、厳密に言えば、宇宙には実は上下も左右も東西南北もあるわけではなく、これらは抽象的な概念にすぎず、個々の物体相互の関係やそれらと私たちとのあいだの種々の位置関係を表しているにすぎません。亡霊と幽霊という空想も同じようにエジプト人のミイラに由来しました。ミイラはメンフィス近郊の洞窟だけでなく、大勢の人が自宅で立派な一室を充てて長い間完全なままに保管していたので、それらが（みずみずしい目鼻立ちを保っていようと、年月が経ち身の毛がよだつほど恐ろしいものになっていようと）子供たちや異国人や無知な一般大衆にぎょっとするような印象を与えたことは当然でしょう。土葬、すなわち地中に死体をそのまま置くことは、埋葬のもっとも古い一般的なやり方で、アテナイ人たちはそれをエジプト人から学んだと認められていますが、ご存知のように、ローマ人は死体を火葬にする習慣を持つようになりました。にもかかわらず、**キケロ**が賢明にも述べているように、それによって亡霊や幽霊に関する彼らの観念は何一つ取り除かれることはありませんでした。それは彼らの最初の埋葬方法も同じように土葬だったからです。「そして誤謬はあまりにも広まっていたので、人々は死体が焼かれることを知ってはいたが、それでも肉体がなければ起こりえないし理解もしえないあのような事が冥界で行われていると想像した。というのも、人々は分離した状態で生きている魂について心の中にどんな概念も形成できなかったので、何らかの形態や形を求めたからである。このことから、**ホメロス**に見られる死者のあらゆるお告げが生じ、このことから、私の友人**アッピウス**がよく行っていたあのような降霊の儀式が生じ、このことから、この近隣にあるアウェルヌス湖〔冥界への入り口とされた〕が考えられたのである。亡霊は夜毎そこから呼び戻され、深奥の冥界の門が偽りの肉体に開かれるのだ、死者の幻影に」[*1]。

＊1　「今では、この誤解は……大変な力をもってしまったので、人々は死体が火葬されることを知っては

いるものの、それでも、肉体がなければ起こりえないことや、それと察知できないことが冥界で行われているのだと想像するのである。というのも、彼らは魂がそれ自体として生きているということを頭で理解できず、何らかの姿、形を必要としたのであった。このことから、ホメーロスのすべての〈招魂〉があり、このことから、わが友アッピウスが執り行う「死者のお告げ」があり、このことから、われわれの近くにアウェルヌス湖があるわけである。
魂は、暗き闇の中、その深きアケローンの開いた口から、
偽りの血で呼び戻されるのだ、死者の亡霊が」〈羅〉。〈キケロ〉『トゥスクルム荘対談集』、第一巻〈一六の三七、／『キケロー選集』、第一二巻、岩波書店、二〇〇二年、三四頁、木村健治・岩谷智訳〉。

6　このように、**奥様**、冥界に人を住まわせることに彼らがいかに力を注いだかがお分りでしょう。実は、異教徒の天界そのものも、住人はすべて地上からの移住者だったのです。**キケロ**は『トゥスクルム荘対談集』第一巻で次のような大胆な発言をしています。「天界全体が人間でいっぱいではないだろうか。もしも私が古代の著作家、特にギリシア人の著作家の書いたものを調べる労をとれば、主要な神々と見なされている者たちは私たちの間から天界へ移っていったことが見いだされよう。ギリシアで示されるさまざまな墓が誰のものかと訊ねてみなさい。あなたは秘義を伝授されているのだから、秘儀で何が語られているかを思い出してごらんなさい。そうすれば、このようなことがどれほど広く及んでいるかが分かるだろう」[*1]。そういう発見がなされたのは、エレウシスの秘儀だけにとどまりません。というのは、エジプト人の秘儀も、神格化された彼らの王**オシリス**の死とその妃**イシス**を暗示していたからです。**アドニス**[二]その他の神々を称えるシリア人の祭儀については言うまでもありませんが、その祭儀を

ダビデ王はまさしく適切に「死んだ者にささげたいけにえ」（『詩篇』、第一〇六篇、第二八節）と呼んでいます。**キケロ**が別の箇所でエレウシス、サモトラケ、レムノス（一三）の秘儀について言っていることは、総じてすべての秘儀について言えることです。「秘儀が説明され理性の吟味にかけられるなら、神々の本性としてではなく、事物の本性として理解できる」[*2]。古代シチリアの詩人で哲学者であった**エウヘメロス**（一四）は**サトゥルヌス**、**ユピテル**その他の神々の経歴を書き、それぞれの生まれ、祖国、偉業、埋葬地を記述しました。**プルタルコス**の言い方によれば、「彼は神々を人間化した（一五）」[*3]、つまり神々を人間に変身させたのではなく、彼らが過去に本当にそうであった人間に戻したのです[*4]。ですが、異教徒はこのように死者を神格化することで満足せずに、死者に生前地上で有していたのと同じ性向や任務を割り当てました。**ウェルギリウス**が彼の勇士たちについて歌うようにです。

「勇士たちは生きていたときと同じように武具への愛着を抱き、
戦車を馳せたり、堂々たる馬たちに草を食ませることに、
下界の亡霊となっても変わらぬ心配りで励んでいる」[*5]。

こうして**ヘシオドス**は、私たちの趣旨に沿うごとく、黄金時代の幸せな種族を最古の王侯のように表わし、天界にあっても以前と同じ権力を享受し、地上の人間に富と栄誉を授ける者として描いています。

「彼らは大神ゼウスの天命によって今やダイモンとなり、

死すべき人間の天上の善き守護神として
善行も悪行もすべて監視し、
大気に身を包み、地上をさ迷いながら、
彼らのお気に入りの者に富と栄誉を授ける。
今だ彼らは王のごとき務めを負うがゆえに[*6]」。

ストラボンが伝えているように、古代エチオピア人が「自分たちの恩人や王族の方々は神々であると信じ[*7]」、そして彼らは生きていた時と同じように、天上からもなお自分たちに間違いなく利益と保護をもたらしてくれると信じたのも、この同じ源から発しているのです。

＊1 「天界のほぼ全体が人間の血を引く神々でいっぱいではなかろうか。実際、古い記録を調べたり、その記録からギリシアの著述家が伝えたものを掘り起こしたりすれば、最上位の神々と考えられる者でも、この地上から天へ昇っていったということが分かるだろう。ギリシアではこれは誰の墓だと言われているかと尋ねてみるがよい、君は奥義を伝授されているから言うのだが、秘儀において何が伝えられているかを思いおこしてみるがよい、そうすれば、実際この考えがどれほどの広がりをもっているかが分かるだろう」〔羅〕。〔キケロ『トゥスクルム荘対談集』、第一巻、一二の末尾―一三／『キケロー選集』、第一二巻、岩波書店、二〇〇二年、二八頁、木村健治・岩谷智訳〕。

＊2 「かりに、もしこれらの秘儀が理性に訴える形で説明されるなら、神々の本性ではなく、自然界の出

来事の一つとして理解しうるだろう」〔羅〕。〔キケロ〕『神々の本性について』、第一巻〔四二の一一九／『キケロー選集』、第一一巻、岩波書店、二〇〇〇年、八三頁、山下太郎訳〕。

＊3 「神を人間の平面に引き下げる」〔希〕。〔プルタルコス『イシスとオシリス』、第二三節／プルタルコス『エジプト神イシスとオシリスの伝説について』、岩波書店（岩波文庫）、一九九六年、四八頁、柳沼重剛訳〕。

＊4 「エウヘーメロスは、神々の死とその埋葬を描写したのである」〔羅〕。キケロ『神々の本性について』、第一巻〔四二の一一九／前掲邦訳、八二頁〕。

＊5 「かつて命あるあいだにあった
戦車と武具への愛着と、艶のよい毛並みの馬たちに
草を食ませる心配りとを、大地に葬られたあとも変わらず抱いている」〔羅〕。〔ウェルギリウス〕『アエネーイス』、第六歌〔六五三―六五五行、京都大学学術出版会、二〇〇一年、二八〇頁、岡道男・高橋宏幸訳〕。

＊6 「大神ゼウスの思し召しによって、
彼らは地上の善き精霊となり、人間の守護神として、
靄に身を包み、地上を隈なく徘徊しつつ、裁きと悪業とを監視し
人間に富を授ける。このような王権にも比すべき特権を与えられたわけじゃ」〔希〕。〔ヘシオドス〕『仕事と日』〔一二二―一二六行／ヘーシオドス『仕事と日』、岩波書店（岩波文庫）、一九八六年、二五―二六頁、松平千秋訳〕。

＊7 「篤志家や王のような人びとを神々と見なし」〔希〕。〔ストラボン『地誌』〕第一七巻〔C822／スト

ラボン『ギリシア・ローマ世界地誌』第二巻、龍溪書舎、一九九四年、六〇六頁、飯尾都人訳)。

7　**奥様**、私は異教徒が抱いた死者についてのこれらの誤った概念が偶像崇拝の唯一の源だったと主張しているのではなく、それが最初のもっとも自然でもっとも普遍的な源であり、その他のあらゆる偶像崇拝を生みだしたものだったと言いたいのです。同じ極端な尊敬は次第に他の事物へも、それらが神々の賜物であるとか、それら自身が固有の卓越性を持っているとかを理由にして、転移していきました。**キケロ**はこう言っています。「その他多くの神々の本性がギリシアの賢人や我々の祖先によって設けられ名づけられた(神々がもたらす偉大な恩恵ゆえに、もっともなことではあるが)。というのも、人間に大きな利益をもたらしうるどんなことも、人間に対する神々の慈愛がなければなされえないと、彼らは考えたからである」[*1]。しかし、彼らはこの概念を、私たちの外部にあるさまざまの有用な事物や諸天体だけに限定せず、精神の気質、その能力や徳性にまで同様の恩恵を拡大しました。というのも、同じく**キケロ**によれば、「何らかの偉大な価値を持つもの自体が彼らによってそう名づけられるので、信義や知性のような、まさにこうした価値を持つものさえも神と呼ばれる」[*2]からです。それゆえ、徳性、名誉、平穏、調和、清純、自由、勝利、寛大、敬虔その他が神格化されました。彼はさらに続けて、「このような事柄すべてにはとても大きな価値があって、その価値は神がいなくてはうまく制御しえないほどなので、その事物自体が神の名を獲得した。その種の言葉、欲望と快楽、愛欲と情欲も神格化されている」[*3]と述べています。思慮深く有徳な人々は民衆が多数の神々と神々に捧げられる神殿をどうしても持ちたがることに気づくと、民衆の弱さを認めると同時に、できるだけもっと良い高貴な考えを持ってもらうために、そのようなものを神格化したのは確かです。こうして、人としての形態や存在を持たず、たんなる特性、様態、偶有的属性以外の何ものでもないあれほど多くのものが、いかにして神格化されるようになったのかが理解できるでしょう。こうした理由からキケロは彼の『法律について』の中で、それらのものは神々と見なされるべきだ〔以前にローマで実施されていたことです〕、と定めています。「そのようなもののおかげで、人間は天界に上ることが許されたのだ。……知性、敬虔、美徳、信義が神格化され、それらすべてを祀る神殿がローマで公に設けられ、またそれらをそなえている者たちが〔善人はみなそれらをそなえている〕自分たちの心に神々そのものが宿っていると考えることは結構なことである」[*4]。同じ源から、同じやり方で、詩人たちは神々の目録を膨大に増やしていき、風・大気の諸現象・雲・川・泉・丘、世界のありとあらゆる部分だけでなく、さまざまな能力・情念・気質・偶有的属性にも、一語で表せるどんなものにも、人のように呼びかけられるどんなものにも呼びかけ、そしてその言葉がたまたま男性形か女性形かに応じて、すぐにそれを男神あるいは女神としました。ほとんど取るにたりない神々について彼らが守った規則はこれだけでした。

＊1 「その他多くの神々の本性がギリシアの哲人やわが国の祖先によって見定められ、人間にもたらす偉大な恩恵に基づいてそれぞれの神に名前がつけられたわけだが、それも理由のないことではない。何であれ人類に大きな利益が与えられるとき、それは人間にたいする神々の思いやりなしには実現しないと彼らは考えたのである」〔羅〕。〔キケロ〕『神々の本性について』、第二巻〔二三の六〇／『キケロー選集』、第一一巻、岩波書店、二〇〇〇年、一二四頁、山下太郎訳〕。

＊2　「フィデース（信義）やメンス（知性）のように、より大きな（精神の）力とかかわる言葉もまた神の名で呼ばれるようになった」〔羅〕。〔キケロ〕同書〔同巻、二三の六一／前掲邦訳、一二四頁〕。

＊3　「これらの言葉は、いずれも神の介在なしに制御しきれないほど大きな力を持つので、やがて神の代名詞として用いられるようになった。同様に、クピードー（欲望）、ウォルプタース（快楽）、ルベンティーナ（情欲）、ウェヌス（愛欲）といった語彙も、……神格化された」〔羅〕。〔キケロ〕同書〔同巻、二三の六一／前掲邦訳、一二四―一二五頁〕。

＊4　「人間が天上へ昇ることを許される因《もと》となる諸徳性……「英知」「敬神」「徳行」「誠実」などが人間によって神格化されているのはよいことだ。それらの諸徳にたいして、ローマでは公に神殿が建てられているが、このことの狙いは、それらの徳をそなえている人たちに――善人はすべてこれらをそなえている――自分たちの心は神そのものを宿していると信じさせることにある」〔羅〕。〔キケロ〕『法律について』、第二巻〔八の一九および一一の二八／『キケロ、エピクテトス、マルクス・アウレリウス』（世界の名著）、中央公論社、一九六八年、一七二頁および一七七頁、中村善也訳〕。

8　しかし迷信的な人々は天上と地上のあらゆるものを歪曲するので、この場合もやはり歪曲して、もっとも邪悪な忌まわしい事柄を神格化しました。そのことで私たちの著者〔キケロ〕が彼らを非難するのは正しいのです。アテナイ人は傲慢と破廉恥という一組の美しい女神たちから祝福を受け、ローマ人は恐れと期待、青ざめと身震いを神格化しました。破壊的な熱病のために祭壇が設けられ、もっとも不潔なさまざまな病気や、きわめて野蛮で卑猥なさまざまな行為にさえ、それらを取り仕切る無数の群れなす神々がいました。エジプト人は天界の神々あるいは星や惑星への崇拝に加えて、さらに地上でも象徴的な崇拝を行い、ほとんどあらゆる種類の動植物に――まったく価値のない軽蔑すべきものさえ含めて――神聖な力が宿ると考え、それらに宗教的な敬意を払いました。それでも、エジプトのあらゆる地域の人々が、同じ種類のものを崇めていたわけではありません。自分たちを正当化するのにそれぞれが持ちだす理由としては、それらのものが持つ有用性、すなわちそれぞれの神々がその固有の力を発揮するには別のものでなくある種の特定のものに限られるからと言ったり、あるいはそれらのものには道徳や自然哲学に関係する何らかの寓意が含まれているからと言ったりしました。**プルタルコス**は、「彼らの神聖な祭儀には、(一部の人が想像するように)道理に合わなかったり、作り話めいていたり、迷信に基づくような事柄は何一つ定められてはいません。むしろあるものは道徳的な有益な理由を持ち、またあるものは何らかの歴史的あるいは自然学的な洗練さに欠けてはいません」[*1]と言っています。それに同意して、**キケロ**は「エジプト人はよく嘲笑されますが、彼らが動物を神として崇めたのは、その動物から得られる何らかの利益のためでしかなかった」[*2]と言っています。この象徴的神学のせいで幾人かの学者たちは、異教徒の宗教のその他すべての部分も象徴的に説明できるかもしれないから、そうすべきだと信じるようになりましたが、これは大間違いであることをこの手紙を終える前には証明してご覧に入れます。実際、エジプト人は他のどの民族よりもこの象徴的神学を広い範囲にまで押し進めました。というのも、トキ、タカ、猫、犬、ワニ、カバ、山羊、雄牛、牝牛、玉葱、ニンニク、そして得体の知れない何やかやを崇拝しただけでなく、「彼らはアヌビスの町である人間を崇拝し、そこではその男に生け贄を捧げ、その聖なる捧げものを祭壇で焼いた」[*3]からです。これは**ポルフュリオス**の言葉です。

＊1　「宗教上の儀礼には、ある人々が信じているように、不合理な点とか作り話めいた点とか、迷信的なものは織り込まれてはいません。むしろ道徳的な理由やそうせざるを得なかった必然の理由があり、歴史や自然による洗練に無縁でもないものです」〔希〕。〔プルタルコス〕『イシスとオシリス』〔第八節／プルタルコス『エジプト神イシスとオシリスの伝説について』、岩波書店（岩波文庫）、一九九六年、二三頁、柳沼重剛訳〕。

＊2　「エジプト人が動物を崇めるのも――しばしば嘲笑の的となるが――、動物からなんらかの御利益《ごりやく》を期待してのことである」〔羅〕。〔キケロ〕『神々の本性について』、第一巻〔三六の一〇一／『キケロー選集』、第一一巻、岩波書店、二〇〇〇年、七二頁、山下太郎訳〕。

＊3　「アヌビスの村で彼らはある人間を崇拝し、その地ではその男に生け贄も捧げ、生け贄は彼を讃えて祭壇で焼かれる」〔希〕。〔ポルフュリオス〕『肉食の禁忌について』、第四巻〔第九節〕。

9　他の国々では、四大元素〔地、水、火、風〕や人体のある部位に対して哲学的敬意を払う国もありました。ローマ市ほかいくつかの市は女神の位にまで高められました。多くの市は誤って怒らせることのないように、名も知らぬ神々[＊1]にも祭壇を設けました。ローマ人は他のあらゆる民族の神々をためらうことなく移植し、かつて自分の信奉者をローマ軍の手から守ることができなかったような神々の前に跪いたのです。しかし、これは何らかの真の信心の結果というより、むしろ政治的な信教の自由でした。

さて、このようなことすべてからきわめて明らかなのは、神々は位はもちろんのこと数においても限りなく人間にまさったということだけでなく、迷信はどんな限界の中にも閉じ込めることができないにしても、あらゆる偶像崇拝の起源は死体に関する人間の概念と振舞いにあったということです。しかし、偶然というものに神性が与えられているのを見る以上にばかげたことはないと私には思われます。そのようなことは、あらゆる秩序、知性、設計と真っ向から対立するからです。にもかかわらず、運命という名のもとに、その神は自分の神殿を持ち、一つは幸運に、もう一つは不運に捧げられ、神としての崇拝を受けると同時に、もっとも不名誉な形容詞——盲目の、気まぐれな、移り気な、悪人に忠実で善人に不実な、といった——を頂戴しました。このようなことは、いずれ明らかになりますが、派生的に導入され考え出されたことで、すべては死者の崇拝から引き起こされ、そこに基盤があるのです。

＊1　ディオゲネス・ラエルティオス〔『著名哲学者伝』、第一巻、第一〇章〕「エピメニデス」〔第一一〇節〕。パウサニアス〔『ギリシア記』〕「アッティカ」。ルキアノス『フィロパトリス』。

10　私は「偶像崇拝の起源」について自分の見解を立証するのに、提示しうる論拠をすべて示すつもりなどありませんが、それでも人間の本性がどれほど異常をきたすものかを示す一例だけは挙げないわけにはいきません。大多数のキリスト教徒は**ソクラテス**を一神崇拝ゆえに死んだ殉教者と見なしてきましたし、また異教徒は彼の罪は国家が認めるのとは別の神々を導入したことにあったとするでしょうが、このような主張は両方とも間違っています。というのも、彼は死ぬまで故国が崇拝するものを固守し、いかなる個人も公的制度から分離すべきではないという見解を持っていたからであり、さらに、彼が一神のみを信じていたにしても、それは彼の告発者や裁判官たちが彼を処断した罪の中にはなかったからです。しかし、彼に関するあらゆる人の意見を考慮しても、礼節の父、哲学者の王、知性を育む有能な医者〔産婆〕であるこの人物が、死後に神という栄誉を授けられ、彼の名前を冠した聖堂と泉を持つことなどほとんど信じられないように思われます。なるほど、アテナイ人は自分たちの不当な判決を後悔し、模範となる彼の価値を認めて、彼を永遠に記憶するために像を建てたことを私たちは読んで知っていますし、彼の称賛者たちが誕生日を祝い、彼の頭部の図柄を宝石に刻んで指輪や印章にして身につけたことも（これはまったく自然なことです）知っています。ですが、こういう尊敬の念が、ついには宗教的崇拝にまで押し進められたのです。というのも、アテナイにおける**プロクロス**〔一六〕の弟子で後継者の**マリノス**〔一七〕は師の生涯を書きましたが、その中で、私が自分の教区教会堂がどの聖人に捧げられているか知っているように、〔ソクラテスに関する〕そのような知識を彼が披露しているからです。つまり、**プロクロス**がプラトン学派を継承するという幸先のいい前兆に関して、**マリノス**は次のように語っています。

「彼〔プロクロス〕がペイライエウス〔一八〕に到着すると、**ニコラオス**は——後に雄弁術で有名になったが、この頃はアテナイの教師たちのもとで勉強していた——自分の知り合いに対するように、彼を同郷人として迎えて泊まらせるため港の方へ下りて行った。というのも**ニコラオス**もリュキア人だったからだ。そして彼を町の方へと案内して行った。しかし、（**プロクロス**）自身は船旅の後で疲れを感じて、途中**ソクラテス**の礼拝堂に坐りこんで（このとき彼はまだ**ソクラテス**がどこかこの辺に祀られていることなど知らず、聞いたこともなかった）、**ニコラオス**に彼も少し休むように頼み、そしてできればどこかから水を手に入れてほしいと言った。ニコラオスは彼の言うことに従い、すぐに水を持ってくるように、そしてその水は別の場所ではなく、この同じ神聖な地から汲んでくるように命じた。というのも、**ソクラテス**の像が立つ泉はそこから遠くなかったからだ。さて、彼が水を飲んでいると、**ニコラオス**はちょうどその時思いついて彼に言いました。「あなたが**ソクラテス**の聖堂に坐り、そこでアッティカ地方の最初の水を飲んだことは良い前触れですよ」と。それから**プロクロス**は立ち上がり礼拝を済ませると、町の方に向かった」[*1]。死者への尊敬の念が時を経てどんなふうに行き過ぎたものになるか、そのあらゆる形態から一例をご覧になったわけです。この例を選んでこのように長々とお話ししたのは、確かに他の誰よりも尊敬の念に値する人ではありますが、**ソクラテス**にはそんな礼拝などもっとも起こりそうにないことだったからです。

＊1「彼〔プロクロス〕がペイライエウスに上陸すると、すぐに到着のうわさがアテナイに広まり、ニコラオスは——後にソフィストとしてとても有名になったが、この頃はここで勉強を続けていた——彼を迎えて宿泊の世話を申し出るため港へやって来た。というのも、彼はプロクロスと個人的に知り合いであったし、リュキア出身の同郷人であったからだ。それでニコラオスは彼を町へ案内して行ったが、その途中ソクラテスの記念碑に着くと、プロクロスは歩くのに疲れてしまった。このとき彼はそこにソクラテスを祀った聖所があることなど知りもしなかったし、聞いたこともなかった。けれども彼はそこで少し留まって腰をかけて休みたいとニコラオスに頼み、「喉が渇いて死にそうだ」と言って、とにかくどこかから水を取ってくるように頼んだ。ニコラオスはとても心配して水を持ってこさせたが、出くわした場所からではなく、神聖な聖地自体から汲んでこさせた。というのは、ソクラテスの記念碑のある泉は遠くなかったからだ。プロクロスが飲み終わると、突然ニコラオスはこのことに一つの象徴を見てとり、「あなたはソクラテスに捧げられた神聖な場所で休息をとり、そしてあなたが飲んだ水、あなたが口にしたアッティカ地方の最初の水はこの泉からのものです」と彼に言った。そこでプロクロスは立ち上がり、礼拝を捧げてか

ら先に進んだ」〔希〕。マリノス『プロクロス伝、または幸福について』、第一〇章、ロンドン版。

11 **セリーナ**様、私が自分の見解を裏づけるのに提示できるかぎりの典拠を挙げようとしたら、きりがなかったことでしょう。〔古典〕古代の著述家の学問知識に親しみ、彼らが残した自分たち自身や他の諸民族の起源に関する記述、とりわけ自分たちの神々とその神格化の理由に関して彼らが書いたものを考察する人はだれでも、この問題に関しておそらく疑いの余地を残すことはありえません。しかし、どの民族においても礼節、学問、統治が進歩向上するにつれて、神を作りだすこの不敬な気質におぼれることが少なくなったことは注目に値します。その例を挙げれば、ローマ人は彼らの最初の王で建国者である**ロムルス**を神格化しましたが、彼らの共和国が続いた数百年間のあいだは、徳性でも知識でも武勇でも世界の他のどこよりも称賛に値する実例が輩出したにもかかわらず、人間は誰一人として神とされることはありませんでした。ところが、彼らの自由な共和政体が絶対君主政体へ転じるやいなや、初めの皇帝たちの大部分が神格化されました。彼らの自由の破壊者**ユリウス・カエサル**も、彼に続く暴君たちの中でもっとも残虐、邪悪、愚劣な者たちも、そして彼らの妃や親族や寵臣の幾人かもそうされました。彼らはこういう術策によって臣民を永久に隷属状態に縛りつけ、神々に対してあるいは神となるよう選ばれている者たちに対して反抗する気を起こさせなくした未開人の王たちの慣行を真似たのです。歴史上、エジプト人やアッシリア人や太古のギリシア人、その他の民族のあいだでは君主が死後に神という栄誉を授けられたことほどよく知られていることはありません。君主の妃、兄弟姉妹、その他親族までも男神や女神とされました。後継者の君主にとって、自分の一族に関するこの途方もない概念を維持することはつねに重大な関心事でした。いえ、生きているあいだに神という栄誉を与えられた者さえ、**アウグストゥス**（一九）をはじめ、多数いたのです。**プルタルコス**は――彼の他にも幾人もの著作家を加えることもできます――ペルシア人貴族**アルタバノス**が、当時ペルシア宮廷への亡命者であった**テミストクレス**（二〇）に言った言葉を記しています。「我々のもとには多くの立派な掟がありますが、王を敬い、神の似姿を崇めること、これがその中でももっとも卓越した掟なのです」[*1]。オスマン一族（二一）がどれほど神聖な一族として崇敬されているかを知らない者はいませんが、私たちが知っているように、だからといって傲慢な近衛隊や立腹した臣下の激しい怒りから彼らがつねに身を守ることができるわけではありません。近頃キリスト教徒の一部の王たちによって要求された神授権（二二）、そして彼らにへつらう聖職者によって主張された、王に当然与えられるべき無制限の受動的服従は、専制政治を支える方策として異教徒のものよりいっそう有効とまではいかなくても、同じ目的と意図のために目論まれたことは疑う余地がありません。しかし、人間は賢くなればなるほど、こういう事柄を信じなくなりましたし、逆に、自分たちの君主をつぶさに見れば見るほど、自分たちの自由と特権にもっと執着するようになりました。宗教と理性は迷信と誤謬にとって憎むべき邪魔物なのです。**キケロ**は彼の時代には神託所のなかには応答しなくなったものもあり、その理由は人々が軽々しく信じなくなったからだと指摘しています（二三）。

＊1 「我々のところにも立派な習俗が多くある中でも、一番立派なのは、王を敬い、万物を保存する神の似姿としてその前に平伏することである」〔希〕。〔プルタルコス『対比列伝』〕「テミストクレス」〔第二七節／『プルタルコス英雄伝』、第二巻、岩波書店（岩波文庫）、一九五二年、一一七頁、河野与一訳〕。

12　これまで偶像崇拝の起源を説明し立証してきましたので、奥様、今からこれらの原理に従いながら、多くの場合とてもばかげた途方もない風習というものに、何らかの理由を与えるのをお認めくださるなら、異教徒の祭儀の理由を明らかにしていきたいと思います。人々は彼らの神を（あれほど数多くのうちのどの神であろうと）喜ばせようと考え、かつて君主がこの世にいた頃よくやっていたように、壮麗な神殿や宮殿を造り、豪華な食卓や祭壇で神のためにご馳走や生贄を供えました。彼らは神とその廷臣たち（主に死んだ彼らの英雄たちから成り立っています）が華麗な飾りや見世物でその神聖な目を楽しませるように、殺された動物の血や焼かれた時の煙を食し、燻された肉のいい香りを嗅いでその神々しい鼻を楽しませると想像したのです。お供の一団はみな、彼らが生きていた時の身分と威厳にふさわしいものとされました。祭儀の期間あるいは祝祭日が定められ、それを祝うため通常の労働は避けられました。そして、後に祭司と呼ばれるようになった者たちが（彼らの仕事は祝祭を執り行い、神とその一団のために尽くし、神格化された人間を追悼して賛美の演説を繰り返すことでした）光り輝く衣に身を包み、そして君主の家来がいつもそうであるように、彼らにはさまざまな都合のよい特権が授けられました。ですが、初めの頃における最大の特権は、一般人が負うあらゆる義務の免除と、暮らしていくには十分すぎるほどの報酬でした。これらの祝祭には同じくたっぷりの音楽、踊り、芳香、松明《たいまつ》、おじぎ、へつらい、平伏、その他、もっとも見栄っ張りの放蕩者の君主の諸感覚を満足させるのに普通使われるものが何でも揃っていました。しかし、こういったことは、偶像崇拝の起源が死者の崇拝にあるのでなければ、何らかの神なるものに受け入れられると考えられるはずはありませんし、そういう起源こそこのような崇拝や儀式を説明してくれるのです。

13　人々は君主の大臣たちにしたように、天界の廷臣たちと地上の祭司たちの両方に口利きを頼まねばなりません。連中が仲立ちをしてくれるように賄賂を贈るだけでなく、たとえ彼らが自分たちの祈願に耳を傾けてくれなくても、少なくともそれに反対しないようにするためでもありました。というのも、彼らは一般に地上でも天界でもさまざまな党派に分かれていたからです。しかし、これら廷臣たちの力はかなり重要なものであったこと、あらゆる地方や都市の、とりわけ彼ら自身が住んだり治めたりした地方や都市の統治と保護は、彼らの間で分配されていたことは理解せねばなりません。木や植物、獣や魚や家禽、川や泉や丘、その他ほとんどすべての生き物で、彼らのうちの誰かの特別な配慮と喜びの対象でないものはなく、彼らが生前たまたまその対象を使ったり、気に入ったり、ほめたりしたために、それが彼らの名にちなんで呼ばれることもよくありました。今挙げた事物や、さらに体のさまざまな病気や心のさまざまな情念に対しても彼らが持つと考えられたこの直接的な監督権が、彼らによると称される奇蹟、霊出現、占い、神託、その他のあらゆる狡猾な術に信望と権威を与えることになり、信じやすい人々のふところを空にさせたのです。

14　聖域とそこに保管される秘密の聖櫃、それとともに彼らの多数の不可解な行い、罪の償い、清め、そしてその他のばかげた不敬で残酷な、どれも人々の大きな負担となる儀式について言えば、これらは初めのうちは象徴的なものであり、生前地上で神々に起こった史実を表わし、彼らの神格化の原因を説明するものであり、そしてとりわけ聖櫃には、異教徒の秘儀を調べたことのある人がみな同意しているように、実際に起こった事柄すべてに関連する表象やしるしや記念物が保管されています。しかし、後にこれらの物を祭司たちは巧みに操って、自分たちが目論んだ天界との親密さにいっそう価値をもたせ、自分たちが従事する奉仕の難しさと重要性に見合うような収入を得るようになりました。そして祭式の数の多さは、一般大衆を楽しませて物事をじっくりと考える暇を与えなくするのに少なからず役立ちました。というのも彼らの時間のすべてがほとんどそれらの祭式に費やされたからです。その上、彼らはどうしても祭司たちを尊重せずにいられなかったのです。祭司は時間、場所、人物に、さらに本性上無関係であるか、宗教とはおよそかけ離れていると思えるような事柄にさえ神聖さを付与できたからです。さらに、時には君主と祭司の互いの合意も欠けてはいませんでした。それによって、前者は後者に対してあのような利得すべての保証を引き受け、見返りに後者は民衆に対する前者の絶対的権力を説くというわけで、君主は民衆のお人好しの理解力にいつでも意に適う影響を与えられるようになりました。

15　祭司たちは君主たちの権威に、冥界に関する自分たち自身の発明も（かつてこの書簡で、また先にお送りした書簡でも述べましたように）加えました。彼らは人々を氷や炎、底なし沼や暗闇で脅かすだけでは飽き足らず、さらにハゲワシ、転がり落ちる岩、刑車、鎖、またヒュドラ、ケンタウロス、ハルピュイア[二四]、キマイラ、スフィンクス、ゴルゴン、ドラゴン他たくさんの怪物たちを〔冥界の〕暴君たちの刑執行者として加えました。彼らはまた亡霊と幽霊、幻とお告げの話をし、俗衆をタルタロス[二五]やエレボス[二六]に鳴り響く恐ろしい轟音や、「ステュクス川、アケロン川、プレゲトン川、レテ川、コキュトス川、アベルヌス湖[二七]」を覆う暗黒の吠えたてるうねりでおびえさせ、三つ頭の**ケルベロス**の恐ろしい吠え声、渡し守**カロン**の頑固な不機嫌によっておびえさせました。ですが、情け容赦のない復讐の女神たち、**アレクト**、**ティシポネ**、**メガイラ**[二八]こそが、こういった冥界の最高統治者の**プルトン**〔別名ハデス〕や**プロセルピナ**〔プルトンの后〕以上に恐れられました。亡霊と占星術の起源について以前申し上げたことから確信していただけると思いますが、彼らはありとあらゆる占いと魔術にふけっていました。たとえば、鳥占い[*1]、腸占い[*2]、死霊占い[*3]〔降霊術〕、火占い[*4]、魂占い[*5]、雲占い[*6]、水占い[*7]、煙占い[*8]、籤《くじ》占い[*9]、その他無数の迷信的で無益なものですが、それらは今この時まで世界の多くの場所で続けられており、**ファン・ダーレ**[二九]によって詳しく記述されているのがご覧になれましょう。同じ理由から想像できることですが、祭司たちの中には魔術師、妖術師、占い師がたくさんいて、そういう者たちはダイモンとの契約や合意[*10]によって、星についての知識によって、ある種の薬草や石、わけのわからない呪文やまじないの隠れた性質を用いて、また相手方を模した像に針を突き刺したり融かしたり埋めたりすることによって、神々を出現させ、死者の亡霊を呼び出し、太陽や月の光を暗くし、惑星を逆行させ、それどころか星を天空から引き下し、自分たちや他人をさまざまな姿に変え、意のままに人を病気で苦しめ、愛や憎しみの仲立ちをし、将来の出来事を予言し、隠された宝物を見つけだし、穀物や牛乳その他の品物をこっそり持ちだし、ゆりかごの中の赤ん坊をすり替えたりと、話すのも退屈な、分別ある人は信じることができないような、このような無数の悪ふざけができると主張しました。しかし、こういう驚異的知識を持つと驕る者たちすべてを学識者と賢人たちがどのように考えたかは、老いた**エンニウス**[三〇]が彼の無骨な韻律にのせて率直に語ってくれるでしょう。

「私はマルシ族[三一]の占い師も、
村の易者も、町の星占い師も、
エジプト人の奇術師も、夢判じもまったく価値を認めない。
それは彼らが技能や学識による預言者ではなく、
迷信的な占い師、恥知らずのほら吹きか、
怠惰なごろつきか、気ちがいの、あるいは単なる腹ぺこの乞食だから。
彼らは自分がたどる道も知らないのに、他人に道を教えようとする。
そして他人にこの先金持ちになると請け合って、小銭をねだる。
その財産から小銭をもらえば、あとの残りはすべて返すからというわけだ[*11]」。

ここで（現代の妖精物語ととてもよく似た）異教徒たちの架空の物語、シルウァヌスやファウヌスやサテュロス[三二]、またラルウァイやレムレス[三三]、海・川・泉・丘・森のニンフたち、例えばネレイデス（海の精）、ナイアデス（川や泉の精）、ドリュアデス（木の精）、ハマドリュアデス（木の精）、オレイアデス（山の精）に関する物語を加えてもいいかもしれませんが、これらに類したものをもっと挙げたところで、女性や子供を怖がらすだけのものにすぎません。

＊1　鳥とその動作によって占うこと。

＊2　動物の内臓によって。
＊3　死者と亡霊によって。
＊4　火によって。
＊5　魂によって。
＊6　雲によって。
＊7　水によって。
＊8　煙によって。
＊9　本の一節その他を用いた籤《くじ》によって。
＊10　「呪文や薬草の力に天がわざわざ従うとは、そのようなものを
無視するのを恐れるとは、いったいどういうことだ。
そんなふうに制約を受ける、どんな契約を神々はかわしたのだ。
従うというのは、強制なのか、すき好んでなのか。
それは何か未知の敬虔さへの対価なのか、秘密の脅迫への代価なのか。
天界全体にそのような力を持つのか、
あるいはそういう呪文は決まった神に向けられ、
その神だけが制約されるのか」〔羅〕。ルカヌス『内乱記』、第六巻〔四九二―四九九行〕。
＊11　「私はマルシ族の占い師も、
村の鳥占い師も、円形広場の星占い師も、
エジプト人の千里眼も、夢判じもまったく好まない。

彼らは学識や技能による預言者ではなく、
迷信的な占い師、破廉恥ないかさま師で、
働く気がないか、正気がないか、食いつめているかで、
自分の行く道も知らないのに、他人に道を教えるというのだから。
他人に富を約束し、自分は一ドラクマねだる。
約束した富から料金として一ドラクマ差し引いて、残りを私たちにくれるとは」〔羅〕。キケロ『卜占について』、第一巻〔五八の一三二〕。

16　さて、よろしければ、上位の神々に話を戻しましょう。というのも、生前と同様死後においても、彼らはいくつかの階級に属し、上級の神々と下級の神々、すなわち貴族[*1]と平民[*2]がいましたし、また仲介[*3]役で下位の定住しないダイモン（起源はこの世を去った魂という仮説から生まれました）がいたからです。ダイモンは一定の住処をもたずに空中をさまよい、いつも使い走りに出されて、人間の願い事を自分の上役に送り届けたり、神々の憤怒や恩顧を世の人々に知らせたりしていたので、一般に彼らは神々の代行や執行役と考えられました。というのも、そのような君主たちは地上でも天界でも自分の軍隊を持っていたからです。しかし、異教徒たちは彼らの神々の最高位のものを天界に送ったのと同じように、再び彼らを好き勝手に呼び戻し、何か小さな礼拝所の中や、そこに納めた貧相な偶像の中にその存在を閉じ込めました。その理由は、そのような神々の多くが墓で暮らしたり空中をさまよったりしていると彼らは想像したので、このような宿泊所を作って助けてやれば、どこか他の場所にいるときより自分たちの願い事をもっと快く聞いてもらえると思ったからでした。彼らは自らの手で作った作品の前でよく額

ずきましたが、もしその作品に命や思考力があったなら、むしろ作品の方がそのあらゆる素晴らしさを作り上げた技の持ち主である人間を崇めるべきところです。ところが人間より賢いネズミ、ツバメ、クモは、彼らが作った像を、神聖化の効力をものともせず、大胆不敵に使いまくっている有様で、愚かな人間の方は自分が恐れ崇めているものを自ら守ってやらざるをえませんでした。これらの像そのものは、神々が人間の姿を持ち、人間を起源としていることを証拠立てていますし、また存命中の君主たちの像にさえ崇拝がなされたことがわかっています。そういう神殿はもっとも無知で信心深い人々によってよくお参りがなされ、彼らはその周りに供物や豪華な贈り物を掛け並べ、はっきりしないあらゆる事柄について神託の助言を求め、困ったときには願掛けをし、自分たちの夢さえ神のお告げだと信じ、自分たちの宗教を自らにも他人にもあらゆる点で厄介なものにしてしまいました。彼らのお偉方が生前地上で行なっていたことのなかで、神々たちに負わされなかった愛着や娯楽（酒宴、女道楽、狩猟など）は一つとしてありませんでした。それゆえ、私たちはしばしば神々の恋愛、結婚、強姦、姦通、また不和、お祭り騒ぎ、口論、痛手、そして復讐と窃盗についてよく読むわけですが、不平不満やさまざまな嘆きについても、監禁されたときや、また天界の城砦から巨人によって完全にたたき出され哀れなさまで地上に隠れ家を捜しに行ったときに、彼らがそれらを打ち明けることも間々ありました。このようなことはみな神々の起源が地上にあることを立証しています。このように見てくれば、神々はいつも彼らが死んだ時の様相のまま、そして生きていた時のあらゆる顕著な特徴をそなえたまま表わされていることがわかっても驚く必要はありません。ですから、ある者はずっと老人のまま、ある者はずっと若者のままですし、両親、子供、親戚もありますし、足が不自由な者もいれば目が不自由な者もいるし、肌の色も好みも異なっているし、蹄が二つに割れている者もいるし（ここから現在の通俗的な悪魔の概念ができました）、翼を具えた者もいるし、剣・槍・兜・こん棒・熊手・弓で武装した者もいるし、ライオン・虎・馬・アザラシ、孔雀、鳩に引かれた二輪戦車を駆っている者もいるのです。さて、このようなことはみな一部は彼らの本当の話から借用されたものであり、また一部はもはや完全に知ることも理解することもできない事柄の寓意的、詩的、空想的な偽装なのです。

＊1　上級の神々〔羅〕。
＊2　下級の神々〔羅〕。
＊3　仲介の神々など〔羅〕。

17　**オイノマオス**〔三四〕、**エウヘメロス**、**ルキアノス**、その他自らの理性を用いた大勢の者たちは、神々があちこちの場所に帰化し、そこで各々得意とする商売をしたことを恐れることなく嘲笑しました。こうして、**アポロン**〔三五〕はデルフォイに情報の店を構えて運勢を占い、**アスクレピオス**〔三六〕はペルガモンに薬屋を設け、**ウェヌス**〔三七〕はパフォスに有名な娼館を営み、**ウルカヌス**〔三八〕はレムノス島に鍛冶屋の炉を構え、また産婆になる者、女猟師になる者もいましたが、彼らは行ける所であればどこでもみな商いをしました。というのも、彼らは私たち人間と同様に――彼らも以前は人間でした――ある場所で繁盛しないときは、自分たちの商いにもっと都合のいいどこか他の場所に引っ越すことがよくあったからです。あらゆる出来事は神々の好悪の結果と信じられたので、人々は彼らに感謝したり彼らをなだめたりする方法をいくつも考えだし、とりわけ彼らに動物であれ植物であれ、あらゆる生産物の初物を（残りが得られる感謝のしるしとして）供えましたが、他に生きている君主に支払わねばならない十分の一税や他の貢ぎ物もあったわけです。神々への生贄として喜ばれないようなものはほとんどありませんでした。というのも、ある神の嫌いなものは別の神の好物であったり、中には人間より劣る犠牲ではどうしても満足しようとしない神々もいたりしたからですが、これは現世で彼らが残虐な性質であったことの証拠です。しばしば気づくのは、神々は自分たちの祭壇がおろそかにされると、とりわけ人々が他の神々にご馳走を供えたりすると、（君主やお偉方がよくするように）その侮辱にものすごく憤慨することです。人間の側も自分たちが供えた豪華な贈り物や賄賂に十分報いてもらってないと考えると、神々の忘恩を非難し、その像に暴力をふるうことさえ（時には反抗心を帯びて）少なからずありました。

18　しかし、学識にも徳にももっと秀でた人々は、事物についてもっとましな概念を持つ場合が多かったのですが、それでも真理に、あるいは全体的な改革への試みに必ずともなう迫害——**ソクラテス**の死に明らかなように——が主たる原因で、その見解がひどくゆれ動き曖昧になる人もいたのです。星と惑星の理論がきわめてわずかしか、少なくともそれほど一般的には知られなかった真の理由は、一般大衆がそれらのものが哲学的に検討されたり、ありふれた自然法則によって、すなわち意志を持たない諸原因と盲目的なさまざまな力によって説明されたりするのをどうしても聞きたくなかったからで、彼らはそれらのものは知性をもつ永遠の不死なる神々だと思っていたからだ、ということが**プルタルコス**[*1]によってわかるでしょう。それゆえ、**アナクサゴラス**が月は太陽から借用した光を放つにすぎないことを発見し、それによって月の満ち欠けの理由を示した時も、そんな理論はあえて公にはされずに、ごく少数の人にしかも約束厳守のもとで密かに伝えられただけでした。実際、ヨーロッパやアジアの大勢の著名な人物たちは一般に受け入れられているさまざまな宗教の起源を自らはわかってもいたし、時にはそれらの宗教が虚妄で、不十分で、ペテンであることをあえて他の人々に知らせたりもしました。どの時代であれこのように神の単一性を主張し、迷信を暴く者たちは異教徒と見なされるべきではありません。異教徒という表現で本来理解されるのは、多数の神々を信じ、彼らから特別な啓示を授かったと主張し、また神々は異なる職分を執行すると考えられていたがゆえに、その栄誉を称えて、もしくは神々のそれぞれの仕事を記念して、幾種類もの祭式を設けた偶像崇拝者なのです。ユダヤ人は（自分たち以外の世界中のあらゆる民族はこの類のものであると考え）通常彼らのことを諸民族《ネイションズ》と呼びました。この言葉に対応するギリシア語から私たちが使う異教徒《ヒーザン》という語が、またこの言葉に対応するラテン語から異邦人《ジェンタイル》という語ができました。それゆえ、こういう神学の愚かしさや狡猾さを悟るほどの洞察力とそれに反対する勇気を持つ人たちはみな、無神論者と呼ばれそう見なされ、祭司たちにそそのかされた大衆からそのような者として扱われました。幾人もの人が、とりわけ哲学者が、罰金と投獄の刑に処せられましたし、追放された者も裁判で死刑を宣告された者もいましたし、多数の者が暴徒によってばらばらに切り裂かれましたが、彼らはみな秘儀を信じなかったり、その時代の聖なるペテンを暴いたりしたために、いつでも不信心の烙印を押されたのです。彼らの間で起きたこの種の事例はキリスト教徒の間での事例より数少ないのですが、しかしそれは異教徒の祭司たちに感謝すべきことではありません。というのは、異教徒の祭司の大方は世俗の為政者とほとんど異ならず、多くの者は生涯その職務を続けるわけではないことに加えて、彼らも同じように国家に完全に服従していたからです。一方、キリスト教徒の聖職者は（ごく少数のプロテスタント諸国を除いて）統治の上にそびえ立ち、いたるところで世俗人の知性を支配する絶対的主人なのです。ですから、私たちの古代人についての論考では、古代人の健全な概念や徳の実践は理性の光に帰するべきであり、理性の光の悪名高い堕落こそが異教信仰であったのです。この区別を見そこねたために、数えきれない誤謬が犯されました。ある人は異教信仰のほうがキリスト教より徳の土台として優れていたと軽率に主張しますが、しかるに彼が（せいぜい）言うべきであったのは、自然法はキリスト教徒より異教徒によってより良く守られることもしばしばあったということです。別の人は異教信仰が広まっていた頃に生きた人々はすべて偶像崇拝者であったと考えますが、これ以上のひどい間違いはありえません。（例えば）**キケロ**を異教徒と考えるほど愚かな人がそもそもいるでしょうか。彼はあの賞賛に値する論考、『卜占について』や『神々の本性について』において、彼らの多神論・生贄・啓示なるもの・予言・奇跡、そして彼らの神託・占い・夢判断・呪文・その類のあらゆるばかげたことを論証によってくつがえしたではないですか。**ミヌキウス・フェリクス**〔三九〕、**テルトゥリアヌス**、その他初期のキリスト教護教論者たちは、これらや同様の著作から、しかも頻繁に同じ言葉で、異教信仰に反対する彼らの最良の論拠を引き写しました。**アルノビウス**〔四〇〕は他の著作家たちも公平に評価した後に、キケロの諸著作が読まれていればキリスト教徒がわざわざ書く必要もないと断言しています。そして、彼はキケロが大変率直に、堅い信念で、大胆に、またそれよりいっそう大きな敬虔の念をもって神々をくつがえしたことを認めた後、そのことを理由に多くの異教徒たちがそれらの著作を公然と非難し、読まないようにしただけでなく、元老院にそれらを焼いて消滅させるように懇願した、と私たちに語っています。ですが、アルノビウスの思慮深い言葉を用いるならば、「これらの本を差し止めたり、人々がそれらを読むことを禁じたりするのは、神々を守ることではなく、真理の証言を恐れること」[*2]なのです。告発者たちなどよりはるかに偶像崇拝者から程遠く、勇気、敬虔、正義において注目に値する数多くの人の名前をもっと挙げることもできます。そのような人々はもはや異教徒と呼ばれるべきではありません。メッカに住んでいてもコーランを信じない者たちはもはやマホメット教徒と呼べないのと同じです。さて、そういう人をマホメット教徒、またそういう人を異教徒にしてしまうような者たちは、それらの言葉が意味することについて無知であること、あるいは自然法とあらゆる実定法との区別を理解できないことをはっきり示しているのです。

＊1　「月の満欠けについて最も確実なまた大胆な説明を初めて書きものに記したアナクサゴラースは古い人でもなく、その説も広まらず、なお秘密の教えとして少数の人々の間に幾分の警戒もしくは信用をもって行なわれていたにすぎない。人々はその頃メテオーロレスケース〔宙空閑談家〕と呼ばれていた自然学者をうさん臭く思い、神々の事を理屈に合わない原因や予言の利かない力や必然的な現象に持って行って議論する人々だとみなしていたから〔四二〕、」〔希〕。〔プルタルコス『対比列伝』〕「ニキアス」〔第二三節／『プルターク英雄伝』、第七巻、岩波書店（岩波文庫）、一九五五年、一三九頁、河野与一訳〕。

＊2　「しかし、この点〔異教徒にあっては永遠至高の本性が多数の神々に割り振られること〕は、実際はるか昔に優れた才人たちによって、ラテン語やギリシア語で十分に論じられてきましたし、ローマ人の中でもっとも雄弁なキケロは不信心という嫌がらせの誹りを恐れずに、そのような空想を彼がどのように考

えるかを、何よりもまず深い敬神の念から、大胆に、堅い信念をもって、率直に言明しました。そして、あなた方が彼から単に輝かしい文章だけでなく、真の洞察力をもって書かれた諸見解を受けとり始めていたなら、この申し立ては終わっていたであろうし、また私たちの弱い手で、いわゆる二回目の答弁を求めることもないであろうに。というのも、このような主題を扱った彼の諸著作を避けて読まないようにし、自分たちの偏見を打ち壊す彼のさまざまな見解が読みあげられても聞こうとしない人が大勢いることを私は知っているし、また他の人たちは憤慨して不平をささやき、キリスト教が支持され古代の重要性が押しつぶされるような、彼のあれらの諸著作を破壊するよう元老院は命じるべきだと言っていることも私は知っているからです。しかし、本当に、あなた方が自分たちの神々に関して話すことが少しも疑う余地がないものであるなら、キケロの誤りを指摘し、彼の無謀で不信心な言葉を否定し論駁し、それを証明すべきです。著作を力ずくで奪い取り、一般の人々に公表された本を禁じようとするのであれば、あなた方は神々を守ろうとしているのではなく、真理の証言を恐れているのです」〔羅〕。〔アルノビウス〕『異教徒駁論』、第三巻〔第六―七節〕。

19　要するに、**奥様**、異邦人の宗教〔理性の光に反していたり、それに追加されていたりするような〕は現世での徳行や道徳にたいした影響を及ぼすこともできず、また死の恐怖に対して何らかの確かな希望や安心を与えることもできないようなものです。確かに、異教徒のなかには、自分たちの宗教があのように、とりわけ詩人たちの描写からはそう思えるように、根拠のないばかげたものであるとはどうしても信じる気になれず、自分たちの無数の神々は何か一つの存在――太陽であれ**バッコス**であれ、その他自分たちが高く買うどんな神であれ——のさまざまな呼称、特性、職分以外の何ものでもないと考えようとした人々も大勢いました。立法者たちはその問題に対してできる限り平静を装い、物事の真偽を見きわめる危なっかしい調査はせずに、人々に秩序を保たせるのに役立ち、模範と報いで徳行を促し、罰と不名誉で悪行を防止するものはすべて良しとしました。しかし、また別の者たち、善意の哲学者のような人たちは、彼らの教理をことごとく寓意と見なして単なる自然的事物に結びつけ、そういう事物の中で神は自分の有能さ、恵み深さ、善性を表わすとしました。このような三つの考え方から異教徒たちの詩的神学、政治的神学、哲学的神学というあの有名な区分〔四二〕が起こりました。しかし、もっと明敏な人々は、彼らの作り話の大部分に対して何らかの許容できる弁護をすることは不可能と十分わかっていたので、こんな小細工を嘲笑していました。ですから**キケロ**は、ギリシア人の神学全体が神秘的であったと主張するストア派〔四三〕を非難しています。彼は次のように述べています。「最初は**ゼノン**が、その後に**クレアンテス**が、次に**クリュシッポス**が大層苦労したものの、まったく無駄だった。架空のおとぎ話に合理的な解釈をほどこし、各神の名前そのものの語源を説明しようとしたのである。そんなやり方は、こういう事柄が文字通りの意味では真実でないと彼らが思っていることをはっきり示している」[*1]。でも、彼らは自分たちの寓意の実例を挙げて、**ユピテル**と**ユノ**は大気と雲を意味し、**ネプトゥヌス**と**テティス**は海と波、**ケレス**と**バッコス**は大地とそのあらゆる産物、**メルクリウス**と**ミネルウァ**は学問・商業・技芸術などの精神の独創的能力、**クピド**と**ウェヌス**は欲望と恋心、**マルス**と**ベロナ**は争いと戦争、**プルトン**と**プロセルピナ**は鉱物、財宝、地中の埋蔵物すべてを意味するとしました。こんなふうに次々と他の神々も正当化しようとしました。寓意は私たちの想像力と同じように多産なので、二人の著作家の見解が完全に一致することはとてもありえないでしょう。しかし、仮に真実が彼らの誰かあるいは全員が主張するようなものだったとしても、彼らが主張する宗教の方がよりすぐれていたわけではなかったし、廃棄されて当然でした。少数の学者がどんな思索をしていようと、一般大衆はこれらすべてがまさしく本物の神々であると考え、ひどく恐れ、神として崇拝していたのは明らかですし、さらに言えば神々の祭式に伴う労苦と大変な出費、また司祭たちのペテンや支配権があったことも明らかです。**キケロ**はこのことにはっきりと気がついており、幾種類もの異教の神々を数え上げた後、「もう一つの理由から、実は自然学的理由から、膨大な数の神々が生みだされたが、それらは人間の形をとって導入されたので、詩人たちに作り話の種を与えただけでなく、同時に人間生活をありとあらゆる迷信で満たしてしまった」[*2]と述べています。同じことは現代における聖人と偶像についても間違いなく言えることでしょう。というのは、至上の絶対的な崇拝と下位の相対的な崇拝という結構な区別〔四四〕があるにもかかわらず、一般民衆はみなまったくもっておぞましい偶像崇拝者ですし、こういう崇拝が打ち立てられている地域での一般民衆の儀式のおびただしさや、彼らの聖職者のペテンや権力に関して言えば、全世界の迷信を寄せ集めて一宗教を作っても、これらの点に関してはとても控えめで我慢できる宗教ということになるほどだからです。また私たちが忘れるべきでないのは、キリスト教徒におけるこの新たな偶像崇拝は、古代異教徒のそれと同様、死んだ男たちや女たちへの過度の畏敬に完全に起因するものですが、それが聖職者たちの手練手管で次第にあのように価値を高められ、彼らはこの例に倣って他の人々を自分たちの指導に従うよう誘い込み、そしてその指導はつねに彼ら自身の栄光、権力、利益を増大させるものであることです。

＊1　「まずゼーノーン、続いてクレアンテースとクリューシッポスが、たいへんやっかいな、それでいてまったく意味のない苦労を背負い込んだ。すなわち、偽りに満ちた神話をもっともらしく解釈し、各々の神がなぜそのような名前で呼ばれているかを説明しようと試みたのである。だが、あなたの学派は、そうすることによって、自分たちが一般の人々の抱く考えとまるで異なる意見を述べている事実を明らかにしている」〔羅〕。〔キケロ〕『神々の本性について』、第三巻〔二四の六三／『キケロー選集』、第一一巻、岩波書店、二〇〇〇年、二四二頁、山下太郎訳〕。

＊2　「その他の考え――とりわけ自然哲学の考え――から、数多くの神々が群れなすようにあふれ出た。これらの神々は、人間の姿をとりながら、詩人たちにさまざまな物語を提供しつつ、人間生活をあらゆる迷信で満たした」〔羅〕。〔キケロ〕『神々の本性について』、第二巻〔二四の六三／前掲邦訳、一二六頁〕。

20　アフリカのほとんどの地域、アジアの広大な地域、アメリカのほとんど全域、ヨーロッパのわずかな周辺地域に住んでいる現在の異教徒は、古代人と意見がきわめてよく符合するので、この項目でこれから言及するいくつかのことは、繰り返しを避けるために、これまでは省いてきました。彼らの間でも、古代人の間で見られたように、さまざまな地域で意見の相違が見られます。彼らは自分たちのいくつかの宇宙創成説あるいは世界創造の説明を持っており、また彼らの神統系譜学あるいは神々の系図を持っていますが、神々については、ある者たちは平等だと考え、他の者たちは上下関係があると考え、またある者たちはすべての神が善良だと考え、他の者たちはすべての神が邪悪だと考え、多くの者たちは古代カルデア人のアフラ・マズダとアーリマン〔四五〕のような、善と悪の二つの至高原理があると考えています。また神の単一性を――下位の召使いがいる場合もあれば、いない場合もありますが――主張する者たちにも事欠きませんし、宇宙の永遠と広大無辺を主張し、あらゆることは逆らいえない運命の定めによって起こると言う者たちもいます。彼らの見解は摂理、世界の持続、将来の状態についてもさまざまで、魂の不滅を唱える者たちでも、死後に何かある居住場所に閉じ込められるのか、あるいはある体から別の体へと転生するのか見解は分かれますが、後者の方がきわめて広く流布しています。無数の祭式と儀式を伴う生贄もさまざまで、ある民族が崇める動物が他の民族では神に捧げる生贄であったり、またある地域で信心深さを表わすのに使われる身振りや身なりが、別の地域ではふさわしくない不敬なものとして拒否されたりします。**ユウェナリス**が古代エジプト人について述べているようにです。

「考えなしの愚民の狂気とはこのようなもので、
各々の地域が他所の神々を忌み嫌い、
自分たち自身が崇める以外の神々は認めようともしない」[*1]。

神々への礼拝は、丘の上や戸外や神殿や森や洞窟で執り行われます。良い霊と悪い霊また場所や人を守る守護霊が信じられています。数段階に分かれた下級の祭司や女祭司がおり、多くの地域に彼らを育成する専門校や彼らを扶養する宗教施設があります。彼らは自分たちの聖典・伝承・偶像を持っており、また奇蹟・予言・啓示・神託なるものを持っており、魔術・鳥占い・籤占い・予兆など、ありとあらゆる占いを持っています。彼らには神々の前で食べたり飲んだり、歌ったり踊ったりする陽気な集会があるように、もっと陰気な期間もあって、その時は断食、女性忌避、粗衣、長期巡礼、その他のつらい苦行などの奇妙な禁欲生活で自らを苦しめるばかりでなく、自らの体をきわめて残酷なやり方で焼いたり鞭打ったり、切ったり刺したりもします。自分に実害を与えるだけで、他の誰にもどんな益ももたらさないそんなことで、神を讃えたり喜ばせたりできると勝手に思い込んでいるのです。彼らの慣習や教理のどれかが理解できない、不条理だと反対されると、高き力に不可能なことなどない、これらは秘義で人間の限られた理解力で測られたり検討されたりすべきでない、と彼らはただちに言い返します。このことは、あらゆる諸民族について書かれたほとんどすべての旅行記の中で読んでいただけるでしょう。

＊1 「このすさまじい憤激の原因は、これら二つの民族が各々、
相手の神々を忌み嫌い、自分たちのものしか
神々と見なすべきでない、と思い込んでいることだ」〔羅〕。〔ユウェナリス〕『諷刺詩集』、第一五篇〔三五―三七行〕。

21　セリーナ様、古今の異教信仰についてこのように手短に説明してきましたので、これらの迷信的で偶像崇拝的な諸宗教のほとんどあらゆる要素が、こういうような、あるいはさらにひどい状態で、（四六）世界のわが西方地域における多くのキリスト教徒によって、またあらゆる東方諸宗派によって、復活させられていることにお気づきのことでしょう。たとえば、生贄、香、灯明、偶像、清め、祝祭、音楽、祭壇、巡礼、断食、宗教的独身と衣服、聖別、占い、魔術、予兆、予言、魔除け、男や女への死後崇拝、

さらに多くの死者の絶え間ない列聖〔四七〕、神と人間の間をとりもつ多数の仲介者、良い霊と悪い霊、守護霊、男や女のさまざまな守護聖人、そしてこれらに彼らは礼拝堂を奉納し、祝祭と特別な礼拝式を定め、あらゆる地域の管理を割りふるだけでなく、同じく病気の治癒や、人間が欲しがったり持ちたがったりするあらゆるものの分配権まで割り当てます。こうしたことが必ずしもすべての場所で同じように見られるわけではないとは認めますが、あらゆる所で多かれ少なかれ見られますし、法律で打ち立てられていない所では教育によって補強されています。しかし**イエス・キリスト**が打ち壊そうとした事柄そのものを擁護するこれらの人々はキリスト教徒という宗派を名乗る権利などほとんどないことは、キリスト教を政治的な党派あるいは意味のない単なる名称とは考えず、私たちの道徳を正し、神についての正しい観念を私たちに与え、その結果あらゆる迷信的な見解と慣習を一掃することを意図した制度と考えるすべての人にとっては明らかなことです。簡単明瞭に言えば、これは反キリスト主義であり、これ以上に**キリスト**の教理と真っ向から対立するものはありません。だれであろうとこれに染まっている限り、その分だけその人は異教徒かユダヤ教徒なのであり、けっしてキリスト教徒ではありません。

22　この考察は宗教と真理へ捧げられるべき貢《みつ》ぎ物です。私の考えでは、何かの探究を推奨するにはそれが人の好奇心を満足せるだけでは十分でなく、人を自然に英知や美徳へといざなう全般的な啓発を持たねばなりません。実際この論考全体が、**奥様**、人間本性がどんなに驚くほど異常になりうるものであるかということ、そしてあらゆる時代において迷信は同一であって、その呼び名がいかに異なろうと、その対象がいかに異なろうと、国ごとにおける信教と言論の自由の多寡に応じその度合いに大小があるうと、やはり迷信に変わりはないということ、についての記憶にとどめるべき証明と実例なのです。しかし、人間はどうして理性の真っ直ぐで平坦な道を見捨てて、あのような抜けられない迷路をさまようようなことになったのかと不審に思う人がいるなら、その人にはただよく考えてもらえばよいのです、どうしてかなり数多くの地域でイエス・キリストの平明な教えがもっともばかげた教理、わけのわからない隠語、滑稽な儀式、説明しえない秘義へと堕落するようなことになったのか、そしてどうして世界のほとんどすべての地域で宗教と真理が迷信と聖職者の術策に変貌させられるようなことになったのかを。一言で言えば、この長い手紙の主題はだれの口にも上るあの四行詩にあざやかに歌われています。

「自然宗教は最初やさしく、わかりやすかったが、
作り話によって秘義とされ、奉納によって金儲けにされ、
ついに生贄と見世物が供されて、
祭司は焙った肉で腹を満たし、民衆は飢えた(四八)」。

ここまでお付き合いいただきますと、私が執筆に疲れてきたようにあなたもお読みになるのに疲れておいでのことと危惧しております。ですから、奥様、両者の休息のために、私は生涯あなたのもっとも誠実、従順な僕であることをお約束して、今回はこれで筆を置きたいと思います。

第四書簡

オランダの一紳士に宛て、スピノザの哲学（二）体系には原理あるいは基盤がないことを示す

1　私はこの魅力的な片田舎で、まさにあなたがお察しの通り、おそらくこの世が与えうるかぎりのもっとも完全な幸福を、体の健康と心の平静を満喫しております。この地方は空気が澄んでいるうえに、ありとあらゆる猟の獲物がたくさんいます。私の隣人たちは野生の獣や鳥や魚に対して使う以外は、ペテンや暴力といったものはまったく知らないように見えます。彼らの様子からは（あなたの国のよくしゃべる活気のある市民と違って）、海軍や陸軍の勝敗結果など読み取ることはできません。彼らは海外情勢については惑星世界で起こっている出来事同様ほとんど知りません。彼らが宮廷の情勢を知ろうとす

ることが時にあっても、それは誰が寵を受け誰が不興を被ったか、誰が次の大臣になり誰が失脚するかを知るためではなく、国民の公共の福利はどのように遂行されるか、国民の安全や富や力はどのように保護されるかを知るためなのです。これらの目的を推進してくれる有能で積極的な人であれば誰であろうと、彼らはその人を最良の友とみなし、どんな党派の名前や主張を持ちだされたところで、その人を敵にすることはありえません。

2　ところで、これほど無垢な人々に囲まれてすごす私の静穏が、あなたからの便りで乱されてしまうのではないかと心配なさっておいでですが、ご心配には及びません。あなたがお書きになる手紙はどれも、私の隣人たちの談話が率直で真摯なものであるのと同じように、私を楽しませ啓発してくれるものばかりですから。**スピノザ**を讃えるあなたの大仰な賛辞については、**ルクレティウス**〔三〕が機会あるごとに**エピクロス**に捧げた賛辞〔三〕と同じく、私に責めることはできません。というのも、あなたのご意見からすれば、彼は並みの人間をはるかに超えた非凡な人物であり、また彼による発見はあらゆる哲学者をしのぐものと考えられている以上、あのような賛辞を使わずにはご自分の意を十分に尽くすことはできないのでしょうし、もしもあなたが詩人であれば、その口調をさらにいっそう高揚させることでしょう。

3　私としては、**スピノザ**が多くの事柄であのように不成功に終わったからといって、何も立派なことはなさなかったなどと言うつもりはまったくありません。それどころか、彼はいくつかの見事な考えを抱いていましたし、賞賛すべき天賦の才をそなえた人物であったように思えます。学識の持ち分は

（数学のいくつかの分野とユダヤ教律法学者たちについての理解を除けば）とても控えめなものであったようですが。同様に認めますが、彼はじつに節制した生活を送り、自国の法律をよく守り、蓄財という強欲な情念に取りつかれることもありませんでした。というのも、昔の歴史からも現在の見聞からもこれ以上に否定しがたいことはないのですが、真理を信奉する者が必ずしも偉大な聖人とはならないように、間違った原理に立つ人でも立派な生涯を送ることはしばしばあったからです。あなたもご存知のように、ベール氏[四]は『彗星雑考』のなかで、無神論でさえ必ずしも人を不道徳に導くものではないとはっきり証明しました。とは言え、同時に彼は、不道徳を抑制するには、身の安全や名声や利害を勘案するだけでは、宗教の諸教理が発揮するほどの効果はあげられないと認めていますが。さらにあなたの考えに同感いたしますが、**スピノザ**の敵対者たちが彼の見解を理由に、彼個人に侮辱的で中傷的なあだ名をつけたところで、彼の弟子たちにはまったく影響を与えることはありませんでした。そのような恥ずべき卑劣な手段は、一般的な礼儀ばかりか宗教にも反しているのですから、誤謬の擁護者だけに似つかわしいもので、迷信的な大衆を怒りに駆り立てはしても、物事を激情にかられた不誠実な敵対者が描くようにではなく、あるがままに判断する思慮分別ある人々を決して欺けるものではありません。

4　私がこのように節度ある表現をするのは、あなたが**スピノザ**の思い出に捧げる尊敬の念を配慮したためだとか、あるいは今の私が以前よりは彼の見解に納得しているためだとか、想像なさらないでください。というのも、不道徳な行為は（何らかの罪を犯しているなら）法の監督と行政官の処罰に委ねられるべきですが、純粋に思弁の問題においてはこの世のどんな人もこうしたやり方で扱われるべきだと思うからです。私はあなたのお宅で一緒に議論したあれらの問題点に関して考えを変えるどころか、スピノザの体系全体は誤っているだけでなく、根拠が不確かでいかなる種類の基盤も持たないと今も確信しています。彼より優れた人々の著作の中に不注意から紛れ込んだ誤りがあるのと同じく、彼の著作に偶然見つかる真理があることを否定するわけではありません。しかし、彼の体系からはそういったもの〔真理〕が導き出されることはないと確言します。その体系が根拠のない、いかなる原理も持たないものであれば、それは過去や未来のいかなる難問を説明することにも、また私たちが通常受け入れる事柄により良い理由を与えることにも役立ちえないからです。

5　スピノザがたとえどんなに誠実な人であったにしても、もっとも立派な人にさえ見られる数多くの人間的な弱さをまぬがれるものではない、とあなたもお考えでしょう。私には彼の最大の弱点は、一学派の頭になり、弟子を持って自分の名を冠した新哲学体系を持ちたいという節度を越えた情念にあったように思われます。その手本には彼の師であるデカルトの大成功があり、それはまだ記憶に新しく魅惑的なものでした。彼が「私の哲学」あるいは「私たちの体系」、またこれと似た表現をたびたび使うことから、こういう結論を引き出したわけではありませんし、また何か特別な発見をしたり、哲学全体を一新してまったく新しい方法を導入したりする人は皆こういう気取りを持っていると非難するつもりもありません。というのは、そのような人々は疑いもなく真実への愛と社会の利益以外の動機には動かされないでしょうし、また彼らは本当に有害で誤った無益な事柄と考えるものだけを捨て去るのでしょうから。ソクラテスは哲学に大改革を行ったにもかかわらず、新しい学派の頭になろうと目論んだと疑われることは一度もありませんでした。そしてキケロがまさに本当のところを述べていますが[*1]、ソクラテスの弟子たちが彼の教理を体系化しようとした時、彼らは論争を増加させ、さまざまな派に分裂し、彼の教理をだいなしにしてしまいました。その体系によって、ソクラテスが考えたことすらなかった無数の事柄を説明すると彼らが称したことは確かで、その体系には彼が人生の役には立たず、時間を浪費するだけで、世の人々には何の重要性も持ちえず、決して理解されえないものとして捨て去ったあのような空疎な思弁さえ組み入れたことがわかっています。

＊1 「一方、彼ら〔二つの学派〕はソクラテスが行った、どんな独断的見解も認めずにあらゆることを疑わしく思って議論するという、あの名高い習わしを捨ててしまった。こうして、ソクラテスがもっぱら拒みつづけてきたもの、すなわち主題の系統的な整理と公式化された教理体系とを伴う哲学という限定的学問が生みだされた」〔羅〕。〔キケロ〕『アカデミカ』、第一巻〔四の一七〕。

6　しかし、人がどんな第一原理もなく、あるいは不確かな基礎の上に全哲学体系を構築し、その後この欠点を指摘されそれに伴う難点に気づかされても、それでもなおその欠陥を補ったり、それらの難点をすでに提示した事柄で説明したり、自分の誤りを認めたりすることがないならば、その人は自分の新しい世界に執着しすぎて（哲学体系とはそういったものですから）、もっと優れた創案者をどうしても認めようとしないのだと思われてもしかたないでしょう。一方、真実を明らかにし広く伝えることしか念頭になく、空想や憶測で満足しているわけにはいかない人ならば、このような状況に置かれても、自分の誤謬を認め訂正するのに何の恥じるところもないでしょう。

7　さて、**スピノザ**に私が告発した罪状があるかどうか検討してみましょう。私は公正に自分の証拠を申し立て、そしてあなたご自身に裁判官となっていただきましょう、あなたは彼に大変好意を寄せているように思われますが。彼の心酔者に次のことを立証する必要はないでしょう。すなわち、スピノザは宇宙に唯一の実体しか認めないこと、あるいは宇宙におけるあらゆる事物の素材は一つの連続した存在であり、それはどれほど様々に変様していようと、いたる所で同じ本性を持ち、不変で、本質的な、分離できない諸属性を持つと認めていることです。彼はこれらの属性のうち〔属性はそれが属する実体と同じように永遠的だと彼は想定しています〕延長と思考をもっとも主要なものとみなし、その他無数の属性を想定しているものの、それらの名前を挙げませんでした。運動が属性の一つだとはどこにもほのめかしませんでした。あるいはもし彼がほのめかしていたにしても、その言葉だけでは信じられなかったでしょうし、そしてまた物質のどの部分も粒子もつねに思考しているとして彼が提示した論拠〔五〕よりもっと説得的な論拠がないなら、それ〔運動が属性の一つだ〕を信じられないでしょう。というのも、これ〔物質は思考している〕は理性にも経験にも反しているからであり、その両方が明らかに示していることは物質の延長性だからです。動物における思考の原理が何であろうと、思考は脳によってしか行われえません。私たち人間は脳の機能が停止しているあいだはどんな思考も意識しません。私たちは自らそこで、そこでのみ思考しているとわかりますし、脳が欠けているどんなものにも思考の表れはいっさい見られませんが、脳があるどんな生き物もその行動によって一定程度の思考を示すように思えます。このように経験によって否認されることを、論証を装って証明する彼の巧妙さについては、別の機会に私の考えをお送りするかもしれません。というのも、今回の私の目的は彼の誤謬を逐一論駁することではなく、彼の全体系はまったく基盤がなく、そのため、その上に打ち立てられるどんなものも一打ちで壊れてしまうと示すことだからです。

8　物質における絶えまない諸変化は運動による諸結果であり、運動が数限りない様々な形や混合物や知覚可能な特性を生みだしていることはどこでも認められています。しかし、私たちは場所運動と動く力あるいは活動力とを区別すべきです。(六) なぜなら、場所運動とは位置の変化、あるいは同一物体がいくつもの他の物体の各対応箇所へ次々に接触することにすぎないからです。それゆえ、この運動は物体それ自体となんら異なるものではなく、また自然におけるいかなる実在的存在でもなく、単に物体の位置のあり方、あるいはそれについての考察であるにすぎず、物体の外部や内部からの力や活動力が引き起こした結果なのです。通常の運動法則は、場所運動において一般に生じる事実の経験から習得された観測結果か、またはそのような観測結果から演繹された蓋然的な計算結果にすぎないのですが、活動力あるいは動く力もたいてい同じように運動という名称で呼ばれています。それゆえ、結果が原因と混同され、非常に多くの混乱と不条理を引き起こしました。物質に生じる多様性を扱ってきた人々はみな、その原因としてこの活動力を意味してきたにちがいありません。そうでなければ苦労しても何の成果も生みだせなかったにちがいありません。というのも、これ〔活動力〕がいったん説明されれば、私たちは場所運動をその結果として容易に説明できますし、別のやり方では説明できないからです。数学者は一般に動く力を所与とみなし、自分たちが見たままの場所運動について扱うだけで、場所運動の起源について考察することにあまり力を尽くすことはありません。しかし、哲学者のやり方は異なっていますし、いやむしろ異なっていなければなりません。

9　そこで、世界の始まり、その現在の仕組み、物質のさまざまな状態をそれらの最初の諸原因によって説明しようと試みる人は誰でも、まず運動の最初の原因から始めねばなりません。というのも、延長の概念自体にはどんな多様性も、変化のどんな原因もまったく含まれていないからであり、そして延長において何らかの変化を生みだしうるのは活動力だけであることを考えれば、この活動力あるいは運動の原理は十分に解明され立証されねばなりません、さもなければその体系はすぐに欠陥あるものと認定されるにちがいないからです。活動力が単に所与と見なされるならば、その体系はほんの仮説にすぎなくなるでしょう。しかし、活動力が証明され説明されれば、そのときには自然哲学において今まで以上に大きな確実性が見いだせると期待していいかもしれません。そのさいに、前に述べたように、場所運動は自然における他のあらゆる多様性と同様、この活動力の結果にすぎないのですから、場所運動を基礎にして〔体系を〕打ち立てるのでは十分ではありません。また、静止についても同じことが言えます。物体を静止状態に保つにはそれを動かすのと同じだけの力が必要なので、今では一般に静止は欠如あるいは絶対的な非活動の状態とは認められていません。それゆえ、場所運動と静止〔七〕は相対的な用語、移ろいやすい様態にすぎず、けっして実在的あるいは現実的な存在ではありません。

10　ギリシア最古の賢人たちの真の見解がどうであったかを決めるのは困難ですが、**アナクサゴラス**以来哲学者たちの大多数はどこでも次のことを原理として立てました。すなわち、物質はそれ自体では非活動的で不活発な重い固まりであるから、神が（神はこの物質とは異なると認められていました）——人間の理解を超えるやり方によってですが——物質に運動を伝えた、というものです。彼らはここから、この運動によって物質内にどのような分裂が生みだされ、それによってさまざまな容量と形を持つどんな粒子が形成され、宇宙とそのあらゆる部分がどのように（どのようにうまく、とは言いませんが）現在の状態に至ったのかを示そうと進めていきます。これと反対に、**スピノザ**は宇宙という実体から分離した、あるいはそれと異なる存在をまったく認めず、宇宙がそれ自身の運動をもっていないとしても、宇宙に運動を与え、運動を存続させたり維持したりするような存在をまったく認めていません。彼は場所運動に関する一般概念すべてから（体系を）組み立て、場所運動の原因をいっさい示していませんが、それは彼には統括する神からの一撃を認める気がなく、しかも（やがておわかりになるように）それを上回るあるいは同じくらい説得力ある推論を提示できないからです。それでも、物質は本性的に非活動的であるというのが彼の見解でした。というのは、彼の『エティカ』または体系の第二部、定理一三、公理一で、「すべての物体は運動しているか、それとも静止しているかのどちらかである」[*1]とはっきり述べているし、さらにそれは個々の静止状態あるいは他の諸物体に対する抵抗状態を意味したのではないと示すために、補助定理二の証明において、「すべての物体はあるときは絶対的に運動できるし、あるときは絶対的に静止できる」[*2]と明言しているからです。疑う余地はありえません。でも、物質の粒子のどれかあるいは全部が絶対的な静止状態にいられるのであれば、それらを動かす何らかの外的な原因がなければ、それらはその状態をずっと維持しなければなりませんが、彼はどこでもそのような原因を示しませんでした。それに、物質の一部がずっと非活動的でいられるならば、物質の全体も非活動的でいられるわけです。

＊1 「すべての物体は運動しているか、それとも静止しているかのどちらかである」〔羅〕。〔スピノザ『エティカ』、第二部、定理一三、公理一／『スピノザ、ライプニッツ』（世界の名著）、中央公論社、一九六九年、一四〇頁、工藤喜作・斎藤博訳〕。

＊2 「すべての物体は、……あるときは絶対的に運動できるし、あるときは絶対的に静止できる」〔羅〕。〔スピノザ同書、第二部、定理一三、補助定理二、証明、／前掲邦訳、一四一頁。一部訳語を補った〕。

11 スピノザは彼の体系のどこでも運動や静止を定義しようと試みませんでしたが、それが意図的であろうとなかろうと、哲学者としては許されることではありません。それでも、『エティカ』の彼自身の言葉によれば、「運動と静止は物体におけるあらゆる多様性の原因である」[＊1]、そこから「個々の物体の区別が生じる」[＊2]、そして「運動と静止から無限に多くのものが生じる」[＊3]とあります。この問題を追及するにあたって、私は彼の他の著作からはいっさい引用しないつもりです。なぜなら、彼は『神学・政治論』ではこれらの問題を取り扱う機会がまったくありませんでしたし、また**デカルト**の原理の証明に関してはいっさい責任は負わないと、『書簡集』の一通で彼ははっきり述べていますし、またこの事をその著作〔『デカルトの哲学原理』〕の序文において公表するよう、出版者の**マイエル**[八]に約束させ、そのとおり実行されたからです。というのも、スピノザは弟子の一人からの依頼であの著作を書き、**デカルト**の定義、公準、公理に基づいて証明を構築しましたが、それらが真と仮定されてはいても真と信じられていないからなのです。ですから、『エティカ』（この表題のもとに彼は自らの全哲学をまとめました）が彼の本当の体系であり、その著作と彼の『書簡集』の中にもっぱら彼の正真の哲学的見解を見いだすべきです。このように彼に対して誠実な態度で臨めば（これはまさに公正が要求することです）、彼が運動を物質の永遠的な一属性と考えていなかったこと――たとえ彼がそう考えていたとしても、十分な証拠がなければ、私たちに信じられるはずはなかったのです――を推測によって示す必要はありません。なんと、私たちにはそのような面倒な手間はかからないのです。彼がはっきりとそれと反対のことを断言しているからであり、そして彼は自分の見解をもっとも確実なやり方で私たちに知らせることができたからです。スピノザは**オルデンブルク**宛ての第一信〔九〕で、『エティカ』のある部分を以下のように彼に知らせています。「あなたが注意しなければならないことは、私は属性ということを、それ自体によってまたそれ自体において考えられるすべてのものと解し、そのようなものの概念には他のものの概念を含まない（または前提としない）〔一〇〕と解していることです。たとえば、延長はそれ自体によってまたそれ自体において考えられますが、運動はそうではありません。というのは、運動は他のものの中にあると考えられ、その概念は延長を含むからです」[*4]。これはきわめて明快で決定的です。今は延長に関して言われていることがどれほど真であるか偽であるかは検討しませんが、延長も実は抽象された概念にすぎず、運動と同じく基体なしには考えられません。

＊1　「物体は運動と静止、ならびに運動の速度が速いか遅いかによって相互に区別され、実体に関しては区別されない」〔羅〕。〔スピノザ『エティカ』〕第二部、定理一三、補助定理一〔／『スピノザ、ライプニッツ』（世界の名著）、中央公論社、一九六九年、一四〇頁、工藤喜作・斎藤博訳〕。

＊2　「物体は個物である。しかもそれは、運動と静止に関して相互に区別される」〔羅〕。〔スピノザ『エティカ』〕第二部、定理一三、補助定理三、証明〔／前掲邦訳、一四一頁〕。

＊3　「そのために神は意志の自由からはたらいているとは言えない。このことは、運動や静止から生ずるもののために（なぜなら運動や静止からも無限に多くのものが生ずるからである）、神が運動と静止の自由から作用する、と言われないのと同じことである」〔羅〕。〔スピノザ『エティカ』〕第一部、定理三二、系二〔／前掲邦訳、一一一頁〕。

＊4　「この際注意していただきたいのは、私が属性ということを、それ自身によってまたそれ自身において考えられるいっさいのものと解していること、従ってそうした物の概念は他の物の概念を含まないということです。例えば、延長はそれ自身によってまたそれ自身において考えられますが、運動はそうではありません。運動は他の物の中において考えられ、その概念は延長を含むからです」〔羅〕。〔書簡二、スピノザからオルデンブルクへ（一六六一年九月）／『スピノザ往復書簡集』、岩波書店（岩波文庫）、一九五八年、一六頁、畠中尚志訳〕。

12　スピノザは『エティカ』で諸事物をそれらの第一原因から演繹すること（スコラ学者たちがア・プ・リ・オ・リと呼ぶものです）を自負していますが、そのスピノザが物質はどのようにして動かされるようになったのか、あるいは運動がどのようにして持続しているのかを何も説明せず、神を第一動者〔最初に動かす者〔一二〕と認めることもせず、運動を属性であると証明したり仮定したりすることもせず（それとは反対のことを行い）、それどころか運動が何であるかを説明してもいないのですから、彼は個々の物体の多様性が、実体の単一性とどのように調和しうるか、また宇宙全体における物質の同一性とどのように調和しうるかをどうしても示せなかったのです。それゆえ、彼の体系はまったく根拠があやふやで、どんな基盤もなく、よく練られておらず、非哲学的だと結論して間違いないでしょう。しかし、あなたは彼に寄せる好意のために、あれほどの優れた人が出発点でこのようにつまずくはずがない、彼はこの重大な欠陥をどこかで埋め合わせたのに、私がそれを見落としているのかもしれないと思い込むといけないので、スピノザがある人物に宛てた彼自身の言葉を信じていただければよいと思います。その人物は彼の哲学を盲目的に信じたりはしませんでしたが、意見の相違のために、あなたと私が互いの好意を損なうことがないように、彼ら相互の好意もおそらく損なわれることはなかったでしょう。スピノザがこの論題で出された異議を解明するのを避けようとして、どのような引きのばし、はぐらかし、弁解を使ったかはきわめて注目に値することです。こうしたことから私は、彼が自分の体系を手放したり、新学派を率いる望みを失ったりすることに耐えられなかったのだと、依然として信じているのです。

13　しかし、すでに申し上げたことがこうしたことの理由であるとしても（人の胸中や故人の考えを推察する際は慎重であるべきですから）、スピノザの『遺稿集』にある書簡六三の書き手はとても鋭敏かつ謙虚な質問をして彼に迫りました。その質問に十分な答えが示されなければ、私たちが今までに証明してきたように、スピノザの哲学の全構造が覆されます。彼の友人はこう言っています。「あなたにお時間があり機会が許しますならば、運動の真の定義とその定義の説明をしていただきたく伏してお願いいたします。また（延長はそれ自体で考えられるならば、分割不能で不変であるのですから）、どうしてあれほど多くのさまざまな多様性が生じうるのか、したがってある物体における粒子にさまざまな形が存在し、その形は物体ごとにさまざまで、他の物体の形態を構成する諸部分の形とは異なっていることを、私たちはどのようにしてア・プリオリに導き出せるのかについても御教示をお願いします[*1]」。さて、**スピノザ**は何と答えるでしょうか。それとも、この答えがすでに書かれている箇所を友人に示すでしょうか。とんでもありません。彼はその返信で次のように答えているからです。「今はその他のことについては、すなわち運動についてと方法に関することについては、まだ順序立てて書かれていませんから、別の機会にゆずります[*2]」。彼の友人は少しの遅れにも耐えられず、知りたいという渇望にせかされてじりじりして待っていたので、書簡六九で再びスピノザにこの難問を思い起こさせました。「私にきわめて理解しがたく思われることは、運動と形を持つ諸物体の存在がどのようにしてア・プリオリに証明されうるかということです。延長をそれ自体で考えれば、その中にはこれらのようなものは何も生じないからです[*3]」。これに対し**スピノザ**は何の説明もせずにその返信で次のように答えています。「**デカルト**が考えるような延長、すなわち活動力のない塊から個々の物体の存在を証明することは、あなたがおっしゃるように困難であるばかりか、まったく不可能でもあるのです。というのは、静止している物質はその状態に留まれる限りその静止状態を続け、外部からのより強力な原因によらなければ運動に駆り立てられるはずがないからです。この理由から、私はかつて**デカルト**の自然の事物に関する諸原理は、不条理と言うつもりはありませんが、役に立たないと臆せずに主張したのです[*4]」。友人の方は、**スピノザ**が外部の原因をいっさい認めないことを十分知っていたので、もっとも彼の体系は（それ以前に完成していましたが）その時はまだ出版されていなかったのですが（一三）、彼の考えを包み隠さず話してほしいと以前にもまして熱心に懇願します。というのは、先の書簡でスピノザは一般的な言い方をして自分の考えを隠しているからです。彼の友人は書簡七一で次のように述べます。「事物の多様性がどのようにして延長概念から導き出されうるかについてあなた御自身のお考えに沿ってお教えいただければ、私としてはまことにありがたい限りです。というのも、あなたは**デカルト**の見解に言及なさったのですから。デカルトの見解では、事物の多様性が延長から導かれうるのは、それが神から伝えられた運動によって延長の中に生み出された結果である、と仮定することによるほかないと主張されます。ですから、私の判断では、**デカルト**は個々の物体の存在を活動力のない物質から導き出しているわけではありません。動かす者としての神という仮定をあなたが無視しない限りは。というのも、あなた御自身は個々の物体の存在がどのようにして必然的に神の本質からア・プリオリに生起するかをこれまで証明なさってはいないのですから。**デカルト**はその証明に取りかかりましたが、それは人間の理解力を超えていると信じました。ですから私はこの問題をあなたにお願いしております。あなたが別の考えを持っておられることはよく存じておりますので。あなたが今までこの問題をはっきりと説明するのを差し控える何か不都合な理由がありでもすれば別ですが」[*5]。この人物は**デカルト**を正当に評価しています。というのは、彼の体系は高々よくできた哲学的な空想物語にすぎませんが、それでも彼は個々の物体の多様性と差異を単なる延長から導き出そうと考えるほど軽率でもなければずさんでもなかったので、神が最初に怠惰な塊に一撃を与え、そこから彼の言う第一元素、第二元素、第三元素というさまざまな物質が次々と生起し、これらの物質から、彼のやり方に従って、全宇宙の配置ができあがったと仮定したのです。しかし、スピノザは実体の同一性のうちにある個々の物体の多様性を説明するのに、〔デカルトと〕同じ原理を仮定することもなく、また何か他の原理を立てることもないのですから、私があなたに断言したこと、すなわち彼の哲学はどんな確実なあるいは十分可能な基盤の上にも築かれておらず、根拠のない仮説の上に築かれたもので、その仮説から彼や弟子たちは論証と呼ぶものを導き出しているにすぎないということを、私がいかなるごまかしも情念も利害も持たずに、はっきり証明したことを認めていただけるものと確信しています。たとえ論証しようとする事柄が間違っていると知っていても、幾何学的な方法で事柄を論証すると称するこのやり方にスピノザは慣れ親しんでいました。彼は以前このようにしてデカルトの原理を論証〔一三〕したのですから。しかし、まさにあの著作は、この幾何学的方法によって（その方法自体は絶対確実なのですが）、いかに簡単に人が欺かれかねないかを示す注目すべき例なのです。もしも人が長い推論をその連鎖の一環も見落とさずに行うことに慣れていないならば、もしも人が証明されるべき事柄自体を自明であるとか、他人の権威や自分の先入観から証明済みであるとか見なしているならば、簡単に欺かれかねないのです。ところで、彼の友人に話を戻せば、最後の懇願に対して彼が受け取った答えは一般的な言葉だけでした。というのは、書簡七二でスピノザはデカルトの物質の定義を否認したあとで、このように友人に語っているからです。「事物の多様性が単なる延長概念だけからア・プリオリに証明されうるかどうかをたずねておられますが、私はそれは不可能であること、したがってデカルトが物質を延長によって定義したことは不適切であったこと、物質は永遠無限の本質を表す何らかの属性によって必然的に説明されねばならないことをすでに示したと考えます。ですが、もし私に命があれば、ことによるとそのうちこれらの問題についてもっとわかりやすくあなたにお話できるかもしれません。というのも、私はこれまでこれらについて何も順序だててまとめることができなかったからです[*6]」。その後、彼が運動についてそのようなことをしなかったと私たちは知っていますので、弁解の余地はいっそうなくなります。なぜなら、彼の『エティカ』はこの時点で完成していましたが、それでも彼にその気があれば、変更したり、付け加えたり、削除したりできたでしょうから。その本は彼の死後まで出版されなかったのですから。彼がここで意味する属性は運動ではありえません。彼は以前に正反対のことを直接言明していましたし〔二四〕、彼のすべての著作の中にこの考え〔運動は物質の一属性である〕を支持する個所は何も見つからないからです。

*1　「なお私は貴下の御時間と機会の許します折に、何卒運動の真の定義とその説明をお願いしたく、それから、延長はそれ自体で見られる限り不可分的で不変化的であるのにどうして我々は〔延長から〕実に多くの種々異なった事物の存在を、従ってまた各物体におけるそれぞれ異なるその構成諸部分の一定形状の存在を、アプリオリに導き出すことが出来るかについてお教え頂きたく存じます」〔羅〕。〔書簡五九、チルンハウスからスピノザへ（一六七五年一月五日）、／『スピノザ往復書簡集』、岩波書店（岩波文庫）、一九五八年、二七三頁、畠中尚志訳〕。

*2　「その他のこと、即ち、運動について並びに方法に関することについては、まだ順序立てて書いていませんから、別な機会にゆずります」〔羅〕。〔書簡六〇、スピノザからチルンハウスへ（一六七五年一月）／前掲邦訳、二七七頁〕。

＊3 「私のきわめて理解しがたく思いますのは、運動や形状を有する諸物体の存在がどのようにしてアプリオリに証明されるかということです。絶対的に考えられた限りの延長の中には何らそうしたものが見出されないからです」〔羅〕。〔書簡八〇、チルンハウスからスピノザへ（一六七六年五月二日）／前掲邦訳、三四七頁〕。

＊4 「デカルトが解したような延長から、即ち静止する物質としての延長から諸物体の存在を証明することは、貴下が言われるとおり困難なだけではなく、全然不可能でもあります。というのは、静止する物質は、出来得る限りその静止に固執し、そして自己の外部にある自己よりいっそう強力な原因によってでなくては運動させられないからです。この理由からかつて私は、デカルトが採用した自然に関する諸原理は不条理とは言えないまでも無用なものであると主張するに躊躇しなかったのです」〔羅〕。〔書簡八一、スピノザからチルンハウスへ（一六七六年五月五日）／前掲邦訳、三四九頁〕。

＊5 「私はどのようにして延長の概念から事物の多様性がアプリオリに証明され得るかについて貴下御自身のお考えを知らせて頂きたく思います。貴下は私にデカルトの見解を思い出させて下さいました。デカルトの見解によれば、事物の多様性は、それが神からひき起こされた運動によって延長の中に生じた結果であるということを仮定することによってのみ延長から導出され得るのです。したがって、私の考えでは、デカルトは諸物の存在を静止した物質から導出しているわけではありません。「動かす者としての神」という仮定を貴下が無視されません限りは。ところで、貴下御自身も諸物体の存在がどのようにして必然的に神の本質からアプリオリに生起せねばならぬかをこれまで証明しておられません。デカルトはこの証明を人間の把握力を超越するものと信じました。しかし貴下がこれと異なった考えを持っておいでのことを私はよく知っていますので、この問題について貴下にお尋ねする次第です。もっとも貴下が今日までこれ

について明らかにしようとされなかった何かの深い理由がありでもすれば別ですけれども」〔羅〕。〔書簡八二、チルンハウスからスピノザへ（一六七六年六月二三日）／前掲邦訳、三四九―三五〇頁〕。

＊6「単なる延長の概念だけから事物の多様性がアプリオリに証明され得るかどうかとのお尋ねですが、私はすでにそれが不可能であること、従ってデカルトが物質を単なる延長として定義しているのは正しくないこと、それは必然的に、永遠無限の本質を表現する一属性によって説明されねばならぬことを十分明瞭に示したと信じます。しかしこの問題については、もし私に命がありましたら、たぶんそのうち、もっと明瞭に貴下とお話出来るでしょう。今までのところ私は、これについてまだ何も順序立てて書く機会がありませんでしたから」〔羅〕。〔書簡八三、スピノザからチルンハウスへ（一六七六年七月一五日）／前掲邦訳、三五一―三五二頁〕。

14　きわめて率直で判断にすぐれた人さえ、多くの事柄で偏見のためにだまされることもありうるという例証を私は他に求める必要はありません。友よ、あなたご自身がこうした欠陥に気がつかず、**スピノザ**があらゆる事物をア・プリオリに証明しているとこれまで激賞しておられたのですから。それどころか、今月一〇日付けの私宛の手紙で、あなたは運動に関する一般的諸体系にともなう難点を大変強調し、あなたの英雄がすでにその問題を改善したものと思い込んでおられるようですが、おわかりのようにそうではなかったのです。ですから彼の話はこれぐらいにして、私の話をお聞きかせしたいと思います。あなたが御指摘のあれら難点のほとんどは、人々が原因と結果を、あるいは動く力と場所運動〔一五〕を混同することから生じることは明らかです。彼らが運動について真の定義を与えたと考えるとき、実は運動は運動であるとしか言っておらず、その言い方を少しばかりいろいろに変えているにすぎません。というのも、球が芝生の上をころがっている時に運動の定義をたずねてみると、「それは一つの物体が隣接する他の諸物体から離れていくことである」[一六]などと大真面目な答えが返ってくるからですが、こんなことは哲学者先生と同様に、球技をしている人たちだって自分自身の目で毎日見ているのですから知っています。人々が説明を聞きたがっているのはこうした結果を生み出す原因のことであり、それについては概してその哲学者先生も彼ら同様に知らないのです。

15　原因と結果を慎重に区別する人々でさえ動く力そのものについてはひどく理解に苦しんでいると、あなたがおっしゃるのは実にそのとおりです。それはどんな種類の存在か、どこに存在しているか、物質の内部か外部か、どんな方法で物質を動かせるか、どうやって一つの物体から他の物体へ移行するか、他の諸物体が静止状態にあるあいだにどうやってそれは多くの物体のあいだで分けられるか、このような謎がさらに数多く存在します。それゆえ、そのような現実的な存在を自然のうちに見いだすことも、それが物体か霊体かを決定することもできず、ましてそれを様態とすることもできないので——とういのも（そうできない理由は他にもありますが）偶有的属性は一つの基体から他の基体へと移ることもできず、また偶有的属性はいかなる基体においてもその特定の原因がなければ存在することもできず、また基体がそのまま存続しても偶有的属性が完全に消去されることもありうるからです——このため彼ら[一七]は最後には神に頼り、神が最初に運動を物質に伝えたように、今なお運動の機会があるたびにそしてその機会がある限り運動を生みだし維持し、宇宙におけるあらゆる運動に対して実際に協力していると主張せざるをえません。しかしこの体系は、彼らがこれによって回避しようとしたものよりもっと致命的な帰結にさらされます。というのも、これによって彼らは、神が最初に物質に伝えた運動はそれだけで将来にわたって十分なものであると言ってきた多数の人の意見を打ち壊すだけでなく、運動が様態にすぎないとしても、神を自然におけるあらゆる悪の張本人としてしまうからです。たとえば、嘘をつく証人の舌を、殺人者の手や短刀を、実際に動かすのは神なのです。彼らがどんな道徳的区別や自然学的区別を立てようと、他のこうした明らかに解きえないさまざまな難問が存在します。しかし、この体系について私が言葉を費やす必要がありましょうか。**キケロ**が言うように[*1]、哲学者たちは何らかの事柄の原因がわからないときはいつでも、即座に隠れ家と聖域を求めて神のもとへ向かうからです。それは事物を説明することではなく、彼ら自身の怠慢や短見を隠すことであり、虚栄心のために彼らは自分たちが明らかにできない事柄に対して神の直接的な協力以外の原因を認めることに我慢ならないからです。

＊1 「だが、これらすべての事象について、わたしたちはその原因を解明しなければならない。ところが、あなたがたにはそれができないので、あたかも神を求めるかのように神殿に逃げ込むのだ」〔羅〕。〔キケロ〕『神々の本性について』、第三巻〔二〇〇二四―二五／『キケロー選集』、第一一巻、岩波書店、二〇〇〇年、二一三頁、山下太郎訳〕。

16　運動について私個人の意見をお尋ねになることで、あなた自身が胸中にどんな疑念をお持ちになるか、そして私にどのような仕事を仰せつけになったか、あなたにはおそらく見当がつかないことでしょう。いかなる時も他人の弱点を見つけだすことはそれを補うよりも簡単なことですし、また人は自分の見解を（とりわけ、まったく新しい見解であるならば）証明や説明で防御しないうちに他人に伝えるならば、たいへん誤解されやすいものです。しかしながら私の手中にあるものをあなたに拒むなどというのは私たちの友情にとって許しがたいことなので、この件についてあなたに包み隠さずお話ししましょう。私が抱いております考えは、運動は物質に本質的である、すなわち運動は不可入性あるいは延長と同じように物質の本性から切り離しえない、そして運動は物質の定義の一部をなすべきであるということです。しかし物質において、私たちは個々の物体の量と全体の延長とを区別して、それら個々の量は全体の延長のさまざまな限定あるいは様態にすぎず、それらが持つさまざまな原因によって存在したり消滅したりします。それと同じように、より理解しやすくするために、私は全体の運動を活動力と呼び、そしてあらゆる場所運動——直線的、円を描く、速い、遅い、単純な、複合的な運動など——を今までどおり運動と呼びたいと思います。場所運動は活動力がさまざまに変化した限定にすぎませんが、活動力はつねに全体とそのあらゆる部分に存在し、それがなければ物質はいかなる変様も受けることができないのです。私は物質が絶対的な静止状態にある、活動力のない死んだ塊、すなわち怠惰な動けないものである、またはかつてそうであったということを否定します。そして私がこの主題について明瞭に書いてあなたにお伝えする時には、この概念だけが宇宙における運動量がつねに同じであると説明し、これだけが真空が存在する必要も可能性もないことを証明し、またこの概念なくして物質は真に定義することはできず、これこそが動く力、及びこれまでに指摘してきたその他の事柄に関するあらゆる難点を解決するということを明らかに示したいと思っております。

17　しかし、この見解は特異であるうえに、それが不可避的に打破する多くの仮説や定説のために私がさまざまな敵を作りだすはめになるとおっしゃられることでしょう。これに対しては、攻撃は受けて立つもので甘受するものではありませんし、真理の発見に何か役に立てるならば、そんなことで私の心は少しも乱されません、とお答えします。この見解は、自らの体系が他のものより一層真であると確信できるわけでもないのに、他の異なる諸体系と一致させようと、一部の人たちが考案する妥協の体系のようなものではありません。ですが、私が何かの主義主張の味方をしたり反対をしたりするためでなく、事物の本性それ自体から、活動力は物質に本質的であること、それがなければ物質は正しく概念されることも、その結果正しく定義されることもありえないこと、この本質的な活動力がなければ物質においても何も説明されえないこと、この活動力がもっとも重いあるいは堅い物体にも存在すると容易に示せることが証明できれば、そのときは彼らが争う相手は（その意向があるなら）神や自然であって、それらの謙虚な解釈者にすぎない私ではないでしょう。結局のところ、この主題について友人の誰かに書くようなことをたとえ公表したところで、私には恐れる敵などいないのです。というのも、どの学派も自然現象を運動によって説明せざるをえませんし、したがって物質が創造されたと信じる人々であれば、最初に神はそれに延長を授けたように活動力も授けたのだと考えてもよいでしょうし、また物質を永遠的と信じる人々であれば、それが永遠に分割可能であるように永遠に活動的であると考えてもよいでしょうし、あるいはこのことを認めないならば、私が先に**スピノザ**への反論で証明したように、彼らは自然におけるいかなる変化も説明できないからです。私のなすべき仕事は、物質は延長的であるのと同じく必然的に活動的であると証明し、そこから私にできうる限り物質のさまざまな状態を説明することだけであり、物質の起源や存続期間について他の人々が引き起こすかもしれない論争に関与することではありません。

18　あなたからの二、三通の手紙中のわずかな手がかりからこれほど長い手紙を書く機会が持てたのですから、私には自由な時間がたっぷりとあり、煩わしい仕事は何もないこと、少なくとも、私がそんなものに煩わされるつもりがないことはおわかりでしょう。それにしても、あなたとの文通によって理解力は間違いなく広げられてまいります。原初の世界についてあれほど哲学をしてきた後で、私は現在の世界で起こっている出来事であなたを煩わせるつもりはありませんし、また、私のこの孤独な滞在中にお寄せいただける手紙では（数多く拝受できることを願っております）ニュースなどには一言も触れないでいただきたく、特にお願いをする次第です。というのも、そのようなあらゆる時事問題には、多くの人々の意見によれば、私たちが関心を寄せるべき以上に、私たちの関心を引きつけてしまう何かがあるからです。それでも社会状勢に応じて、私は終生他の人々と同じように大喜びしてみたり、腹を立ててみたり、悲しんでみたりせざるをえないでしょうし、そのようなことはおそらく十分な理由から生じているのでしょうが、当地ではできればそういった感情で心を乱したくはないのです。それでも、あなたのご家族や私たちの友人に関する事柄はすべて先のお願いから除外していただきたく、そして皆様の幸福、とりわけあなたご自身の幸福については誰よりも願ってやみません。敬具。

第五書簡

運動は物質に本質的である。「スピノザ反駁」に寄せられた、ある貴人からのいくつかの意見に答える（一）

「さてそれでは、物質の粒子にはどんな速度が与えられているのか、メンミウスよ、次のことから少し言葉で分るだろう」〔羅〕。

ルクレティウス〔『事物の本性について』〕第二巻（二）

1　どうかお許し願いたいのですが、「スピノザ反駁」にあなたがお示しくださる好意的態度が、ご親切さから出たのか、ご判断力の結果なのかいささか迷っております。とは言え、私たちの尊敬すべき友人宛の先の書簡〔本書の第四書簡〕の最初の部分に関して、あなたは本当にお褒めくださったのだと喜んでおりますのも、物質は必然的に延長的であると同様に活動的であると私の見解をありのまま表明した最後の部分に関しては、あなたがいくつか異議を述べていらっしゃるからです。私の見解にあなたは簡単に同意できませんし、そのことで彼〔第四書簡の受け取り手〕も私もあなたを非難することはできません。仮に私たちがあなたと同意見である場合に、私たちが軽率にも自分たち自身のことを非難するようなことがない限りは。しかし、私たちの見解は十分な根拠がなければ何の役にも立つはずがないように、職業上の権利や慣行による特権は、国家の法や慣習においてどれほど認められようとも、哲学においては認められません。権威は事実問題を裁決するのであって、自然に関する真理を決定するのではありません。私が自分の論拠について何か注意や手掛りを述べないうちに、あなたはかなり大胆に――そう思わざるをえませんが――ご自身の考察と異議を述べられました。ですが、こうしたやり方自体が、私の主張はいかに擁護しがたいどころか、あまりに無防備でばかげてさえいるので、そんな逆説を弁護するもっともらしい議論をわずかでも思いつく人など容易にはいるまい、とあなたが信じ込んでいる証拠です。これはあなたの真意をそのまま説明したにすぎませんが、一般的信念、とりわけ長年にわたって保持され、どこでも受け入れられてきた信念と相容れない概念について、人々が大変抱きがちな考え方でもあります。あなたが望まれるこの返答では、あなたご自身の手紙に見られる筋道に従って、明快を旨とすべしという不可欠な法が許す限り簡潔さを心がけるつもりでおります。

2　あなたは私の真意をとても的確に理解されて、「活動性が物質の定義に入らねばならないとすれば、活動性はまた物質の本質を表していなければならない」と主張しておられます。というのも、確かに何らかの事物のすべての特性はその定義から出てくるべき、あるいは知られるべきであり、そうでなければその定義は弁別的かつ十分でなく、混乱した不完全なものだからです。したがって私の意見では、これまで物質は延長によって半分いやむしろ三分の一しか定義されてこなかったわけで、延長からだけでは物質の変様の多くはけっして起こりえません。これが理由で、運動による諸結果はどれも物質に本質的とは見なされず、偶有的で別種のものと見なされてきました。というのも、運動の諸結果は物質の定義のどの用語にも含まれないためです。一方、物質が延長的かつ活動的であると定義されるならば(あの比類なき人物ロック氏にならって、[三]これに固性を付け加えてもよいでしょう)、延長の諸帰結と同様に、運動による諸結果もすべてとても自然に生じ、他のどんな原因によって説明される必要もありません。もし運動を物質にとって外在的とすることが誤りだとしたら、外在的だという仮定の上に立てられた通常の諸定義が、こうした仮定を人々の心にしっかりと据えつける大きな一因となったことはお認めくださるでしょうし、こうして人々は最初から談話や著作において物質から運動を除外することに慣れ、そのために後々いつまでもそれを疑うこともなく、むしろ自明の原理としてしまったと認めていただけるでしょう。ご存知のように、自分たちの目的に都合のよい偽りの学説を導入して名声を得ようとしたり、あるいはすでに確立された不条理な信念を支持して自分たちの権威を保持しようとしたりする意図を持った人々は、原理は論議されるべきではないことを鉄則となし、その後で自分たちの目的に大変役立つと思われる格率は何であろうと原理として奉りました。しかし、運動が物質に本質的であるならば、運動は物質の定義においても同様に本質的でなければなりません。

3　次にあなたがご指摘の、「そのような定義がなされる前に、物質の必然的な活動性がはっきり証明されるべきである」という異議を私は認めますし、この書簡でそれを果すことが私の目的です。また私が以下のことを証明するのに示すさまざまな理由によって、この定義の推奨に努めることも私の目的です。私が証明しようとするのは、自然におけるすべての物質はそのどの部分も小片もつねに運動状態にあったし、決して別の状態ではありえないこと、また、もっとも固くかさばる岩の真ん中や、鉄の棒あるいは金塊の中心部にある粒子さえ、火や空気や水の粒子と同じく常に活動状態にあること、ただしそれら〔岩や鉄や金塊の粒子〕は〔活動力に関して〕同じ限定づけに従うわけでも同程度になっているわけでもありませんが、そのことは後者に挙げられたもの〔火や空気や水の粒子〕のあいだでも、比較すると同じことが言えます。というのは、この活動力はこれらすべてにとって、そして宇宙におけるその他あらゆる部類の物質にとって一様に自然的かつ内在的ではありますが、それらに特有な運動は、それらが互いに作用し合うさまざまなやり方から生じるため、きわめてさまざまに異なるからです。このような本質的な運動が明瞭に証明される時こそ、新しい定義について考えてよい時です。

4　「物質はそれ自身の活動力なしに、あるいはそのような活動力の何らかの影響なしには概念されえない」と私が主張するとは、これまであなたには思いもよらなかったようですが、それでも私は、物質は延長なしに概念できないのと同様、運動なしに概念できないし、一方は他方と同様に物質から切り離すことができないと主張いたします。あなたの概念能力は私よりはるかに鋭敏であることは承知いたしておりますので、この問題でぜひそれを少しお試しになっていただき、活動力を持たない物質についてあなたがどのような観念をお持ちになったかを後で教えていただきたいと思います。それはあらゆる形や色を奪われ、重くも軽くもなく、ざらざらでもなめらかでもなく、甘くも酸っぱくもなく、熱くも冷たくもなく、(一言で言えば)部分や割合やいかなる関係も持たない、あらゆる感覚的特性を欠いたものであるに違いありません。なぜなら、これらすべては運動に直接、依存しているからです。あらゆる物体的存在の形態、すなわち物体的存在の諸部分の無数の混合・置換・その他の配置によるそれらの形態の生成・持続・壊敗が、運動に依存しているのと同じです。これらはすべて運動による自然的かつ疑う余地のない諸結果であり、あるいはむしろこのようなさまざまな名称と限定のもとに置かれた運動そのものなのです。一般に認められている物質の分割可能性は、物質が運動なしには概念されえないことの否定しえない論拠でもあるのです。物質を多様化したり分割したりするのは運動だからです。それゆえ、分割可能性の観念のうちには延長と同じく運動も仮定されているのであり、したがって一方が物質に本質的であるのと同じく他方も物質に本質的です。物質に活動力が授けられていなければ、物質が何かである、あるいは実体であるとどのようにして概念できるでしょうか。また(通俗的な定義に従えば)どのようにして物質がさまざまな偶有的属性の基体でありうるでしょうか。というのは、あらゆる偶有性は物質における活動力がさまざまに限定されたものに他ならず、それらの限定が私たちの五感に違った仕方で提示されるので多様化するのですが、実は偶有的属性は私たちの想像力と区別されるものではなく、あるいは偶有的属性がその中に存在すると言われる物自体と区別されるものでもありません。丸さは丸い物体と区別される何かではないのです(これはあらゆる形についても同じく真です)。というのも、この丸さは何か実在する物の名称ではなく、ある物体の特定のあり方を表す言葉にすぎないからです。熱さ、冷たさ、音、臭い、色は、物それ自体のあり方あるいは状態ですらなく、物が私たちの想像力に作用する仕方に私たちが付けた名称でしかないのです。なぜなら、大多数の物は私たち自身の身体との関係において概念されるのであって、それらの真の本性との関係において概念されるのではないからです。そのため、ある人にとって甘い物が別の人には酸っぱく、私にとってざらざらしている物があなたにはなめらかであり、健康な人にとっての楽しみが病人には苦痛となるのです。とはいえ、大部分の人の器官は互いにたいへん似かよって造られているので、ほとんど同じ仕方で影響を受けますが、それでも程度に多少の違いが伴います。しかし、物質におけるいろいろな変化から生じるこれらの、またその他すべての様々な差異、あるいはこのような事柄自体が様々な運動の諸概念にすぎないのですから、物質は活動力の何らかの概念のもとでしかけっして概念しえないと、私は保証つきで断言してよいと考えますし、このことは静止そのものについても同じく真であることを後に示すつもりです。さて（あなたにおできになるならば）物質から運動を取り除いてみてください。それについてのあなたの概念を前もって当てて見せましょう。それはあなた以前にそのようなことを企てた人々の概念とまったく同じであるにちがいありません。なぜなら、彼らの「第一質料」とは「限定された何ものかでもなく、性質でもなく、量でもなく、存在がそれで名づけられるさまざまな限定のいずれでもない」[四]〔羅〕、すなわち多くの言葉を連ねて言っていることは、それがまったく何ものでもないということなのですから。

5　さて、あなたは「物質の延長性は自明でないとしても、たいへん容易に知られるが、物質の活動性についてはそうはいかない」と主張しておられますが、私はそのご意見には賛同いたしかねます。私としては、一方は他方に劣らず容易に知られますし、またどちらも疑われたり誤解されたりすることはないと主張いたします。ただし、事物について自分たち自身の理性に諮りもせずに、見かけ、慣習、権威によって判断を下し、月は大きなチェシャーチーズより大きくはないと証明しかねないようなやり方で議論する人々については保証の限りではありません。というのも、一般大衆は目に見える対象物が何も知覚できないと、そこに延長は存在しないと信じ込むのと同様に、他のことでは一般大衆と並べられるのを嫌がるような人々が、これについては彼らに同意して、場所運動あるいは限定づけられた運動が何も見えないと、そこに活動力は存在しないと考えるからです。反対者の数の多さはいかなる事柄の真理性も打ち崩す論拠にはなりえないと経験は証明しています。世にも明白なさまざまな事柄がこれまで長年にわたって大きな謎とされてきましたし、ある事柄を誰も見つけようとは思いつかないところで見つけ出すのはとても難しいことも私たちは知っています。もうしばらくご辛抱いただければ、一般大衆だけでなくあらゆる学派の哲学者たちが物質の不活発性を信じるに至ったのはなぜかをお示しできるものと思います。もっとも、哲学者の幾人かは物質の普遍的な活動的運動に気づいていましたが、子供の時からの偏見のせいで、それを正しい原因にではなく何らかの原因に帰しがちで、そのため彼らはまったく不適切で滑稽な仮説をたえずこしらえざるをえませんでした。

6　私はあなたの四番目のご意見、「多数の博学な哲学者たちは真空の存在を主張し、真空の概念は物質の無活動状態あるいは非活動性に基づくように思われる」に賛成いたします（ご承知のように、私は何事においても簡単にあなたと意見を違えるつもりはありませんから）。さらに付け加えて、これらの哲学者たちの一部は（エピクロス派とともに）空虚がどんな実体的な延長を持つことも否定しており、そのうち彼らはそれを無にしてしまうでしょうが、一方残りの哲学者たちは空虚を延長的実体とし、それを物体でも霊体でもないとしている、と申しましょう。これらの概念は空間の本性〔五〕について無数の論議を引き起こしてきました。空虚が存在するという見解は、物質を延長のみで定義し、物質を本性的に非活動なものとし、物質は互いに独立した実在的な諸部分に分割されると考えることから起こる無数の誤った帰結の一つなのです。これらの仮定に立てば、空虚が存在しないということは不可能であり、しかし同時にそこから無数の不条理が生じないということも不可能なのです。私たちが物質の諸部分〔六〕と呼ぶものは、物質の状態に関して抱かれるさまざまな概念、あるいは物質の変様についてのさまざまな区別立てにすぎない、したがって、諸部分とは想像上のものあるいは相対的なものでしかなく、実在するのではなく絶対的に分割されているのではない、と証明されるかもしれません。というのも、水は水として、生成、分割、壊敗、増加、減少されることはありますが、物質として考えられたときにそんなことはありえないからです。

7　この機会に、一切の曖昧さを避けるために次のことをお伝えするのが適切だと思います。私は物体を、物質のある変様と理解しており、これは心によって限定された多くの組織体として、あるいは心の中で抽象された個々の量〔七〕として概念されますが、宇宙の延長から実際には分離されないものです。ですから、変様の雑多な変化のために、ある物体は別の物体より大きいとか小さいとか、ある物体は壊れているとか分解しているとか私たちは言いますが、宇宙には一種類の物質しか存在しないので物質が一方より他方のほうが大きいと言うのは適切ではありえません。そして、物質が無限の広がりを持っているならば、部分と粒子は私が今物体について述べたのと同じように概念されるのですから、物質は互いに独立した絶対的などんな部分も持つことはできません。その他無数の用語が私たちの想像力を助けるために作り出されていますが、それらは職人の便宜をはかる足場のようなもので、建物が完成したときには取り払われるべきで、柱や土台と誤解されてはなりません。例えば、この種のものに大きいと小さいがありますが、これらは心の中の単なる比較にすぎず、何らかの実在的基体の名称ではないのです。あなたは妹との関係では大きいですが、象との関係では小さく、また妹は彼女のオウムと比べれば大きいですが、母親のそばに立てばとても小さいと言われるようにです。これらのような用語は正しく用いられれば大変役に立ちますが、それでもしばしば乱用されて、相対的または様態的なものから現実的、絶対的、実在的なものへ変えられます。そのような用語として、物体、部分、粒子、あるもの、ある存在などがあり、それらが日常的使用で認められることはよいのですが、哲学の思索では決して認めることはできません。

8　さて、あなたの異議に戻りましょう。自然のうちに実在的な部分を認めずに、様態的な個々の部分しか認めない他の人々は、その鋭敏さをいかに用いても、論敵が簡単に打ち破れるようなもの以外、空虚に反対するどんな論拠も出せませんでした。物質を非活動的なものとする点で論敵と意見が一致していたからです。哲学の歴史に精通されているあなたにはお分かりでしょうが、どちらの側でも難点は同じに見えます。そのために、多くの人はこの事柄はそれ自体の本性上説明できないと信じ込むようになり、その責任を（不当にも彼らがよくやるように）自分たちが満足していないおのれの理解力のせいにして、自分たちが気づいてもいないどちらの側にもある不確かな仮定のせいにはしなかったのです。矛盾対当〔八〕の二命題うち、一方が必ず真なら他方は必ず偽でなければならないということ以上に確実なことはありえません。したがって、空虚が存在するか、すべてが充満しているか（彼らの不適切な表現を使えば）のどちらかであることは議論の余地がなく、真理はこれらの短い二命題という狭い範囲内にあるのは明白ですが、それでも今のところどちらの側もどちらの意見が真であるかを証明できていません。なぜなら、両派はともに誤った媒辞〔九〕によって論じてきたからであり、そこからは当然虚偽と不条理の他は何も生じえなかったのです。

9　しかし、いったん物質は延長的であると同じく活動的であることを納得されれば、早くそうなるように期待しておりますが、あなたが考えておられる真空に関する難点はすべて崩壊するに違いありません。というのは、私たちが何々の物体と呼ぶ、あれら個々の、あるいは限定された量は物質の延長一般のさまざまな変様にすぎず、それらの量はすべて物質の延長一般のうちに含まれ、延長一般を増加させたり減少させたりすることがないのと同じように、（適切な比較として）物質の個々の運動あるいは場所運動はすべて物質の活動力一般のさまざまな限定にすぎず、その活動力一般があれこれの諸原因によって、あれこれのやり方で、あちらの方やこちらの方へ向けられたもので、その活動力一般に増加や減少をもたらすことはないからです。通常の運動法則に関するあらゆる論文で、何らかの物体が失ったり獲得したりするさまざまな程度の運動量というものをあなたは確かに読まれるでしょうが、これらの法則は個々の物体が相互に及ぼす作用力の量に関するものであって、物質一般の活動力に関するものではありません。物質の個々の量はより少ない他の量によって量れますが、全体の延長は測れないのと同じです。数学者は物体が互いに作用を及ぼし合うのを観察して、運動の量と比率を計算しますが、誰もが認めている事柄の自然学的理由は気にかけずに、それは必ずしも自分たちに係わることではないとして、その説明は哲学者に委ねてしまいます。もっとも、**ニュートン**氏[*1]が正しくも指摘しているとおり、哲学者も数学者による観察と事実に前もってもっと精通していれば、よりうまくそれらの理由の説明に成功することでしょうが。

＊1 「数学的には、設定された任意の条件から結果する、さまざまな力の大きさと比率とが調べられねばなりません。次に物理学〔自然学〕に立ちいるときには、それらの比率を現象と比較し、力のどの条件がどの種のたがいに引きあう物体に適するかを知るのです。こうした後に、諸力の物理的〔自然学的〕な種別、原因、比率について間違いなく論ずることが許されるでしょう」〔羅〕。〔ニュートン〕『自然哲学の数学的諸原理』、一九二頁〔第一篇、第一一章、命題六九・定理二九、注解／『ニュートン』（世界の名著）、中央公論社、一九七一年、二三〇頁、河辺六男訳〕。

10 物質と不可分のどんな属性も、延長がそうであるように、その属性自体に固有な無数の変様を持たないものはありません。固体性もそうですし、活動力もそうです。それでも、あらゆる属性は各属性の固有な諸様態生成に協力せねばなりません。なぜなら、それらの属性はやはり同一の物質を異なる観点で考察したものにすぎないからです。そこで、あなたが大勢の哲学者にならって、「空虚が存在しなければ、その結果としてCが移動していく場所も、BがCを押しやる空《あ》きもなくなる」と述べられることは、つまり、このような語り方をされることは、空間について百姓たちと同じ粗雑な概念を抱かれているだけでなく、点B、点C、その周囲にあるすべての、あるいは大部分の点が実際に固定され、絶対的静止の状態にあると仮定されているということになります。ですが、あなたは大勢にならって悪事をはたらくべきでないように、間違いも犯すべきではありません。私が物質の自然的、本質的、内在的、必然的な活動力を証明することに成功すれば、これらの異議はもはや難点ではなくなるでしょうし、そしてあなたが出される連続する球体で作られる円や、水の中で動きだそうとしている魚、その他ああいう使い古された例は何か別の機会に使われるべきだと、容易にわかっていただけるでしょう。なぜなら、こういうすべての例は運動の発生と絶対的静止とを前提にしているからです。この前提こそが問題となっていることであり、もしこの前提が証明されでもしたら、真空を支持するああいう論拠にしっかり答えるすべはなくなるのですが。

11　哲学における用語の乱用について以前それとなくお話ししましたが、とりわけその例として、数学者によって大変役に立つように発明されたある種の用語を挙げることができるでしょう。ですが、それらを他の人々が誤解したり誤用したり、幾人かの数学者たち自身がとても不適切に用いたりすることもまれではなく、このようなことは抽象された概念が実在的な存在とみなされ、そうして仮定を立てるための原理として据えられるときに間違いなく起こりうることなのです。このようにして数学上の線、面、点は現実の中に存在すると主張され、そこからまことに不幸なことですが多くの結論が引き出されました。例えば、延長は点で構成されていると結論されましたが、これはすなわち、長さ、幅、厚さは、長くもなく広くもなく厚くもないものによって、あるいは量を持たない単位によって作られている、ということになります。同様に、無限という言葉も驚くほどの混乱を招いてきましたが、そのため実に多数のあいまいさと誤謬を引き起こしました。一という単位は際限なく次々と付け加えられることから、まるで実際に無限数が存在することになるかのように、数は無限であるとされました。この種のものには、無限の時間、人間の無限の思考、漸近線、その他数多くの無際限数列がありますが、これらは私たちの心の働きとの関連でのみ無限であって、それら自体が無限であるわけではありません。というのも、現実に無限であるものは何でも実際にそのようなものとして存在しますが、一方無限であるかもしれないだけのものはまさに現実にはそうでないからです。

12　しかし、空間という言葉ほど多く誤用され、その結果これほど多くの論争を引き起こしてきた言葉はありませんでした。空間とは（後におわかりいただけるように）単なる抽象された概念、あるいはある物がそれから離れた位置にある他の諸存在に対してもつ関係にすぎず、このときそれらの間に横たわっているものも同時に現実的存在を持っていますが、それは考慮に入れません。したがって、場所とはある物が周囲の諸物体との関連で有する相対的な位置か、あるいはある物がそれ自身のかさで満たす余地かであり、このとき他のすべての物体は除外して概念されます。その余地は単なる抽象概念にすぎません、というのも、その容量はそこに含まれる物体と何ら異なるものではないからです。同様に、距離とは二つの物体の間を測った寸法であり、このときその広がりが測られている諸事物は考慮されません。しかし、数学者たちは事物のない持続、量のない点、その他こうしたことと同じく、物質のない空間も仮定する必要があったので、哲学者たちも、別のやり方では自分たちが非活動的と考える物質の運動の発生を説明できなかったので、物質と区別された実在空間〔一〇〕を想像したのです。彼らはそれを延長的、非物体的、不動、同質、分割不能、無限であると考えたのです。しかし、この論議全体は物質の活動性と無限性に係わるものです。まず第一に、物質自体が本質的に活動的であるならば、この発明〔物質と区別された実在空間〕によって物質を運動へと助けてやる必要はないし、運動の発生も存在しないのです。第二に、物質が無限であれば、互いに独立して曲線や直線で動く分離した諸部分など持ちえません。そういう諸変様を私たちは個々の分割可能な物体と呼びはしますが。第三に、物質が固性や延長性だけでなくそれ自身の活動力を持ち、諸部分に分割されることもないなら、物質はまた同質であるはずです。第四に、物質が無限であれば、宇宙にはいかなる場所運動も存在しないはずです。なぜなら、宇宙の外に定点は存在せず、その定点に向かって物質が継続的に自らを関係づけようもなく、また物質が移動しうるいかなる場所も存在しないからです。

13　あなたのご意見の順に従って進みながら、これらの点のいくつかを簡潔に証明するよう努めましょう。私が皆に受け入れられているある概念に反対していること、そしてほかならぬこの空間という問題で世にも偉大なあの人物〔ニュートン〕を敵に回していると言われることは十分承知しています。しかし、その人物がこの点でたまたま間違っているとしても、そんなものを失っても彼の比類ない著作にあるさまざまな証明と発見はまったく真のままですから、彼の功績が損なわれることはありえません。私としては、物質の場所として、物質と区別された絶対空間があるとは信じられませんし、同様に持続が考えられる諸事物とは異なる絶対時間があるとは信じられません。しかしながら、ニュートン氏はこれらのことを信じているだけでなく、これら両者を同じ基礎の上に置いていると思われます。彼は述べています。「時間と空間はいわばそれら自身の場所であり、またあらゆる他の事物の場所なのです。宇宙のあらゆる事物は継続の順序に関しては時間のうちに置かれ、位置の順序に関しては空間のうちに置かれています。時間と空間が場所であることは、これらにとって本質的です。ですから、こういう本来の場所が動かされうると考えるのは不条理です。したがって、これらの場所は絶対的な場所であり、これらの場所からの移行が唯一絶対的な運動なのです[*1]」。これらの言葉は、私の見解に有利な解釈をすることもできると確信していますが、私は通常理解されている意味に取って〔英訳して〕引用することに決めました。いずれにしても彼の著作を（私が先ほど述べましたように）損なうことがないのは言うまでもありません。

＊1 「時間や空間は、あらゆる他の事物の場所であると同様に自分自身の場所でもあるからです。ありとあらゆる事物は、継続の順序に関しては時間のうちに置かれ、位置の順序については空間のうちに置かれています。それらが場所であることは、それらの本質からくるものであり、事物の本来の場所がさまざまに動かしうるというのは、おかしなことです。ですからそれらの場所は絶対的な場所であり、それらの場

所からの移行は、ただ絶対的な運動があるだけです」〔羅〕。〔ニュートン『自然哲学の数学的諸原理』〕七頁〔定義八、注解四／『ニュートン』〈世界の名著〉、中央公論社、一九七一年、六七頁、河辺六男訳〕。

14　あなたが（真空だけでなく物質の非活動性も暗示するために）、「ある物体はかさが等しい別の物体より重かったり、より軽かったりする」と主張していることに関して言えば、あなたは軽さと重さは単なる関係ではなく、あるいは内部の固有な配列の結果ではなく、あるいは一定の状況や外的圧力の対比ではなく、実際に存在するものあるいは絶対的で本来備わった特性であるとお考えにちがいありません。しかし、そのような考えは今日ではあらゆる人によって論破されており、また力学についてあなた自身が知っているあらゆる知識とも相容れません。想像上の混沌《カオス》の中に軽さや重さなどありえないこと、これらの特性は宇宙の構成と組成に完全に依存するものであること、すなわち、それらの特性は現に存在している世界の諸帰結であり、世界の現行秩序の必然的な諸結果であって、物質の本質的属性ではないことは、さほど高い能力のない人にも容易に納得してもらえるかもしれません。なぜなら、同じ物体が他のどんな物体の内に据えられるかに応じて、そのたびに重くなったり軽くなったりするし、また時々多くのものが軽くも重くもない状態になることはよく知られているからです。世界の構造の内で軽いとか重いとかいう諸結果が見られることから、物質のどの部分もそれ自体で軽さや重さをもつと想像することは、あるいは重力の一般法則からそのようなことを演繹することは、物質がどんな場所でも一様な影響を受けると想像するだけでなく、時計の歯車、ぜんまい、鎖が連携して生みだすあれらすべての運動をそれらが単独で生みだせると想像することなのです。にもかかわらず、そのような誤った仮説から、哲学者たちは彼らのさまざまな世界生成説において四元素という作り話を発明し、四元素はその異なる重さと軽さの程度にしたがって順に自らの位置を定め、最下位または中心部に土、その次に水、続いて空気、最上位に火が位置するとしました。この原初の混沌《カオス》――その言葉の意味と同じくらい混乱した奇怪な概念――はあらゆる種類あらゆる派の人々から迷信的に好まれて、恣意的なだけでなく完全に誤った荒唐無稽な諸仮説の上に段々と築かれたのです。そのような諸仮説には、この世界のきわめて複合的な諸物体から引き出された、四元素という数とその非混合性〔一一〕という粗雑な概念があり、また跳ね回る粒子の軽さと重さ〔一二〕、また事物の種子（彼らが言うところの）の分離〔一三〕があります。この分離はそのような軽さと重さなしでは起こりえないのですが、実はこれらの条件があっても、ある全能の造物主〔一四〕がいなくては起こりえなかったそうです。とはいえ、彼らはその造物主をつねに配備しよう考えたわけでもなく、またその造物主に粗末な道具や仕掛け――彼らが造物主を形作るための唯一のひな型である彼ら自身の知性の貧弱さを示すような――をつねに与えたりしたわけでもありません。このような根拠の不確実な仮説は（一言で言えば）物質がある時このような混乱状態にあったとするのですが、それがどのぐらいの期間か、どんな理由のためか、その他これら数例にならって誰でもたやすく思いつく同様の無数の不条理は明らかにされていません。これはまた万人の一致、あるいはむしろその名を騙る伝染性の低俗な誤謬が、いかに信頼できないかを示す一例として役だつかもしれません。

15　いくら自然にそれたとはいえ余談はこのぐらいにして、さて、あなたは「たいていの物体は現実に運動しているが、そのことは、それらがつねにそうであったこと、あるいは絶対的に静止している他の物体は存在しないことの論拠にはなりえない」とおっしゃいます。そういう事柄自体は真であるとはいえ、それが結論として必然的に導かれるわけでないのは私も認めます。しかしながら、静止について論じるまえに、この現実的な運動がどれほど広い範囲に及んで認められるかを考察しておくのも不適切ではないでしょう。宇宙における物質はどこでも同一ですが、それでも物質はそのさまざまな変様に応じて、無数の個々の系、渦巻〔一五〕あるいは渦に分化すると概念されます。さらにこれらは再び他の大小さまざまな下位の系に細分化されて、それらはその中心、組織、構造、統一性において互いに依存しあいながら、それぞれが全体に依存しています。（たとえば）太陽はあれらの大きな系の一つの中心であり、その活動領域内にはより小さい系を数多く含んでいます。太陽の周囲を回る惑星すべてがそれなのです。そして、これらの系はそれらに依存するさらに小さい系に細分化され、木星にはその衛星、地球には月が仕えています。地球はさらに大気、陸地、水、他の主要部分に分化し、これらの諸部分はさらに人間、鳥、獣、木、草、魚、毛虫、昆虫、石、金属、その他無数のさまざまな物に分化します。さて、これらすべては鎖のように互いに依存していて、これらの素材（普通の言葉で言えば）は、それぞれが互いに変換しあうのです。というのは、土、水、空気、火は緊密に混ざり合い融合するだけでなく、さらに永続的な循環において互いに入れ替わって変容し、土は水に、水は空気に、空気はエーテルと成り、そして際限のない数え切れない混合によって再び元に戻るからです。私たちが破壊する動物は、私たちが破壊されて他のものを維持するようになるまでは、私たちの体を維持するのに役だち、その後他の動物の組成に役立つように、草木、水、空気、あるいは他の何かになり、動物は互いに成り代わったり、人間に成ったりするのです。これらは再び石、木、金属、鉱物となり、あるいは再び動物になり、またこれらすべてのものやその他数多くのものの部分となります。動物と植物は日々互いを糧にし食いあうのです。ですから、あらゆるものが他のものの破壊によって生きることは真実なのです。宇宙のすべての諸部分はこのような破壊と生成、生成と破壊という不変の運動のうちにあります。そして、より大きな系も最小の粒子と同じように絶えまなく運動していると認められ、さまざまな渦巻きの中心にある諸天体自体が自身の軸の周りを回り、また渦巻きの中のあらゆる粒子もその中心へ引き寄せられます。私たちは自分のことでは自惚れるかもしれませんが、私たちの体も他の被造物の体とまったく異ならず、それらのように食物摂取と排泄、成長、発散、その他いくつかの仕方で増大したり減少したりして、私たちの体のいくらかの部分を他の体へ与え、再びそこから受け取るのです。ですから、今日の私たちの体は昨日とまったく同一ではなく、明日も同一であり続けるわけでもありません。私たちの体は川のような永続する流れのなかで生き、そして死における私たちの系の全的分解後はすぐに何千もの他のものの一部となります。私たちの死骸の一部は大地の塵や水と混ざりあい、一部は大気中に発散・蒸発し、きわめて多くのさまざまな場所へと飛んでゆき、無数のものと混ざりあい一体化します。

16　物質のいかなる諸部分も一つの形や形態に縛られることはなく、その形と形態を絶えず失い変化させています。すなわち、物質の諸部分は永続的運動の中で他の諸部分によって切り取られ、摩滅させられ、粉々に砕かれ、分解されながら、その形を獲得し、そしてこれらの形も同じように絶え間なく変化していきます。土、空気、火、水、鉄、木、大理石、植物、動物は希薄にされたり濃縮されたり、液化されたり凝固されたり、溶解されたり凝結されたり、あるいはその他の方法により互いに変換しあうのです。地表全体は刻一刻とこのような変転を私たちの眼前に提示し、何一つとして数において同一のまま一時間と存続しないのです。これらの変化は、幾種類かの運動にすぎないので、したがってある普遍的活動力の否定しえない諸結果なのです。しかし、諸部分における変化は宇宙に何の変化も引き起こしません。物質の絶え間ない変化、交代、循環、変質が宇宙内になんらの増減も引き起こさないことは、アルファベットを際限なく組み合わせ置き換えてあれほど多くのさまざまな単語や言語を作っても、アルファベットの文字に増減がないのと同じであることは明白ですから。というのも、事物は一つの形態を放棄するとすぐ別の形態をとるからであって、それはあたかもある衣装で舞台を去っても再び新しい衣装で登場するようなものであり、このため、ある人々が愚かにも道理ばかりか経験にも反して想像したような世界の衰えや老いはなく、永続する若さと活力が生み出されます。世界はそのあらゆる部分や種類とともにつねに同一の状態で持続しています。宇宙の大きな系は段階的により小さな物質の系に細分化され、後者における諸個体は無化されるわけではありませんが、確かに消滅するので、その固有の形態で存続するのは、その配列、構造、組織の強弱に応じて、一定期間にすぎず、それがそういう物の自然の寿命あるいは死期と呼ばれるわけです。しかし、この組織が通常の期限が来ないうちに周囲のもっと優勢な諸運動によって破壊されるなら、たとえば若者が死期が来る前に殺されるような場合、それは一般に横死とか事故とか呼ばれます。でもさまざまな個体の衰退にもかかわらず、種は今までどおり繁殖によって存続します。そして、私たちの肉体の死は物質が何らかの新しい形態をとることにすぎません。刻印は変わるかもしれませんが、蠟そのものは依然として同じであり続けますし、そして実際、死は基本的には誕生とまったく同じことです。というのは、死ぬとはこれまでの自分の状態を止めることにすぎないように、生まれるとは自分がこれまでにそうでなかった何ものかになり始めることだからです。この項目を終える前にお許しいただけますならば、次のことを付け加えたいと思います。すなわち、この地球に居住した連綿と続く無数の世代は死ぬと同一の総量全体の中へ戻り、四散して、その中のその他のあらゆる諸部分と混ざり合うことを考えれば、またこれに加えて、人間の肉体は生きている間は食物、空気、その他の物質を日々体内に摂取すると同時に、その体から絶え間なく川のように一瞬ごとに物質が流出し発散していることを考えれば、実際これらのことをよく考えてみれば、全地球上には人間の一部でなかった物質の粒子は存在していないであろうと思われます。この推論は私たちの種だけに限られるものではなく、どの動物や植物の種類にも、その他のどんな存在にも当てはまります。なぜなら、それらはみな無数の絶え間ない循環によって互いに変換しあうからであり、したがって各々の物質的事物はすべての諸事物であり、すべての諸事物は一でしかない（一六）ということ以上に確かなことはないからです。

17　あなたはこれまでのところ、知覚しうる結果から判断して事物の中に絶え間ない運動があると認めておられます。空気、水、火、エーテル、蒸気、発散物などの粒子は疑いもなく絶えず動いていると述べておられます。また、目に見える大きなあらゆる物体から流れ出る知覚しえない小さな物体の運動を認めておられ、そのような物体がその大きさ、形、数、運動に応じて私たちの感覚器官に作用し、色、味、臭い、熱さ、寒さなどについて私たちが持ついくつかの感覚や観念を生みだすと認めておられます。ところが同時にあなたは私の感覚に訴えて、「絶対的運動の状態にある物体が存在するだけでなく、絶対的静止の状態にある物体も存在する」と言われます。そして、その例として岩石、鉄、金、鉛、木材など、何らかの外部からの力が働かなければ急には位置を変えないようなものを挙げておいでです。これには、この場合正しい審判者はあなたの理性であって感覚ではないと、お答えします。ですが、あなたが感覚の助けとして理性を呼び出すのであれば、感覚は決してあなたを欺くことはできないと認めます。そしてあなたが挙げられた例に関しても、同様に理性の助言を求めるなら感覚に訴えることも私はためらいません。しかし、あなたはつねに、物質全般における内的エネルギー、あるいは自己運動 autokinesy〔一七〕、あるいは本質的活動力というもの——もしこれが存在しなければどんな個別的変化や分割も不可能となるはずです——を、外的な場所運動あるいは位置の変化というもの——これはこの基体である本質的活動力のさまざまな変様にすぎません——から区別しなければなりません。〔後者の〕個々の運動はより力のまさる他の運動によって、直進か円状か、速いか遅いか、持続か中断かに決定されますが、それは他の物体の現在の運動、そして次に起こる運動、周囲からの運動いかんによるのです。物質のどの部分もそれ自身の内的エネルギーを持って存在していますが、それでも各部分はこのようにその隣接する諸部分によって、それらが持つ個々の決定力がより強いかより弱いか、他に屈するか抵抗するかに応じて決定されます。そして、これらの隣接する諸部分もまたそれに隣接する諸部分によって別様に変化を被り続け、こうしてすべてのものは終りのない変化のうちに、つまり（私が主張するように）果てしない運動のうちに進行しています。さて、考えられるかぎりのあらゆる場所運動は増大し、変化し、減少し、消滅する偶有的属性であると認められ、自らが変様させる、あるいは自らがその内に存在する基体を破壊することはありませんから、この基体はまったく想像上の、単なる抽象的な概念ではありえず、何か実在的で現実的なものにちがいありません。延長はこの基体ではありえません。延長の観念は必ずしも多様性、変化、運動を含まないからです。したがって、〈今述べたように〉あれらすべての運動が活動力のさまざまな変様にすぎない以上、その基体は活動力にちがいありません。それはちょうど、あらゆる個々の物体や量が延長のさまざまな変様にすぎないのと同じことです。固性あるいは不可入性についてはしかるべき箇所〔一八〕でまた取り上げ、これら三つの本質的属性〈延長、活動力、固性〉あるいは特性がどのように不可分であり、一緒に働いているかを説明しましょう。

18　しかし、私たちが感覚へ訴えることを忘れないのであれば、あなたは一般大衆と一緒になって、星は普通のロウソクほどの大きさで、太陽や月は幅が一フィート〈約三〇センチ〉か二フィートしかないと信じてしまわないでしょうか。もしもあなたの理性が目とそれらの物体との距離を計算することもなく、そのような距離でそれらが現す見かけのために本当の大きさを測定することもなく、またよく分かっている人には繰り返す必要のないその他の適切な論拠を提出することもなかったなら、そう信じてしまわないでしょうか。恒星と惑星を区別し、後者の本当の運動――それは感覚が提示する運動とはとても違っています――を理解することについても同様ではないでしょうか。まっすぐな棒が水中では曲がって見えるとか、鳩の首の色がいろいろに変わって見えるというような卑近な例まで出すつもりはありませんし、また熱さ、寒さ、風味、香りは物それ自体の中に存在するのではなく、感じられる感覚を基にして私たちが命名したものだというような高尚な話をするつもりもありません。さて、私たちが扱っている主題にもどりましょう。場所運動それ自体があまりにも緩慢であるときは、その運動が絶え間なく進行しているにもかかわらず、私たちの感覚によって知覚されず、ある点から別の点への移動がはっきり見分けられませんが、最終的には、時計の針や日時計の影が作りだすような疑う余地のない結果や目に見える隔たりによって、私たちはその場所運動を確信するのではないでしょうか。また、運動がとても速く、その連続がはっきりと識別できないとき、たとえば弾丸の通過またはそれと同様な場合にも、同じことが言えます。人間や他の動物の身体を外観から判断するならば、鉛や金や石と同様に内部の場所運動（これと切り離せない活動力について今は何も言いませんが）をほとんど持たないように思えるでしょうし、木や草についても同じ判断を抱くことでしょう。けれども木のあらゆる粒子が運動しているのでなければ、木は成長する時に〔粒子の〕増加を受け入れたり、衰退する時に〔粒子の〕減少を受け入れたりできないでしょう。あなたは解剖学に通じ十分な経験も積んだ方ですから、たとえ人がじっと座っていたり、獣が眠っていたり、木が微動だにせずその場に立っているときでさえ、動物の粒子も植物の粒子もすべて絶えず運動しており、成長し、衰退し、発散し、分解し、壊敗し、肥大したり縮小したり、熱くなったり冷たくなったりしていることに疑いを抱くことはないでしょう。血液や樹液がありとあらゆる部分に循環することは、今や自然哲学ではまったく秘密でも何でもありません。鉄や石や金や鉛も液体状と呼ばれるものと同様に、このような内部の運動を欠いてはないのです。そうでなければ、これらの物体がその中に空気や火や水やその他のものが引き起こすあのような変化を受け入れることとは決してありえないからです。これらが前の異なる状態から今の形態に変化することから、つまりたえず磨り減りついに形が変化することから、これらの諸部分が絶えず運動していることは確かですが、でもこれらが周囲からの他の運動によって、私たちの感覚が知覚できるほどに形態や位置を変えるよう決定づけられることはそれほど簡単でも迅速でもありません（それが突然起こることもありますが）。それゆえ人々はこれらが運動をまったく持たず、どんな固有の決定づけも受けないと想像したのです。

19　それでも、そのような諸物体が一つの場所に留まっていること自体が実在的な活動なのであり、その間この塊の力と抵抗は、〔一九〕これに働きかける隣接する諸物体からの限定づける運動と相等しく、その運動が一定の限界を超えないよう対抗しているのです。このことは、運動の数多くの連続的な決定づけについて、私がすでにはっきりとまた詳しく述べてきたことから容易に理解されますし、この活動もそのような運動の決定づけの一種なのですが、人々は物体のそのような状態を静止と呼んで、見た目に明らかな場所運動と区別しています。重力によって、あるいは他の物体からのより強力な押しやる力によって下降する物体は、その間その物体自身の押しやる力のほうがそれに道を譲るさまざまな決定づけより強力であるから下降するのですが、大地のいっそう強力な抵抗を受けてさらなる前進を阻まれ、背後の物体からの等しい圧力を受けて逆行が阻まれる場合でも、やはりその物体は活動しているのです。それは、河口へ向かって吹く風の力が川上に向かって流れる潮の力と相等しいならば船が動かないのと同じことです。どちらかの力が他方より優勢になればその船は動きだすからです。ですが、停止している間にこの船から奪われているのは一種類の運動だけであり、すべての力あるいは活動力は奪われてはいません。鉄や鉛や金も同じことであって、その諸部分は自らの内的運動と周囲の物体の運動によって、私たちには知覚しえない何か別の仕方で絶えず成長・増大し、あるいは磨耗し、朽ち、腐食し、変容し、崩壊しているので、ついにそれらの表面の錆びや変色、それらの量の増加や減少、それらの形態や形の変化、あるいは他の何らかの感知できる諸結果によって、私たちは最終的にこのことを完全に確信するわけです。したがって、静止はまさに諸物体における運動のある決定づけられ方、相等しい運動の間に生じる実在的な抵抗活動ですから、静止は決して物体における絶対的非活動などではなく、感知できるほどにその場所を変える他の諸物体と比較して相対的停止であるにすぎないのは明らかです。

20　しかし、一般大衆は場所運動を（他のあらゆる関係についてもそうするように）何か実在的なものと受け取って、静止は欠如である、あるいは運動は活動であり静止は受動である、と考えました。ところが、どんな運動もその運動に最後の決定づけを与えた物体との関係では受動であり、またどんな運動もそれが次に決定づける物体との関係では活動なのです。しかし、これらの言葉を相対的な意味から絶対的な意味へと転換させたことで、この問題に関する誤謬と論争の大部分が引き起こされました。しかしながら、もっとも優れた哲学者たちと数学者たちは、物質にとって運動は外在的であり、静止が本質的であるとしているにもかかわらず、〔物質の〕どの部分もみな実際に絶えず運動していることを正直に認めました。理性と経験の抗しがたい証言によってそうせざるをえなかったのです。彼らは地上の物体に見られるのと同じ絶えざる変化と運動が、地下の物体にも見られることを認めています。このことは鉱山と採石場で見られるいくつもの地層の性質、金属と鉱物の生成からだけでなく、地下で見いだされる他のあらゆる物体と化石からも確証されます。彼ら自身もあらゆる自然現象は運動によって、あらゆる事物の相互的活動力によって、力学的な原理に従って説明されねばならないことを認めています。彼らは実際このやり方で、自然におけるあらゆる多様性、基本的な知覚しうる特質、また物質のあらゆる形態、形、混合、その他の変様や変化を説明します。したがって場所運動についてもっとも誠実にきちんと考察する人たちは、移動する物体は起点と終点において絶対的静止の状態にあるのではなく、単にその物体が行う運動に関しては静止状態にあると考えるのです。ニュートン氏は延長的な非物体的空間の支持者〔二〇〕と考えられますが、それにもかかわらず、絶対的に静止している物体はおそらくないこと[*1]、自然界には物体の不動の中心などおそらく見つけることができないこと[*2]をはっきり述べています。そして彼はある箇所で自分の考えをこのような言葉で述べています。「一般の人々は静止した物体に抵抗力があり、運動している物体に推進力があると考える。しかし通常考えられているような運動と静止は互いに相対的に区別されているにすぎず、一般に静止しているとみなされているものが必ずしも真に静止しているとは限らない[*3]」。このようにあの賞賛に値する著者は述べています。彼はこの世の誰よりも奥深く物質の本当のありさまを理解したのです。実際あらゆる自然学は、彼が『諸原理』の第一篇に与えた表題、すなわち「物体の運動について」を含むべきなのです。

＊1　「場所や運動の基準とされるどのような物体も真に静止しているものはないことが実際いえるからです」〔羅〕。〔ニュートン『自然哲学の数学的諸原理』〕七頁〔定義八、注解四／『ニュートン』（世界の名著）、中央公論社、一九七一年、六七頁、河辺六男訳〕。

＊2　「これまでは不動の中心に引かれる諸物体の運動を、そのような力が自然界に現れるかのように、示してきた」〔羅〕。〔ニュートン同書〕一六二頁〔第一篇、第一一章／前掲邦訳、二〇四頁〕。

＊3　「人は普通、静止している物体については抵抗とみなし、運動している物体においてはインペートゥ

スとしている。しかし運動しているか静止しているかは、通常考えられているように、相対的に区別されるにすぎず、一般に静止しているようにみられているものが、かならずしも真に静止しているとはかぎらない」〔羅〕。〔ニュートン同書〕二頁〔定義三／前掲邦訳、六一頁〕。

21　こんなに細かく論じたお詫びを申し上げる必要はないでしょう。あなたがそう望まれたからですし、またあなたが私の手紙を見せたり私の見解を話したりする人たちは、あなたのように多くの事柄を知っているわけではないのですから、そのような人たちのためでもあったのです。私がこれまで述べてきたすべてのことから、活動力は物質に本質的であると今や大胆に結論してよいと思います。なぜなら、活動力が場所運動、変化、差異、多様性と呼ばれるあのようなあらゆる変様の真の基体にちがいないからです。とりわけ、物質の非活動あるいは不活発を主張する根拠とされた絶対的停止は完全に否定され、どこにも存在しないと証明されているからです。この絶対的静止という通俗的な誤謬は、重く、硬く、大きいさまざまな物体の見かけから引き起こされたもので、人々はそういう物体がこのような強い決定づけ（彼らはそれが活動力であるとは概念しませんでした）を、いっそう強力な、その効果が彼らの感覚に明らかな決定づけによってしか変えないのを見て、第一に絶対的静止が存在すること、第二にすべての物体は何か外的な動かす力がなければその状態を続けるであろうと結論し、そしてその力は物質ではない――すべての物体は物質であり、部分にとって本性的なことは全体にとっても本性的ですから――と想定しました。少なくとも哲学者たちは静止の概念からこのように推論しましたが、その概念そのものは受けてきた教育や、自分たちの感覚による判断だけから学んだにすぎません。というのも、だれも神学者、哲学者、政治家として生まれるわけではなく、それゆえだれでも最初は一般大衆と同じ見地に立ち、同じ偏見と刻印を受け取っているからです。それでも、多くの誤謬から身を解き放つことはありえますが、吟味されずに残された誤謬が何か一つでもあれば、その原理のために――それがなければ、賢明で有能な人物と正当にみなされるでしょうが――つねに矛盾と不条理に導かれてしまうでしょう。ですから、あなたが持ちだしたあいう例〔三〕にそのような絶対的静止は存在しておらず、反対にそれら同様他の物質のどんな部分も絶対的運動をしているのですから、もっとも迷信的であるか洞察力をもっとも欠くかであるような哲学者たちの肩を持つべきではないし、また通俗的な誤謬から出発して議論したりすべきでもありません。そうではなく、物質のあらゆる部分はつねに運動していると証明されるからには、運動はその全体に本質的であると結論すべきです。それは、あらゆる部分が延長的であるからには、その全体に延長は本質的であるとあなたが考えるのと同じ論拠によるのです。偏見を持たずに考えるすべての人には、この二つの事例は相等しいと経験が請け合い、それを理性がはっきりと証明してくれます。

22　これまで私は、静止していると見なされるあらゆる物体のさまざまな相対的運動について、ことさら語らないできました。今それらについて少々触れますのは、そういう運動は同時に絶対的であることもやめてはいないことを思い起こしてもらうためです。地球上（その他すべての惑星についても同じく当てはまりますが）のあらゆる物は地球の恒常的な運動に加わっています。というのは、全体の運動は諸部分の運動の総計にすぎないからです。このことは事柄それ自体からして明らかであるばかりか、ある物体に新たな決定づけを与えたり、すでに獲得している決定づけを停止したりするには相応する力が必要となる――一方の力がもう一方の力より小さいことはありえませんから――ことからも明らかです。動いている球体のどの指定される部分も互いとの関係では、あるいはその球体内におけるそれらの位置との関係では静止していますが、にもかかわらずその諸部分はすべて球体の部分として実際に動いており、また球体外部のあらゆる物との関係では実際に動いていることを否定する者は誰一人いません。こういうわけで船客は、自分の身体組織の特有な運動については言うまでもありませんが、航行中の船の運動も共有しているのです。しかしながら彼が静止していると見なされるのは、彼が座っている場所や船のその他の部分との関係においてであり、それらの場所は船全体が動いているにもかかわらず、彼との関係では同じ距離と位置を保っているからなのです。向心力についても（第15節で）私は同様にほんの一言しか触れていません。その力によって地球のあらゆる物体は（他のあらゆる物体が自らの運動の固有な中心に引き寄せられるように）地球の中心へと引き寄せられたり向かったりします。また、遠心力についてはー言も触れませんでした。その力によって物体は、何かもっと強い原因によって別様に決定づけられないならば、中心から一直線に遠ざかろうとします。たとえば投石器〔三〕の皮の中でぐるぐる振り回される石は皮によってその軌道上に留められますが、石は自らが描く円周上のすべての点で一直線に飛び去ろうとし、その石の運動によって投石器の紐は石自体の方へ引っ張られ、同時に、同じ力で人の手の方へも引かれています。そのため石が中心に近づく分だけ、中心も石に近づくことになりますが、そのようなことは多くの理由によりつねに生じるわけではありません。これらの力が相等しくなるよう近づくにつれ、あるいは一方の力が他方よりもっと強くなるにつれ、顕著な結果が生じます。それゆえ、地球の諸部分――大気も同じく含んで――の向心力が遠心力よりはるかに大きいことが、地球の物質がけっして失われず、地球がつねに同一の大きさあるいは容積で存続する主たる一理由なのです。それは個々の物体をそれらの軌道上に留める重量の向心力のほうが、物体が接線方向へ飛び去ろうとする運動の遠心力よりかなり強いからなのです。これらの力の原因が何であろうと、これらの力はあらゆる事物の永続的運動という私の趣旨にとっては反論の余地ない論拠となります。しかし、それらについてはもうこれ以上書きません。知らず知らずのうちにあなたと重量の本性について議論し始めるといけないからです。たとえば、こういう議論です。物体の重さはつねにその物体が持っている物質の量に比例する、すなわち鉛一立方フィートがコルク一立方フィートより重いのは、前者により多くの物質が含まれているからだ――これはかなり有名な哲学者たちに倣ってあなたが主張しておられる見解です。あるいはそうではなくて、同じ容積の水銀、金、銀、鉄、鉛、土、水、コルク、空気は同じ量の物質を含んでいる。それぞれに固有の重量は互いにあれほど異なっているが、そういう重量の違いは、一部は外部の圧力から、一部はそれらの内部の組成や変様から生じている。その組成や変様が物質一般にさまざまな形態を与え、それぞれの種を成り立たせるが、そういう形態を与えられた諸物はそれらの重量によっても区別される。それらの形、色、味、臭いによって、あるいはそれらに特有な配列、他物体による作用、私たちの感覚と想像力などから生じる他の性質によって、区別されるようにである。私の論拠がどのようなものであるにしても、これが私自身の見解です。それに、もしも重量が物質の本質的属性であって個々の様態でないとすれば、同じ物はどこにおいても等しい固体性と延長性を持つように、どんな場所や状況においても等しい重さを持つことになるでしょうし、また、同じ物を〔地球の〕中心からさまざまな距離をとって落下させても、その減速度や加速度が変化しないことになるでしょう。それゆえ私にとって重量は決して真空を暗示するものではなく（前に第14節であなたに述べたように）、この決定づけがどのように生じるにせよ、それは活動力の多くの様態の一つにすぎません。それがどのように生じるかは今は検討しません。というのも、重量が実際に存在することは誰も否定しませんし、また重量や、重量に関して個々の物体が行う相互作用から生じる運動の量と比率は、それらの自然学的原因が何であれ、事実と観測から計算されるべきだからです。同じ理由から、私は惑星の引力について、それらが互いに重力作用を受けているのか、あるいは別のやり方で作用しているのかには言及しません。惑星がその大きさ、形、距離、位置に応じて相互に実にはっきりと影響を及ぼし合っていることは、太陽の影響力や、月が引き起こす干潮・満潮のみならず、その他いくつもの論拠から確かなのですから。

23　絶対的静止の概念によって引き起こされた誤謬は、運動は物質にとって外来的である、物質は実際に分離・独立した諸部分を持つ、空虚あるいは非物体的な空間が存在する、という見解だけではありません。というのも、迷信にとらわれることがもっとも少なく、事物の本性をもっとも注意深く究明したあのような哲学者たちが、あらゆる物質は生命を与えられている、すなわち一つ一つの空気の粒子、水の粒子、木材の粒子、鉄の粒子、石の粒子も、人間や獣やその集合全体と同じように生命を与えられている、と教えてきたからです。彼らが自然とこういう奇抜な着想に導かれたのは、物質は本質的に非活動であると他の人々から教えられ（その偏見から自ら脱しようと彼らは考えませんでした）、しかし一方では物質のありとあらゆる粒子が運動していることを経験的に発見し、しかも生命は組織化された物体とは違うものだと信じていたために、この運動の原因は、物質がどんなふうに変様していようと、その物質と緊密に結合した何らかの存在であり、その物質と切り離すことができないと結論づけたからです。しかしこんな生命付与なるものはまったく無用です。物質はそれ自体で運動を有し、また真の停止など存在しないからです。このようにして生命を与える哲学者たちはいくつかに分類されます。誤謬に何か真理の外観を与えるには、どれほど多くの方便が必要とされることでしょう。ある者たちはストア派のように、この生命は世界霊魂[二三]だと考え、物質と同一の広がりを持ち、物質の全体と各部分に浸透し満ちていると考えました。ですが世界霊魂自体は本質的に物体的で、他のあらゆる物体よりはるかに微細ですが、巧みさと活動力の点できわめて粗雑とみなされました。ところが、プラトン主義者たちの普遍的霊魂は非物質的で純然たる霊体でした。また他の者たちは、ランプサコスの**ストラトン**[二四]や現代の物活論者[二五]のように、物質の粒子は生命を有し、またある程度の思考、あるいは内省を伴わない直接的な知覚をも持つと教えました。これにさらに知性や内省までをも、古くは**ヘラクレイトス**[二六]が、最近では**スピノザ**[二七]が付け加えました。しかし、彼らはこのような根拠の不確かな仮説に対して明らかに持ちだされるはずの異議を取り除きもせず、(たとえこのような意識が与えられていても)いくつもの思考する粒子がどうやって互いに意見を一致させて同一の物体や組織体を形成できるのか、あるいは自分は他の場所に行くほうがより良いのか悪いのか、単独でいるのがいいのか大勢でいるのがいいのかについて口論したり意見を変えたりもせず、一定の機会にあれほど規則的にどうやって分離したり結合したりできるのか、を説明することさえしませんでした。また、たとえ人間のすべての粒子が感覚と知性を持つにしても、どういうわけで人間にはそのような機能が一つしかないのか、またその機能が一つの場所でしか働かないのか、も説明しませんでした。他の哲学者たちの形成的生命もそれに劣らず夢物語めいています。(この説を現代に復活させた、この上なく博学なカドワース博士〔二八〕によれば)それは物質的ではなく、下位の霊体の一種であり、感覚や思考を持たないが、それでも生命の働きとエネルギーを付与されています。このような形成的自然派 Plastics は物活論者と用いる言葉が違っているだけのように思えますが、彼らは物活論者の意見に負わされる不条理なあるいは忌まわしい諸帰結を避けようとして――と私は思いますが――物活論者とは大きな意見の相違があると言い張っています。〔二九〕それは、ジャンセニスト〔三〇〕とカルヴィニストが予定説のことで互いに難癖をつけあうのと同じで、ジャンセニストの凝った区別だてにもかかわらず、その教理について両者は明らかに同じことを言っているのです。さて、これらすべての仮説は、非活動の物質が実際に運動することを説明するための、そして神をたえず登場させ、あらゆる機会に、いやあらゆる活動で無差別に、しかも絶対的不可避的必然により神を働かせる〔三一〕のを回避するための、紛れもないごまかしの数々なのです。以上が、物質を動かす外的あるいは異質的な力を設定した人々です。そして、物質を本性的に非活動であると認めながら、その運動の原因を何も示さなかったアナクシマンドロス、アナクシメネス、その他の古代人、そして物質が有する運動や思考の原因を何も示さなかった現代人のスピノザのような人々について言えば、これ以上語るに値しないほど非哲学的であり、彼らこそがストア派、霊体論者、形成的自然派――あるいはもっと適切と思われる他の名称や分類で呼んでかまいませんが――の方にいつも軍配を上げさせてきた張本人なのです。

24　さて、いわゆる物質の非活動性という考えから生じた誤謬のうちで、もっとも広く普及したものは無限で延長的しかも非物体的な空間〔三二〕という概念です。この実体的な空間が重大な事柄の主張の基になっており、著名な優れた人々も賞賛してこの空間を支持していますから、この見解についても他の見解同様、あなたにお話しすることにしましょう。もっとも、物質は本質的に活動的であること、そして物質の運動一般はあらゆる個別的な限定運動の直接的基体であること——延長がいくつもの形と量の直接的基体であるのと同じように——を私はすでに証明したのですから、このような空間概念についての話はしなくても済むのですが。というのも、この空間もまた、怠惰な物質を助けて動かすために、（物質の活動の場として）主に考え出されたからです。しかし物質は非活動的ではないし、運動をたえず外的要因によって伝えてもらう必要もないのですから、空間は無用で架空のものとして哲学から放逐されてよいかもしれません。延長は非延長によって限界づけられることはありえませんから、延長が無限であることには皆同意していますし、その証明は広く知られ認められているので、それをくり返してあなたを煩わせるつもりはありません。同様に、物質が延長したものと考えられる時はやはり無限です。もう延長を無限に加えていくことができないような物質の限界というものを想像できないからです。したがって、物質が実際に無限でないというなら、その有限性は物質の延長性とは何か別の原因から生じるにちがいないのです。哲学的な根拠に基づいて物質の有限を主張した人々は、物質は非活動的で、空虚な隙間によって独立・分離した諸部分に分割可能で、その諸部分はそれ自体で重かったり軽かったりし、そして本来の静止の状態から無理に動かされるとき、さまざまな形を取りさまざまな度合いの運動をすると想像しました。これによって彼らは必然的に有限の延長を仮定するに至り、同時にもう一つの無限の延長を認めることになりました。〔三三〕こうして彼らはこれらの延長は他の点でも本質的に異なるとせざるをえなくなりました。一方は不動、不可入、分割不能、不変、同質、非物体的、そしてすべてを含み込むものとされ、他方は可動、可入、分割可能、可変、異質、物体的、そして含み込まれるものとされ、一方は無限の空間、他方は個々の物体を表わすとされました。しかしこの区別全体が疑わしい事柄を仮定した上で、また用語――場所、全体、部分、粒子、分割可能性など――の意味を曖昧にしたままで立てられているのです。したがって彼らは、物質は有限で諸部分に分割され、物質はどこかよそから来る運動を必要とし、物質にはその中で活動するための空虚な場所が必要であることは当然と考えたあとで、この枠組みをもう一つの枠組みの中に据えつけました。すなわち一方の延長が他方の延長に浸透し、あたかも諸様態がそれらの基体によって浸透されるかのごとき説を立てたのです。しかしこれらすべての仮定は（たびたび話してきましたように）物質は非活動的であるという主たる仮定からの帰結にすぎず、その反対のことすなわち運動は物質に本質的であることがすでに証明されているのですから、物質は無限であると考えない理由はありません。また特性を持たないものはありませんから、無限の延長と認められているものはこの無限の基体に属し、その基体はそれが持つ運動や延長、その他分離しえない属性において無限に変様していると考えない理由はありません。

25　私はここで終わりにしてもよいのですが、この問題に関してあなたがどんな疑いも持たないよう、彼らが空間と物体にその本質的な違いとして帰しているあれらすべての特性が、どうして何の矛盾もなく無限の物質にすべて属することになるかをもう一息がんばって示すことにしましょう。というのも、私はこれらの諸特性は現実的な存在を有しており、見かけは対立するように見えても、それらは同一の基体をさまざまに考察した際の諸性質にすぎないと考えるからです。諸物体を有限、可動、分割可能、静止している、重いあるいは軽い、さまざまな形である、さまざまな状態にあると考えるとき、私たちはその基体からさまざまな変様を、あるいはこう言ったほうがよければ、全体から諸部分を抽象し、そして物質のある一部に固有の境界があると想像し、この境界でその部分は他のすべてから分離され区別されるとします。もとはと言えば、そこから空虚の概念が生じたのです。しかし、無限の空間を不可入、不動、分割不能、すべての物体を受け入れ、すべての物体がそこで動き、そこに含まれる場所、それ自体はあらゆる変化、形態、形を欠くものと考えるとき、今度は反対に、私たちは有限な諸変様から無限の基体を、あるいは諸部分から全体を抽象しているのです。この説を具体例に適用してみましょう。無限に何かを付け加えたり、無限から何かを差し引いたりすることはできないので、宇宙は増加することも減少することもありえませんし、宇宙から分割したものを移動させたり、宇宙に付け加えるものを取ってきたりする場所など宇宙外に存在しません。したがって、宇宙は不動で分割不能であり、また境界や限界を持たないゆえにいかなる形も持たず、そして有限な量を何度加えていこうとも宇宙の広がりと等しくなったりそれを測ったりはできないゆえに限りなく広大なのです。それゆえ空間はすべてを含むと言うとき、私たちは無限の物質のことを言っているのであり、全体を諸部分から区別するために──でも諸部分はその全体と異なるものではありません──そうしているのです。空間はあらゆる物に浸透すると言うとき、私たちは物質の他の諸特性から物質の延長を抽象しているのです。そして空間が非物体的であると言うときも、同じことをしているのであり、数学者たちが点、線、面を非物体的と考える場合と同じなのです。空間は一であると述べるときも、それが無限で分割不能であるという意味なのです。というのも、無数の世界がありうるとしても、宇宙は一つしか存在しないからです。空間はすべての物の場所であると言うとき、空間はそれ自身の諸変様――運動にせよ形にせよその他の変様にせよ――の基体であるという意味なのです。空間は同質的であると言うとき、物質は――その諸変様がいかに多様であっても――つねに同一であるという意味なのです。最後に、有限な諸物体は無限な空間なしには存在しえないというとき、諸物体は存在していなければ、存在しえないと言っているにすぎません。というのは、諸物体それ自体の固性あるいはそれら相互の関係だけが諸物体の場所というものであり、それは宇宙から抽象したものであるからです。諸物体は宇宙の部分であり、その無限の運動、固性、延長に有限なやり方で参与しているからです。というのも、無限の物質こそがそれ自体の個々の諸部分と諸変様にとって真の基体であるばかりか、真の空間と場所でもあるからなのです。

26　絶対空間というこの概念が、一つには物質は有限、非活動、分割可能であるという根拠のない仮説によって、また一つには物質のもっとも目立つ特性である延長を――その他の諸特性を考慮せず、そしてそれらの特性が同一基体で絶対的に結合していることを考慮せずに――抽象することによって、どのように形作られたかはもうあなたにおわかりかもしれません。もっとも、これら諸特性の各々は頭の中で他の特性から抽象されることもあり、こういうやり方は多くの場合数学者たちにはとりわけ役だつものです。ただし、そのような抽象物を決して実在のものと解さず、それが抽象された基体の外にそれを存在させず、何か不確かな未知の別の基体の中に置くこともしないという条件が付くのです。運動が物質から抽象されるのと同じく、物質が運動から抽象される〔三四〕こともよくありますし、固性と物質、運動と延長、延長と固性、固性と運動に関しても同じように抽象されます。こういう諸特性の各々は他の特性を何ら考慮せずそれ自体で受け取られるかもしれないし、実際そうされてもいますが、現実には物質の運動はその固性と延長に依存していますし、同じようにこれらの諸特性はすべて切り離せず相互に依存しあっているのです。しかし、空間の擁護者たちは、物質から延長を抽象したあとで、延長一般と物質の——あれこれの物体の——個別的延長とを区別し〔三五〕、あたかも個別的延長は延長一般に追加された何かであるかのように区別したのです。もっとも、彼らには延長一般の基体が物体でも霊体でもない実体なのか、あるいは存在物の諸特性を授けられた新種の無なのかを言えはしないでしょう。ところが、彼らの多くはそれを至高存在そのもの、少なくとも神についての不完全な概念とするのさえためらわなかったことは、あの創意に富んだラフソン氏〔三六〕の実在空間についての著書〔『実在空間または無限の存在について』〕に見られるでしょうが、彼のことを私は前の二つの節〔第24・25節〕で念頭においていたのです。ですが、彼自身が引き合いに出す典拠〔三七〕からも知られるように、彼はこの奇抜な考えの最初の提唱者というわけでもないし、現在唯一の支持者というわけでもありません。私はこれらの諸氏の大多数が神の存在を固く信じていたと確信していますし、彼ら全員がそうであることを老婆心ながら願っています。しかし私の考えでは、彼らの軽率な熱意のせいで神は純化されて単なる無にされてしまったか、あるいは（彼らはまったく認めようとしないでしょうが）自然または宇宙が唯一の神とされてしまったのだと思います。ですが、彼らはその善良な意図のおかげで、公平なすべての人々のあいだでは無神論という非難やその諸結果を被らずにすむはずです。しかしながら、彼らの誤謬が無神論者自身からは見抜かれてからかいの的にされたことは、以下の詩の四行にあるとおりです。無神論者たちは神について他のいくつかの概念に難癖をつけおえた後、この無限なる非物体的空間の段になるとはるかにまともな理由を示して嘲笑しています。

「他の者たちはその頭でより崇高な概念を追い求め、
そなたを全能なる空間と巧みに証明する。
さて、我らは確信する、空間は無なり、ソレユエそなたも、と。
これらの人々は、それと知らずに真理の中に滑り落ちる」。

実際、ある延長に浸透する別の延長という空想は、無神論や不信心からもっとも遠い所にいる他の多くの人々から失笑を買いましたし、中には、延長的空間の理性と英知がどこに宿っているのか、全体にか、それとも諸部分のどこかにか――ここで諸部分と言うのは便宜的な意味です、無限は部分をいっさい持ちえませんから――をできれば知りたいと思った人もいるでしょう。もしも、先の方々が**キケロ**の著作中のある話し手〔三八〕の論を用いて、全体の中のある部分が知的なのだから、全体は知性を持つにちがいないと推論するのであれば、私たちは諸部分にある知性が何らかの仕方で諸部分の延長に属することを認めないうえに、**キケロ**の別の話し手〔三九〕をもち出してこう言い返すこともできるでしょう。すなわち、同じ論拠によって、全体のうちの部分の多くは廷臣、楽師、ダンス教師、哲学者であるのだから、全体は廷臣、楽師、ダンス教師、哲学者であるにちがいないと。しかし、こんな言い方はどちらも詭弁にすぎず、可変的な様態を本質的な特性と混同したり、本当に存在する結果を架空の、無関係な、不釣合いな原因に帰したりしているだけです。

27　物質の本質的運動を説明した後ではもうお分かりのように、空間を擁護する者たちの議論、というより彼らの例えや比喩が証明しているのは、彼らが何を言おうとしているかはわかるということ、もしくは彼らが総じて論点を避けているということだけです。私は彼らの誰かと共に次のように仮定〔四〇〕してもかまいません。世界のあらゆる物質が神によって等しい二つの球体に変えられると仮定して、もしもそれらが互いに離れていれば、その間には測ることのできる空間または空虚が存在するし、あるいはもしもそれらが互いに一点で接触していれば（完全な球体は必ずそうならねばなりませんから）、円周上の他の点の間には物体ではない空間が存在する、と。でも、これは物質が有限であると仮定し、同時に彼らが証明すると主張している当の空間自体を仮定しているのではないでしょうか。しかも、ただ重力を考慮する以外は私にわかるどんな根拠もなく、そうしているのではないでしょうか。私はロック氏と共に、一つの物体だけの運動を――その物体があった場所へ直ちに入り込んでくる他のどんな物体のことも考えずに――概念できますが〔四一〕、これはそのたった一つの物体を抽象し、その物体の後に実際に続く諸物体に自分の注意を向けずにいることによるのです。私は彼と共に、離れた場所にある二物体が、他の物を押しのけることなく、それらの表面が出会うようになるまで互いに接近してくることを概念できますが〔四二〕、これはその二つの物体が必ず押しのけるすべての物体を捨象することによるのです。というのも彼自身賢明にも述べているように、私たちはあるものがある状態にあると概念できるというだけの理由で、それが実際にそのような状態で存在するということにはならないからです。さもないと決して存在しなかったヒュドラ、ケンタウロス、キメラ、その他諸々の怪物が存在することになってしまうでしょう。ですが、あのような例によって空間または空虚を支持する人たちが何を言いたいのか私にはよく分かりますし、デカルト派はそれの観念を何も持っていないと公言するのですから、それを否定するのは滑稽で、反駁するのも許しがたいことだったことをロック氏に対して認めます。この論題について言えることとすべてを**ロック**氏は『人間知性論』で、とりわけ第二巻、第一三章で、他の言葉も交え以下のように述べています。「もし物体は無限だと想定しなければ（だれも無限だと断言する者はいなかろうと思う）、私は物質の末端にいる人間を思い描き、その人間が自分の身体より先へ手を延ばしうると思い描くことができる」[四三]と。彼の生れる以前にどれほど多くの人たちが物質の無限を支持してきたか彼が知らないはずはありませんし、彼と同時代にそれを支持する者が私だけというわけでもありません。ですが、私はそのような想像上の境界を自分自身の内に抽象することはできても、（彼が無限と認める）延長[四四]が物質の外のどこかに存在することを納得させる正当な理由を一つも見つけられません。つまり、これを私に納得させるようなものは何も示されておらず、私がすでに論駁したような諸仮説があるだけです。このような末端を虚構することから生じる解きがたい難問――そこは堅いのか、どんな形なのか、何かがそこから剝がれないかどうか、その断片はどうなるのか、などなどの謎――についてはくどくど言いませんが。さらに、分割された粒子の考察に関しても彼にお礼を申し上げたいところですが、無限の物質の連続は、間にある空虚な空間によって、それぞれ別々の面を持つようにいつでも切り離されうる[四五]という見解を否定します。なぜなら（第6節と第7節で述べたように）私たちは諸部分と呼ぶものを抽象しているにすぎないのであって、それによって自分たちの目的に合うだけの大きさの延長を考察しているので、全体からの実際の分割によってではなく、色・形・運動・その他の変様によって——私たちが太陽の熱をその光なしに考察するように——そういう部分を識別しているからです。彼はさらに「物質なしに存在する空間の不可能性を主張する者たちは、物体を無限にしなければならないだけでなく、物質の任意の部分を消滅させる神の力能も否定しなければならない〔四六〕」と述べています。そのような人たちが物質を無限としていることは認めますが、消滅について彼が付け加えたこと〔四七〕は否定します。なぜなら神が物質の任意の部分を消滅させると宣言している啓示を提出することはできないうえに、神が物質を消滅させる力を持つことが実在の空間を立証する論拠とならないことは、私が神は世界をきわめて短時間で破壊することが可能だと考えるからといって、実際に世界が三日後に終焉することにならないのと同じです。私は（彼が同じ所で断言していることについてですが）なぜ無限の物質を主張する者たちが「自分たちの見解を口に出して言うのを嫌う〔四八〕」はずなのかわかりません。無限の空間あるいはその他の無限なものを主張する者たちと事情は同じでしょう。その言葉が使われている対象は一つや二つにとどまらないわけですから。**デカルト**が物質は無限だとはっきり断言したがらず、無際限という言葉に止めた理由〔四九〕は、彼は一方で延長は無限だと確信し〔五〇〕、しかも同時に物質は本性的に非活動で実際に分割可能であると認めていたので、物質の無限をうまく証明できなかったからです。ですがあなたは彼の本をよく読んでおられましたから、彼が時には明確にそれを断言していた証拠を挙げる必要はないでしょう。この立場に対する神学からの異議について言えば、それらはほとんど取るに足りないものであり、一部の反対者の哲学は彼らの宗教的熱意が大で苛烈であるのと同程度に薄っぺらなものであることを示しているのですから、現代の穏健で学識ある神学者たちが無知な先輩たちの論破された詭弁を復活させることはないと、私は信じています。あなたの心に留めておいていただいきたいことは、空間について私はロック氏と意見を異にしているにもかかわらず、彼の『人間知性論』は普遍的知識を得させてくれるうえで、またあらゆる種類の主題に関して人々が適切に、分かりやすく、正確に語れるように助けてくれる点で、どの言語であれ私たちに残されたもののなかでもっとも有益な本だと私が考えていることです。それほど偉大な人物にここで好んで反対したわけではなく、私自身が推奨したため彼の権威が強くあなたに影響を与えていることが分かっていましたので、それがもとであなたが抱くかもしれない、無限の物質、その本質的運動、そういう基盤の上に立てられるあらゆる事柄に対する先入観を取り除こうと努めたのです。

28　さて私は今やあなたの短いながら包括的な手紙に示されていた課題をこのように長々と検討し終えましたので、運動は延長や固性と同じように物質の定義に入るべきであるとあなたが認めて下さることを信じて疑いません。しかし、あなたが運動そのものの定義を要求されるなら、私はそれを与えることはできない、いや他のどんな有能な人でもそれはできない、と答えます。それは私たちが運動をあまり知らないからではなく、その反対に定義可能な他のどんな事物よりもよく知っているからなのです。運動、延長、色、音のような単純観念は自明であり〔五一〕、それらの名まえは定義できません〔五二〕。しかし、複雑観念――すなわち一つのものと見なされる、自明の諸観念の集合体――を意味表示する言葉の一つ一つは定義の真の対象となります〔五三〕。なぜなら、そのような観念を表すためのいくつかの用語は寄せ集められると、その全体の関係性、可能性、概念を示すからです。ですから、青色を一度も見たことのない人に、世界中のすべての言葉を使っても青は説明できないし、その明晰な観念を与えることもできないでしょうが、その同じ人が金を一度も見たことがなくても他の金属についてはよく知っているとしたら、他の人から黄色のある重さのもので、展性に富み、融かすことができ、固形物であるなどと説明されれば、彼はそれについてはっきりとした概念を形成できるでしょう。それゆえ単純観念の名まえが定義される場合、その定義がその単純観念の基体だなどと想像してはいけないのです。というのも、同義の様々な用語はその事物の本性を説明するのではなく、言葉の意味をよりわかりやすい用語で私たちに提供するにすぎないからです。それゆえ、移行〔五四〕、移動、取り除くこと、継続的に当たること、などが運動を表わす別の言葉であって、けっしてそれ自体の定義でないことは、**アリストテレス**の「可能的なものとしてのかぎりにおける可能的なものの完全実現態」〔五五〕についても同様です。しかし、個々の場所運動はすべてそれらが描く軌跡と、それらの運動の進行や程度を決定する原因とによって定義できるかもしれません。同じことは、物質の延長一般と、寸法や、形や、その他の仕方によって限定される個々の延長物についても言えます。物質全体の固性も同じように直観的な、あるいは定義しえない観念です。ですが、私はここで、固性 solidity〔五六〕 を幾何学者が用いる意味に、縦・横・高さを持つそれぞれ定められた量という意味には解しません。そうではなく、**ロック**氏が不可入性という消極的用語に代えて積極的用語として置き換えた、ある物体がその占有する場所を去るまで、この場所へ他の物体が入らないようにする、あらゆる物体に見いだされる抵抗という意味に解します。ですから、一滴の水〔五七〕でさえ、四方八方から等しく圧迫されようとも、世界中でもっとも強固な諸物体が合体するには、それが取り除かれるまでは、克服できない障害物となりますし、また同様に、一片の木材〔五八〕を両手の間に置いて、どんなに力を込めて押してみても、両手が近づくことはないでしょう。同じことは流動的な軟らかいもの〔五九〕のすべてについても、もっとも凝固したあるいは硬いものにも、重いあるいは軽いものにも当てはまります。つまり空気と果肉にも、金とダイアモンドと同じように当てはまります。こうしたことが、きわめて厳密なロック氏が再び述べているように、(六〇) 物質と切り離しえない特性を表す固性 solidity という言葉を、固い solid が硬い hard を表す場合の、一般的な語義から区別するのですが、この意味で、固性とはあるものの諸部分が分離しがたくしっかり凝集していることである一方、哲学的な意味では、固性とは充実していること、あるいは他のあらゆる物体をあくまで排除することなのです。ですから、私もこの言葉を、第3節を除いて、(六一) この書簡全体においてこのように解しています。

29　物質には延長、固性、活動力、これら三つ以外に他の本質的特性はない、と言うつもりはありません。ですが、これらだけをしかるべく組み合わせて考察すれば、物質の無数の現象はこれまでよりもっとよく説明されるであろうと確信しています。しかし、これらの特性からどれか一つを抽象したり、あるいはその特性だけが物質の完全な本質だとしたりする人たちからは、自然哲学上の発見はほとんど期待できません。というのは、物質におけるこれらの属性が互いに区別されるのは頭の中だけであるのはきわめて確かですから。たとえば、延長が物質の観念を言い尽くしている、ということを私は否定します。延長は固性や運動を含まないからです。ですが、延長を持つものはすべて物質であるということはきわめて真かもしれません。もっとも物質はたんに延長を持つだけでなく、また活動的で固性も持っていますが。しかし、これら〔延長・固性・活動力〕の観念を考察するだけの場合、一つの観念は残りの他の観念を前提としていませんし、それぞれの観念はその観念に直接属すると概念される一定の諸様態を持っていますが、それでもこれらの観念は自然においてはきわめてしっかりと連結しあっているので、一つのものは残りの他のものなしに存在できず、そしてこれらすべてが必然的に同時に作用して、それぞれに特有なあのような諸様態を生みだすのです。延長は物質のあらゆる分割されたもの、形、小片の直接的な基体ですが、このような諸変化を引き起こすのは活動力であり、そしてその諸変化は固性がなければはっきり認識できないでしょう。活動力は物質におけるあらゆる場所運動、変化、多様性の直接的な原因ですが、延長がそれらの基体であり、それらにおける隔たりの尺度なのです。そして諸物体の抵抗 resistance, 衝撃 impulse, 押し出し protrusion は固性に依存していますが〔六二〕、それらを延長の中に生じさせるのは活動力なのです。したがって、固性、延長、活動力は三つの別個の観念ですが、三つの異なる事物ではありません。それは一つの同じ物質についての異なる考察にすぎません。私たちの本題にもどりましょう。もう容易におわかりかもしれませんが、ウィス・モトリックス Vis motrix〔六三〕, 本来の起動力とは、物質に本質的なこの活動力であり、ウィス・インプレッサ Vis impressa〔六四〕, 個々の物体に押しつけられる力とは、活動力一般がある限定づけをなされたものです。というのも、この意味で、何か他のものによって限定づけられるまでは、どんなものも動くことができない、すなわち自己自身を限定づけることができないのは議論の余地がないからです。したがって、物質は活動的ですから、どんな部分にであろうとその活動力に与えられる方向づけは自ずと永久に持続するでしょうし——原因なしに結果はありえませんから——、成り行きで、この方向づけはより大きいなんらかの力によって変更されるはずですし、その方向づけはまた別の力によって、そうして次々と変更され、終わることなく別の方向づけが始まるでしょう。物質においてある形が破壊されるのは、別の形に場所を空けるためであるのと同じです。こうして、一つの運動は絶えることなくもう一つの運動へと引きつがれ、絶対的静止へと引きつがれることはけっしてありません。物質のどんな部分においても、一つの形の終わりがあらゆる形の終わり——そんなことはありえません——ではないのと同じです。固性を持つ延長物質の諸部分におけるこのような限定づけられた運動こそが私たちが自然の諸現象と呼ぶものであり、それらが私たちの諸感官に作用し、身体に苦痛や快楽を引き起こし、そして私たちの存続や壊敗の一因となるのに応じて、それらに名まえをつけたり、用途や完全性や不完全性を割り当てたりしています。ですが、私たちはいつも諸現象の実際の原因、あるいは諸現象が互いを生みだし合う実際の仕方——個々の物体の弾性、硬さ、軟らかさ、流動性、量、形、関係のような——によって、それらを命名するとは限りません。それどころか、私たちは多数の限定づけられた運動に何の原因も帰さないことが多々あります。たとえば動物の自発的運動です。というのも、こういう運動は思考に伴われているかもしれませんが、運動として考察されれば、その運動には運動としての物理的原因があるからです。たとえば、犬が野ウサギを追っているとき、外的対象物〔野ウサギ〕は、押しやる力 impulse あるいは引きよせる力 attraction〔六五〕というそれが持つすべての力で〔犬の〕神経に働きかけ、神経は動物の機構にさまざまな運動を生みだせるように、筋肉や関節や他の器官に対して働きかけます。諸物体の活動力が、物体の直接的接触によるにせよ、あるいは物体から絶えず流出する微細な粒子によるにせよ、相互に働き合うことを多少なりと理解し、さらにこの知識に力学、流体の静力学、解剖学の知識を結びつける人ならだれでも、坐る、立つ、横たわる、立ち上がる、走る、歩く、そのような他の運動には、それら各々に、特有な、外的な、物質的な、対応するさまざまな限定づけがあることを確信するでしょう。ニュートン氏は『自然哲学の数学的諸原理』の序文で重力、弾力、抵抗力、押しやる力、引きよせる力について、そしてこれらの原理による自分の宇宙体系の説明について述べた後で、〔六六〕次のように付け加えています。「私は他の自然現象も、力学の諸原理から同じ推論方法によって説明できればどんなによいかと願っています。というのも、さまざまな考察から、これらすべての自然現象はある力に依存し、その力によって物体の微粒子はまだ発見されていない原因から、互いに相手の方へ押しやられて規則的な形に凝集したり、あるいは互いに斥け反発しあったりするのではないか、またそのような力がまだ知られていないために、哲学者たちはこれまで自然を探求しても成果が得られなかったのではないか、と思わざるをえないからです」[*1]。そういう個々の力や形を、それらがどんなものであれ、それらの理由や程度も含めて、みごとに発見し、理解しうる体系にまとめ上げられるのは、あのきわめて優れた著者をおいて他にはいないでしょう。ですが、あらゆる物質における普遍的な力あるいは動く力については、私はこの書簡で少し明らかにしたと自負しております。

＊1「わたくしは他の自然現象も、力学の諸原理から同種の議論によって導くことが許されるのではないかという希望を抱いています。と申しますのは、多くのことから、それらの現象もすべてある力に依存するはずのものではないのか、その力によって物体の微小部分はまだ知られていない原因で、あるいはたがいに相手方に押しやられて規則正しい形に凝集したり、あるいはたがいに反発し斥けあったりするのではないか、そのような力がまだ知られていないために、哲学者たちはこれまでむなしく自然を追求してきたのではないか、と想像させられるからです」。〔ニュートン『自然哲学の数学的諸原理』、「序文」／『ニュー

トン』（世界の名著）、中央公論社、一九七一年、五七頁、河辺六男訳）。

30 私はあなたの手紙にあったお尋ねにこのように一つ一つ答えてきたと考えますが、最後の異議だけがまだ残っています。それは（真や偽に程度があるとすれば）他のどの異議よりも脆弱なものですが、「物質の活動性を認めると、統轄する知性は必要なくなるように思える」というものです。こう言わせていただきますが、これはあなたの口やペンから漏れたものの中では、私が知るかぎりもっとも思慮に欠けた無分別な表現です。というのも、あなたは御自身の良心の確信に反して忌むべき結論を引きだすことを容認するような人ではないからです。そのようなまねをする人たちが、遺憾ながらあまりにも多いのは周知のことですが。それに、神はこの物質を延長的のみならず活動的にも創造する能力があった、物質に一方のみならず他方の特性も与えることが可能であった、神が物質に前者を授けて後者を授けなかった理由は何も定められない（六七）とするなら、神がずっと、いやいつでも、物質の運動を監督する（六八）必要もないのではないですか。動物や植物の形成は、物質の延長によるより、物質の活動力によるほうがもっとうまく説明されうるでしょうか。それとも、諸物体相互の、すなわち物質のすべての粒子相互の作用と反作用のうちに、あれらの見事な動植物の機構のどれか一つでも作りだせる考案の才がありえたとあなたは想像できますか。**デカルト**もそうでしたが、あなたの力学における全知識さえ、人間一人あるいはネズミ一匹を作りだす法則や仕組みを発見する役には立ちません。あなたが考えられる限りのあらゆる原子を寄せ集め、あらゆる偶然を想定しても、宇宙の諸部分に現在の秩序をもたらすことも、それらを同じ状態に保つことも、花一本、ハエ一匹の組織を生みだすことも不可能でしょう。印刷機の活字を一〇〇万回混ぜ合わせれば、ついにはウェルギリウスの『アエネイス』や、ホメロスの『イリアス』や、世界中の他のどんな著作もできあがるような配列に、それらの活字が並ぶなどとあなたが想像できないのと同じことです。物質の無限性について言えば、それが排除するものは、思慮分別ある賢明な人たちすべてが認めないにちがいないもの、すなわち延長を持つ物体的な神だけであり、純粋な霊体あるいは非物質的存在は排除しません。その他多くのありふれた異議は省いて、あなたは意図的に反論の手間を省いてくださったのだと思います。間違ったあるいは根拠の不確かな学説から生じる不条理には果てしがないとご存知だったからでしょう。そういうあまりに奇怪な不条理のせいで、デカルト派のある人たち（六九）は（他の人たちの名前は出しませんが）同じくらい奇怪な仮説を立てざるをえませんでした。彼らは動く力がどこにあるのかわからず、また偶有的属性が一つの基体から別の基体へ移るのを避けるために、恥知らずにも、神は（たとえば）前進している球から運動を取り上げ、その球がこすった別の球に運動を伝え、今度はその球がころがるあいだ神の直接協力によって運動を継続させ、そして運動の通常法則に見られるように徐々にその運動を取り除く、と言ってのけるのです。これが何かを説明することでしょうか。あるいは、これが共感、反感、隠れた性質などを嘲笑する人たちなのでしょうか。私がすべてについてこれほど簡潔に語るときは、誰を相手に話しているのかわかっているからです。あなたにはごくわずかほのめかすだけで十分で、あとはあなた御自身がその非凡な才で解いてくださるでしょう。それに、凡庸な仮説を否定する人を凡庸な解決策が満足させることなどけっしてありえませんから。

31　次に御手紙を頂けますときまでに、どうか次のことをお考えになっておいてください。すなわち、数学者たちは（一般にもっとも有能かつ厳密な推論家ですが、ときには根拠のない仮説の上に論を立て、抽象された観念を実在する存在にすることもよくありましたが）、自分たちの唱える運動衝動 Conatus ad Motum[七〇]によって、はっきりとは意識せずとも、物質に内在する本質的なこういう活動力の必然性に気づいてはいなかったかどうか、ということです。この同じ永続的、普遍的活動力の発見こそが、ストア派や、形成的自然派や、物活論者その他の学説を生みだしたのだとあなたに説明しましたときには[七一]、考えがあってそのことを主張するのはひかえました。というのも、この論題に関して私が言えることをすべて書くのが目的だったのではなく、あなたの異議に答えて、あなたに同じ意見を持ってもらうのに必要と思うことだけを書くのが目的だったからです。また、物質のこの本質的運動によって哲学にさらにどんな益がもたらされうるかを述べるつもりもありませんが、これによって自然一般についてより明確な知識が得られ、とりわけ動く力について、空虚があるにせよないにせよ場所運動について、空間の本性と物質の無限性についての論争が解決されるかもしれない、とだけ指摘しておきます。私は確信しておりますが、あなたはここまで読み進めてくるまでに、すでにこの説を他のいくつかの難題に応用し、スコラ哲学者たちの本当の説明と言うよりはむしろ満足のいかない憶測やあわれな循環論法を頭の中で公平に熟考してみたことでしょうし、そして証明や検証もせずに、虚偽の原理が議論の余地のない真理として一つでも据えられると、そこからどれほど数多くの誤謬が哲学全体に枝を張りめぐらせるかもお考えになったことでしょう。折にふれ私自身が行ってきたこの種のどんな考察も、あなたと、私たちの共通の友人とには率直にお伝えします。その方は宮廷で唯一の哲学者であり[七二]、知恵と学識においても、礼節と物腰においても他のあらゆる人々にまさり、その優れた天分と称賛すべき分別においては、国事のもっとも厄介で困難な局面でも、通常の儀礼でも際立っている人物です。さて、あなたから次の御用命を賜りますまでは、私はこれ以上あなたをお引き留めしないことにいたしましょう。

完

訳注

表題

〔一〕キケロ『神々の本性について』、第二巻、二の五／『キケロー選集』第一一巻、岩波書店、二〇〇〇年、九一頁、山下太郎訳。

序文

〔一〕 プロイセンの首都ベルリンをトーランドは暗示していると思われる。
〔二〕 プロイセン王の妃、ゾフィー・シャルロッテ（一六六八―一七〇五年）、すなわちハノーヴァー選帝侯妃ソフィア（一六三〇―一七一四年）の息女をトーランドは暗示していると思われる。
〔三〕 ディオゲネス・ラエルティオス。三世紀前半の哲学史家。ギリシアの主要な哲学者たちの伝記と学説をまとめた『著名哲学者伝』（邦訳『ギリシア哲学者列伝』、全三冊、岩波書店（岩波文庫）、一九八四―九四年、加来彰俊訳）は現存する最古の伝記学説史であり、七賢人から二世紀末までの各派哲学者の逸話的伝記と所説が一〇巻に収められている。プラトンを扱った第三巻（第四七節）の記述から、本書はプラトン哲学の愛好者であったある女性に宛てて書かれたと推定されている。
〔四〕 プラトン（前四二七―前三四七年）。ギリシアの哲学者。アテナイの貴族の生まれ。ソクラテスの弟子にして、アリストテレスの師に当たる。アテナイでアカデメイアと呼ばれる学園を創設し、対話形式による哲学思想を展開した。イデア論、魂の想起説、倫理学、政治学、法学などの著作がある。
〔五〕 エピクロス（前三四一―前二七一年頃）。ギリシアの哲学者。サモス島生まれ。アテナイに小さな土地を買い、終生その園で弟子たちと学究生活を送った。デモクリトスの唯物論的原子論を受け継ぎ、最高善は精神的な快楽にあり、幸福は外物に囚われず死の恐怖からも免れた精神の平静にあると説いた。
〔六〕 メナージュ、ジル（一六一三―九二年）。フランスの著作家、語学者。はじめ弁護士だったが、のち僧籍に入った。語学者としては、アカデミー・フランセーズの国語規制を批判し、『フランス語の起源』（一六五〇年）、『フランス語考』（一六七二年）などで語源研究を組織的に行なった。また、『ディオゲネス・ラエルティオス注解』（一六六三年）を著し、晩年にはディオゲネス・ラエルティオスの『著名哲学者伝』やその他の資料を基にして、古典古代から一四世紀までの『女性哲学者伝』（一六九〇年）を著した。

〔七〕　ダシエ、アンヌ・ルフェーヴル（一六四五―一七二〇年）。フランスの女性人文学者、翻訳家。プロテスタントの人文学者タヌギ・ルフェーヴルの娘。ソーミュールで生まれ育つが、一六七二年に父が没したのを機にパリに出て、多くの古典古代の作品をフランス語訳し名声を得た。中でもホメロス『イーリアス』の散文訳は有名。一六八五年ローマ・カトリック教会に改宗した。国王ルイ一四世から年金を受けた。

〔八〕　ルフェーヴル、タヌギ（一六一五―七二年）。フランスの人文学者。カーン生まれ。パリでの勉学後、枢機卿リシュリューによりルーヴル宮殿の印刷監督官に任命されたが、彼の死後パリを去ってプロテスタントに改宗した。一六五一年ソーミュールのプロテスタント大学でギリシア語の教授職を得て、およそ二〇年間その職に就いたが、宗務局と反目し職を退いた。その直後パラティン選帝侯から招聘されてハイデルベルク大学の教授職を受諾したが、出発間際に病死した。

〔九〕　ここでトーランドは、ダシエ夫人がフランス王から年金を与えられたのは、彼女が古典古代の文学における優れた考証学者であったからではなく、彼女が父親の死後ローマ・カトリック教会へ改宗したためであると示唆している。訳注〔七〕を参照せよ。

〔一〇〕「高名な神学者」とはトマス・バーネットを指す。彼は一六九七年から九九年にかけて、ジョン・

ロックの哲学を唯物主義であると批判した三篇の著作、『人間知性論に対する見解』（一六九七年）、『人間知性論に対する第二見解』（一六九七年）、『人間知性論に対する第三見解』（一六九九年）を匿名で出版した。

トマス・バーネット（一六三五頃―一七一五年）。イギリスの神学者。ヨークシャーのクロフト生まれ。ケンブリッジでジョン・ティロットソンやレイフ・カドワースのもとで学び、僧籍に入って、ウィリアム三世の秘書兼礼拝堂付牧師をつとめた。地球の変遷を描いた『神聖地球理論』（第一部一六八一年、第二部一六八九年）では、ノアの洪水以前の地球はその内部がほとんど水で、洪水後に水がひいて山と海が出来上がったと示唆した。『哲学的考古学』（一六九二年）では、創世記の字義的解釈を斥けて、「エデンの園」がメソポタミアにあったとすることは「現代の作り話」であり、原初の地球全体の状態であったと主張して物議をかもし、そのため国王の秘書の役職を失い、ティロットソンの後任としてのカンタベリー大主教の就任も拒否された。

〔一一〕　この著作の書名全体は『ロック氏の『人間知性論』を弁護する。道徳、啓示宗教、魂の不滅に関してその著作の原理を検討し弁護する。『人間知性論』に対する数篇の論評に答える』であり、一七〇二年に匿名出版された。著者はキャサリン・トロッター・コウバーン（一六七九―一七四九年）、小説家、劇作家、哲学者である。彼女はロンドンに住むスコットランド人の両親から生まれプロテスタントであったが、一時期ローマ・カトリック教会に改宗し、一七〇七年イングランド国教会に復帰した。彼女はこの最初の哲学的著作で、トマス・バーネットの三篇の短評に反論してジョン・ロックを弁護した。彼女は哲学の分野ではロックの認識論のほかにサミュエル・クラークの道徳哲学を弁護したことで知られる。

〔一二〕　セミラミス（バビロニアの）。アッシリアの伝説上の女王。

〔一三〕 トミュリス（スキタイの）。ヘロドトスの『歴史』（第一巻、二〇五―二一四）によれば、スキタイ人ではなくマッサゲタイ人の女王で、アケメネス朝のキュロス二世（在位前五五九―前五三〇年）を激烈な合戦ののちに破った。

〔一四〕 ボウディッカ（ブリタンニアの）（?―六〇／六一年）。タキトゥス『年代記』（第一四巻、三一―三七）によれば、ケルト人イケニ族の王妃。ローマ軍の暴力的支配に反抗したが敗れて服毒自殺した。

〔一五〕 ゼノビア（パルミラの）（二四〇頃―二七五年）。シリアの古代都市パルミラの女王。ローマに独立を宣したが、パルミラ市はアウレリアヌス帝に滅ぼされた。

〔一六〕 マルゲリータ（パルマの）（一五二二―八六年）。パルマ公妃。神聖ローマ皇帝カルル五世の庶子。一五五九年、異母弟に当たるスペイン王フェリペ二世によりネーデルラント総督に任命されたが、独立運動に対し妥協的な政策をとったため反乱を抑えきれず、一五六七年にアルバ公に総督の座を譲った。彼女はネーデルラントのプロテスタントに寛容だったことが知られている。

〔一七〕 アン女王（一六六五―一七一四年）（在位一七〇二―一四年）。ジェイムズ二世の末娘。ウィリアム三世死後、王位継承法に従ってステュアート家最後の君主としてイングランド王となり、一七〇七年イングランドとスコットランドを合同し、大ブリテン連合王国の国王となる。治世中スペイン継承戦争に参戦し（一七〇二年―一四年）、ユトレヒト条約によってこの戦争を終結させた。

〔一八〕 大同盟。一七〇二年のアン女王によるスペイン継承戦争への参戦に先立って、前年にウィリアム三世によって結成されたオーストリア、オランダ、イングランドを中心とする対仏大同盟。

〔一九〕 弟の王位僭称者。ジェイムズ二世の子、ジェイムズ・エドワード・ステュアート（一六八八―一七六六年）、いわゆる「老王位僭称者」を指す。名誉革命によって王位を追われたジェイムズ二世の死後、ジャコバイト（「ジェイムズ派」の意）は、孫のチャールズ・エドワード（「若王位僭称者」）の代まで半世紀以上にわたって、イングランド、スコットランド、アイルランド各地で王位奪回を目指して活動した。父の死後、「老王位僭称者」はルイ一四世によりイギリス王であることを宣せられ（一七〇一年）、フランスに亡命宮廷をかまえジャコバイトの政治的拠点として機能した。

〔三〇〕 ウィリアム王（一六五〇―一七〇二年）。オランダ総督オラニエ公ウイレムはイングランド議会の要請によってジェイムズ二世を追放し、一六八九年ウィリアム三世（在位一六八九―一七〇二年）としてイングランド国王に即位し、妻メアリ二世と共にイングランドを共同統治した。

〔三一〕 選帝侯妃ソフィア（一六三〇―一七一四年）。一七〇一年に成立した王位継承法によって、アン女王のあとを継ぐ将来の国王として指名されたドイツのハノーヴァー選帝侯妃ソフィアを指す。

〔三二〕 キケロ、マルクス・トゥリウス（前一〇六―前四三年）。ローマの政治家、弁論家、道徳哲学者。騎士身分の父の長子としてローマの古市アルピヌムで生まれた。ローマの名門出身ではない「新人」に属す彼は弁論家として名を挙げ、『カティリナ弾劾演説』ではローマの共和制の転覆を図る陰謀を阻止した。しかし、カティリナ一派制圧は貴族的共和主義を擁護するカトー（小）などからは称賛されたが、民衆派の指導者クラッススやカエサル、ポンペイウスからは快く思われず、彼らによる第一次三頭政治が始まるとキケロの政治的立場は困難を極めた。第二次三頭政治（オクタウィアヌスとアントニウスとレピドゥス）が始まると、罪人として告発され刺客に殺された。彼の主な著作は、政治的著作に『国家論』（『スキピオの夢』はその第六巻の一部）、『法律について』、倫理的著作に『義務について』、『善と悪の究極について』、『老年について』、『トゥスクルム荘対談集』、宗教的著作に『卜占について』、『神々の本性について』、『宿命について』などがある。

〔二三〕　セルデン、ジョン（一五八四―一六五四年）。イギリスの法学者、政治家、東洋学者。弁護士となり『十分の一税史』（一六一八年）を著わし、十分の一税の神授権を否定して枢密院に撤回を命じられた。議会に入り、一六二八年に「権利の請願」の起草に参加。『封鎖海論』（一六三五年）を国王チャールズ一世に献じてイギリスの海上漁業権を擁護し、一六四〇年の長期議会では市民的・宗教的自由を唱えたが、独立派や平等派と対立し、国王の処刑には賛成しなかった。東洋学者としては『シリアの神々について』（一六一七年）などの著作がある。

〔二四〕　サルマシウス、クラウディウス（ラテン語名）、あるいはソメーズ、クロード（フランス語名）（一五八八―一六五三年）。フランスの古典学者。パリやハイデルベルク大学で学び、ギリシア・ラテンの古典はもとより、ヘブライ語・アラビア語・ペルシア語にも精通し、諸学に精通した当代随一の世界的な大学者。一六〇七年にプロテスタントに改宗し、一六三一年に招かれてライデン大学の教会史の教授となり、以後フランス王からの年金提供も断りつづけ、短期間のスウェーデン滞在を除いて死ぬまでオランダに定住した。古典作家の註解・公刊の他に、ローマ・カトリック教会の神学者との宗教論争書、ローマ法や軍制についての著作がある。一六四九年、チャールズ一世の処刑を糾弾する『チャールズ一世弁護論』を皇太子チャールズの依頼によって出版し、これに対しジョン・ミルトンは共和政府の存亡をかけて『イングランド国民のための第一弁護論』（一六五一年）で応酬した。

〔二五〕　フォントネル、ベルナール・ル・ボヴィエ・ド（一六五七―一七五七年）。フランスの作家、思想家。コルネイユの甥で、弁護士となったがすぐに放棄して作家に転じ、コペルニクスやデカルトの天文学を上流人士向けに解説した『世界の複数性についての対話』（一六八六年）、またアントニウス・ファン・ダーレの著作を翻案して神託伝承を批判した『神託史』（一六八六年）などによって革新的な思想家として名声を博し、「新旧論争」では近代派の側にたった見解を著した。なお『世界の複数性についての対話』は話者である哲学者とG侯爵夫人との対話として書かれた。

〔三六〕 自然学的原因 physical cause と習俗的原因 moral cause の意味するところは、次の第11節において第二書簡「異教徒における魂不滅説の歴史」執筆の趣旨を述べた以下の説明を参照。「私はまたこの書簡で、魂不滅という見解は、哲学者たちが心の自発的運動や理性や人間の言語能力などから推論して引き出したものではないと証明し、反対に異教徒たちの間でこの概念を最初に抱いたのは民衆であったことを示しました」(本書、xxi頁)。

〔三七〕 カトー(小カトー)、マルクス・ポルキウス・カトー・ウティケンシス(前九五―前四六年)はローマ共和政期の政治家、哲学者。ポエニ戦争の時代に活躍したマルクス・ポルキウス・カトー・ケンソリウス(大カトー)の曽孫にあたり、曽祖父と区別するためウティカのカトーまたは小カトーと称される。彼は反カエサル、反三頭政治の筆頭として活躍した。ローマ内戦(前四九―前四五年)時、カトーはポンペイウスら元老院派の中心人物であり、カエサルへの徹底抗戦を唱えたが、ウティカで包囲されて降伏を拒み自害して果てた。プルタルコスの『対比列伝』によれば、死の直前にプラトンの『パイドン』を二度読み返したと伝えられる。

〔三八〕 カエサル、ガイウス・ユリウス(前一〇二―前四四年)。ローマ最大の政治家、軍人。もっとも顕著な業績はガリアの征服とローマ共和政を永久に葬り去ったことである。彼の初期は、時の権力者ポンペイウスがあらゆる制度秩序を破壊していた時期にあたる。前五八年から前五一年にかけてガリアの一連の反乱を鎮圧、征服して名声を上げたが、元老院によって執政官への立候補が拒絶されたため、ルビコン川を越えローマに進撃し、前四九年から独裁官に就任し、王位さらには自己神格化も企て独裁者として権勢を確立していったが、最後は暗殺された。現存する著作には、『ガリア戦記』とポンペイウスとの戦いを記した『内乱記』がある。

〔二九〕　クレオンブロトス（アンブラキアの）。プラトンの『パイドン』は、アテナイ市民の告発によりソクラテスが刑死したとき、彼はその臨終に立ち会えなかったと伝えている。またカリマコスの『エピグラム』は、彼は何かの不運からではなく、魂の不死が説かれた『パイドン』を読んだために海に身を投げたと伝えている。

〔三〇〕　ソクラテス（前四七〇―前三九九年）。ギリシアの哲学者。彼は「ソクラテスより賢き者なし」というデルフォイの神託を受けて、その神意が己の無知を知ることにおいて誰よりも自分が優れていることにあると知って、人々に己の無知を自覚させ、真の知を求めるよう説いた。彼の教えは国家の認める神を否定し青年に悪影響を及ぼすという罪名で、死刑を宣告され毒杯を仰いだ。彼の教説は弟子プラトンの諸対話篇、特に『ソクラテスの弁明』、『クリトン』、『パイドン』などに描かれている。

〔三一〕　カワード、ウィリアム（一六五七頃―一七二五年）。ウィンチェスターの生まれで、一六七七年オクスフォード大学のウォダム・カレッジを卒業、一六七九年マートン・カレッジのフェローとなり、一六八五年から一六八九年はそこで講師を勤めた。一六八七年に医学博士となる。彼は一連の霊魂可死論の著作によって当時スキャンダルを引き起こした。一七〇二年『人間の魂に関する再考』。肉体と結合した霊的な不死の実体と信じられている人間の魂の概念は明らかな異教的発明であり、哲学や理性や宗教の諸原理と一致せず、多くのばかげた迷信的見解の根元であり、改革派教会にとって忌むべき、そして真のキリスト教を全体として傷つけるものであると証明する』を出版し、魂の非物質性の概念に異を唱え、肉体から分離した魂は存在しないが、不死の生は復活のさいにすべての人に与えられると主張した。

この著作への攻撃に反論するため、一七〇四年『大試論、または哲学のペテンに抗して理性と宗教を擁護する』を出版した。同年三月一〇日、この著作は『人間の魂に関する再考』と合わせて下院によって告訴され、審査委員会から断罪され焚書を命じられた。出版社によれば、『大試論』は五〇〇部、後者は三〇〇部売れたという。一七〇六年ヘンリ・ドッドウェルの『魂は自然的に死すべき原理であるが、現在は神の意向によって罰へ、あるいは洗礼による魂と神霊との結合によって報いへと不死を与えられることを聖書と初期教父から証明する書簡体論考』。これにより、不死をもたらす神霊を付与するこの力は使徒以後主教以外の誰も持たないことが証明される』が出版され、サミュエル・クラークとアントニ・コリンズとの間で魂の本性についての論争が始まった。カワードは自分の見解をドッドウェルのものと区別して、クラークに反論した。一七〇六年、カワードは眼についての医学書を出版し、そのなかで非物質的な魂は松果腺に宿るとするデカルト説を揶揄した。スウィフトや同時代人は彼をトーランド、コリンズ、その他の理神論者と見なされた人々と一緒に揶揄した。

〔三二〕「自然的神学、社会的神学、詩的神学という三区分」、そして「その神秘の寓意的解釈」については、第三書簡、第19節を参照。

〔三三〕これについては第三書簡、第21節を参照。

〔三四〕ファン・ダーレ、アントニウス（一六三八—一七〇八年）。オランダの哲学者、歴史家、医者。ハールレムでメノー派の家庭に生まれた。一九歳でライデン大学の医学部に入学し、一六六一年に博士号を取得し、同年ハールレムの医師となり、そこで医師として一生を送った。メノー派の医師たちの先例に倣って、一時地域の集会で牧師をつとめたこともあった。彼は『異教徒の神託に関する二論文』（アムステルダム、一六八三年）を著し、異教徒の神託は悪魔によるものでなく人間によるペテンにすぎないと主張したため、悪魔の否定は無神論に等しいと生涯にわたり攻撃されたが、この著作を自らオランダ語訳して刊行し、聖書に書かれた多くの異教の予言を引き合いに出して反撃した。この著作はフォントネルの翻案による『神託史』（パリ、一六八六年）を通じて、さらにその英語訳（一六八八年）や独語訳（一七三〇年）によって広く読まれた。『偶像崇拝と迷信の起源と伸展について、真の予言と偽の予言について、ユダヤ人の偶像崇拝的占いについて』（アムステルダム、一六九六年）においては表題の三論文を一冊に収めて刊行した。また、『古代の遺物に関する九論文』（アムステルダム、一七〇二年）、『アリステアスによる七十人訳者の話に関する論文』（アムステルダム、一七〇五年）などの、文献学的著作を残した。神学的な著作としては、洗礼、牧師、予言の自由、武器の携帯に関するメノー派内の問題を論じた三つの小論を一冊にまとめた本を一七〇四年に出版した。

〔三五〕第三書簡、第3節において、「星座に名を冠して称賛に値する人間を神格化する」偶像崇拝の原因について、トーランドが次のように反駁したことを指すのだろう。「ですから、最初の偶像崇拝は（一般に想定されているように）星々の美しさや秩序や影響力に起因するのではなく、私が「魂不滅の歴史」でお話ししたように、書籍は火、虫、腐敗によって消滅し、鉄や真鍮や大理石も同じように人の暴力や風雨による損傷を被ることを知った人々は、（唯一の不滅の記念碑として）星々に自分たちの英雄や歴史上の記憶すべき事柄の固有の名称を付けたのです」。

〔三六〕「その本の第一論文」とは三論文が合本された『偶像崇拝と迷信の起源と伸展について、真の予言と偽の予言について、ユダヤ人の偶像崇拝的占いについて』（アムステルダム、一六九六年）の第一番目の論文のこと。

〔三七〕トーランドは「一一篇の論文」と言っているが、ファン・ダーレの『古代の遺物に関する九論文』（アムステルダム、一七〇二年）に言及しているのだろう。

〔三八〕　ここで「印刷中」と言及された論駁書は、『アリステアスによる七十人訳者の話に関する論文。洗礼の歴史を付す』（アムステルダム、一七〇五年）のことであろう。『アリステアスの手紙』は旧約聖書偽典の一つである。コイネー（古代ギリシアの共通語）による書簡体を模した文学的虚構で、プトレマイオス二世フィラデルフォス（在位前二八三―前二四七年）の宮廷人アリステアスが兄弟に書き送った形をとっている。これによると、フィラデルフォスがエルサレムから七二名のユダヤ人学者をアレクサンドリアへ招いて、ヘブル語の「律法」（モーセ五書）をギリシア語に翻訳させたとされている。この話は史実性に乏しいとされているが、『旧約聖書』の最古のギリシア語訳「七十人訳聖書」の伝承において『アリステアスの手紙』は重要な資料とされている。

〔三九〕　メノー派。一六世紀に起こった再洗礼派グループの一つ。この宗派はオランダの再洗礼派指導者メノー・シモンズ（一四九六頃―一五六一年）に由来し、幼児洗礼の否定と、剣を取ることを拒否する絶対平和主義がその教えの中心をなした。

〔四〇〕　再洗礼派。宗教改革時代に無自覚な幼児洗礼を非聖書的として否認し、洗礼志願者にあらためて洗礼を授けたために、反対派によってつけられた蔑称である。この派には各地の指導者のもとで種々の教義、組織、運動形態をもつ諸派が存在し、彼らはローマ・カトリック教会からだけでなく、ルター、ツヴィングリ、カルヴァンらのプロテスタント諸派からも神学論争と迫害によって排撃された。

〔四一〕　アリストテレス『ニコマコス倫理学』一の六に「プラトンは愛すべき友である。だがより以上に愛すべきは真理」とある。

〔四二〕　トーランドはカワードの原文を文字通りに引用していないので、原注＊2が付された箇所を含む一節を以下に示した。「物質と運動に関するこの論考で述べたことから、なんらの影響も受けるとは思われない人たちとは、神の力が物質と運動を、全能のその叡智が企て命じる目的へと、駆り立て調整すると考えるのではなく、物質と運動によっては秩序や美や作用の調和が生み出されるどんなこともなされえないと考える人たちである。彼らはこのような考えを、現在の宇宙の中のいくつかの事物に見て取れる物質の運動に基づいて主張するのだ。たとえば、二四文字が偶然一緒に投げられてもめったに、あるいはけっして意味をなす一文は作れない、一山の石や棒切れや土が運動するだけでは建物のきちんとした骨組みはけっしてできない、動物精気（血液のもっとも純粋な部分で物質である）が運動によっていかにして思考を生み出すかは概念しがたい、などだ。これはみな、全能の作用者の力なしで、哲学的に考察されたものであることは容易に認めるところだが、またそれらのことは、神が物質にあのような結果〈秩序や美や作用の調和〉を生み出すことができる原理を賦与するのが不可能ではないことを間違いなく含意するのである。ブロートン氏は「物質と合体したそんな力の観念を私たちは持ちえない」とおっしゃるけれども」（カワード『大試論、または哲学のペテンに抗して理性と宗教を弁護する』、序文）。

〔四三〕 原注＊3と原注＊4が付された原文を含む箇所は以下のごとくである。「もし私たちには隠されている、神の英知の秘められた知られざる理由がないならば、物質はつねにその力を発揮するはずだ。だが、おそらく宇宙の秩序と機構を維持するために、もしすべての物質が自己運動を始めればそれらは必然的に破壊されてしまうであろうから、神はその自己運動を制限するのが適切と考えた」（カワード『大試論、または哲学のペテンに抗して理性と宗教を弁護する』、一五三頁）。

〔四四〕 「この方向、あの方向、あるいは他の特定の方向への物質の運動」とは場所運動であり、これは物質に本質的な運動とは区別されている。物質の運動に関して、場所運動と本質的な運動としての活動力との区別については第四書簡、第16節を参照せよ。

〔四五〕 序文、第8節を参照。

〔四六〕 ホイッグ党とトーリー党イギリスの政党の初期形態とみなされている。一六七九年から八一年にかけて、カトリック教徒のヨーク公ジェイムズを王位継承者から排除する王位継承排除法案をめぐる議会内の闘争で、この法案の支持派はホイッグ党と呼ばれ、反対派はトーリー党と呼ばれるようになった。これ以来ホイッグ党は王権制限、議会主義、宗教的寛容、非国教徒擁護を主張し、一六八八年の名誉革命で彼らの路線が勝利したため、一八世紀初頭のハノーヴァー朝成立以後はロバート・ウォルポールを代表におよそ半世紀政権を掌握した。一方、トーリー党は王権と国教会の諸特権を重視し、非国教徒の寛容に反対する立場をとり、名誉革命以後は野党としてホイッグ党に対立した。

〔四七〕 広教会主義者 Latitudinarian. 一七、一八世紀の英国国教会内において、特定の信条や教会統治形式や礼拝形式などをあまり重視せず、宗教的事柄に関して広い許容範囲（ラティテュード）を認める自由主義的傾向をもつ人、主に神学者あるいは聖職者について言う。

〔四八〕 規則遵守主義者 Precisian. 宗教戒律の遵守に厳格な人を指し、一六、一七世紀のイングランドでは「ピューリタン」の同義語である。

〔四九〕 便宜的国教会遵奉者。名誉革命後の非国教徒が審査法・自治体法による排除をのがれるために、公的役職就任にさいしてその場だけ国教会信徒であると宣誓したことをさす。

〔五〇〕 臣従宣誓拒否の教会分離主義者。名誉革命後、ウィリアム三世とその共同統治者メアリ二世に対し臣従宣誓を拒否した英国国教会やスコットランド監督派教会の聖職者は、王権神授説に基づいてジェイムズ二世への臣従を堅持したため、役職や禄を剝奪されたが、国教会から分離して独自の組織をつくった。

〔五一〕遍歴の騎士。騎士道理念にとり憑かれ荒唐無稽な言動を繰広げるドン・キホーテのことであろう。

〔五二〕『低教会派の特性、すなわち『国教徒の真の特性』に答えて、その名称を名乗るのは欺瞞であると証明する』（ロンドン、一七〇二年）はヘンリ・サシェヴェレルによって書かれた匿名の著作。ヘンリ・サシェヴェレル（一六七四―一七二四年）は高教会派の聖職者、政治家。国教会で広教主義を唱える低教会派に対し、トーリー党の「危機に瀕する国教会」というスローガンを唱えて非国教徒の便宜的国教会遵奉に反対し、彼らへの寛容を封じて国教会の統一を唱えた。一七〇九年一一月のセント・ポール大聖堂での説教は事実上名誉革命を非難したかどで、一七一〇年にホイッグ党による弾劾裁判で糾弾されたが、彼を支持する民衆暴動によって軽罪を問われただけに終わり、ホイッグ党の糾弾は失敗し、同年の総選挙ではトーリー党の圧勝を導いた。

〔五三〕一七〇一年三月、聖職者議会下院はトーランドの『秘義なきキリスト教』を告発したが、法学者の諮問委員会は、国王の許可なく聖職者議会が異端的書物を起訴することは違法であると勧告したため、上院はその告発を却下した。その後に法的処分は一切行われなかったが、無神論的な本の著者として告発されたことを知ったトーランドは、翌年『自由の擁護、またはトーランド氏の自己弁護』（一七〇二年）を出版し、聖職者議会下院の独断的告発に抗議するとともに、『秘義なきキリスト教』が二五歳の若書きであり、以後の再版はしないと言明する（一〇四―一〇五頁）一方で、自著とコモンウェルスマンとしての自らの立場を弁明した。

〔五四〕『低教会派の特性』の著者、ヘンリ・サシェヴェレルを指す。

第一書簡

〔一〕妊娠中の母親の経験や強い願望が胎児に何らかの痕跡を刻印することは伝統的に言われてきたことだが、この説にニコラ・マールブランシュが主著『真理の探求』（一六七四—七五年）の中で、たとえば以下のようなデカルト主義的説明を与えたことは当時よく知られていた。「母親が自分の感じている同じ感覚をすべて、自分がかき立てられている同じ情念をすべて、胎児に刻印しうると考えるのはもっともだと思える。というのは実際に胎児の体は母親の体と一体でしかなく、血液も動物精気も両者に共通であるからだ。感覚や情念は動物精気と血液の運動の自然的な結果であって、こういう運動はかならず母親から胎児へと伝えられる。したがって、情念と感覚は、また総じて体が機会を提供するあらゆる思考は、母にも胎児にも共通である。

こういう事柄はいくつもの理由から私には確かであると思われる。というのも、猫を見てギョッとしたことのある母親が子供を産み、その子がこの動物を見るたびごとに恐怖にとらわれるということだけを考察しても、このことから簡単に次のような結論が引き出される。すなわち、自分に何の危害も与えない猫を見て、まったく無関係な結果がその子のうちに生じるのだから、この子は母親の胎内にいるときに母が見たものを恐怖と動物精気の振動を伴って同じく見たのに違いないということである」（ニコラ・マールブランシュ『真理の探求』、第二巻、第一部、第七章、第一節）。

〔二〕「ある特定の宗教」はローマ・カトリック教会を念頭においているのだろう。

〔三〕改革派の宗教。プロテスタント教会が奉じる宗教を指す。

〔四〕キケロ『卜占について』、第二巻、二四の五一には、カトーの言葉として「一人の占い師が別の占い師と会うときに笑わないとは不思議なことだ」とある。

〔五〕監察官カトー（大カトー）。正式名はマルクス・ポルキウス・カトー・ケンソリウス（前二三四―前一四九年）。マルクス・ポルキウス・カトー・ウティケンシス（小カトー）（序文、訳注〔三七〕）の曽祖父。ローマの政治家かつ弁論家。平民の家系でローマ近郊のトゥスクルム出身。有能な「新人」として、財務官（前二〇四年）、執政官（前一九五年）、監察官（前一八四年）などを歴任し、伝統的ローマ社会の守護者であり、中小土地所有者層を支持し、ローマ社会の倫理的価値を強調した。著作には農業について記した『農業論』、ローマ史を扱った『起源論』がある。

〔六〕「他のほとんどすべての人々が闇の中を這い……確信さえ抱けない」は、「偏見」に囚われた人々が死後の魂の行先について抱く、希望と恐怖の念に苛まれる状態であろう。

第二書簡

（一）「モーセ五書」は、単に「五書」、「律法」などとさまざまに呼ばれ、旧約聖書中の『創世記』、『出エジプト記』、『レビ記』、『民数記』、『申命記』をさす。この名はモーセの著作と考えられたことに由来する。

（二）ここでは、魂の不滅説の起源はユダヤ人に発するのかどうかが問題にされている。第8節の以下を参照。「ユダヤ教徒と多数のキリスト教徒が、エジプト人はそのすべての知識をアブラハムから――生まれとしてカルデア《カルディーアン》の人で、職務としての占星術師《カルディーアン》ではありません――、エジプトにはわずか二年住んだだけで、おそらく異なる言語を話したこの異国人から手に入れたと、主張していることは私も知っています」。一七世紀にはユダヤ人とエジプト人の宗教や学問に関して、歴史的・宗教的な優先順位をめぐって議論が展開された。イーリー大聖堂首席司祭でケンブリッジ大学コーパス・クリスティ学寮長ジョン・スペンサー（一六三〇―九三年）は『祭式に関するヘブライ人の律法とそれらの根拠について』（一六八五年）でユダヤ人の方がエジプト人の祭儀に順応したと唱え、一方アヴランシュの司教ピエール・ダニエル・ユエ（一六三〇―一七二一年）は『福音の証明』（一六七九年）でモーセからエジプト、フェニキア、ペルシアなどの諸宗教が派生したと唱えた。トーランドはこの第二書簡で魂不滅説の起源をユダヤ人ではなくエジプト人に帰す議論を展開し、後の『ユダヤ教の起源』（一七〇九年）ではユエのこの著作に反論している。

〔三〕　カルデア。古代のバビロニア南部をさす地域名。チグリス・ユーフラテス両川の下流域バビロンとペルシア湾にはさまれた地域。カルデア人によって新バビロニア王国（前六二五―前五三九年）が築かれたが、アケメネス朝ペルシアによって滅ぼされた。

〔四〕　マギ僧。前八―六世紀イラン西部から興ったメディア王国起源の司祭階級。magi の語源はイラン古語 magu がギリシア語に借用されて magoi となり、それがラテン語化したもの。ペルシアのアケメネス朝、ササン朝両王朝にも引き継がれ、宗教的儀式を司どった。magician の語源でもある。

〔五〕　バラモン僧。婆羅門とも書く。サンスクリット語ブラーフマナの音写で、ブラーマンともいう。インドの四つのカーストの中で最上位の司祭階級。

〔六〕　印刷技術の発明者をめぐって一六世紀以後さまざまな説が流布したことへの言及である。現在ではこの功績はマインツのヨハネス・グーテンベルク（一三九八頃―一四六八年）に帰され、一四五五年に二巻本のラテン語聖書が彼によって印刷されたことが知られている。しかし、一八世紀頃まではグーテンベルク以外の発明者も主張され、たとえば一五六八年のハールレムで出た『オランダ年代記』では、活版印刷術の発明はオランダ人のラウレンス・コスターに帰されている。

〔七〕　最古のギリシア人哲学者たち。イオニア学派（またはミレトス学派とも呼ばれる）を指し、本文に挙げられているタレス、アナクシマンドロス、アナクシメネスなどに代表される。イオニアは小アジアの海岸に位置したギリシアの植民地で、地理的に東方と西方文化の交流する都市で、エジプトやバビロンの数学や自然科学も流入していたと考えられている。

〔八〕　タレス（前六二四頃―前五四六年頃）。ギリシアの哲学者。ミレトスの生まれ。ギリシア七賢人の一人で、哲学の祖とされている。水を万物の原理（アルケー）と考え、万物はそこから出、またそこへ戻

ると し、彼の説はイオニア自然哲学の出発点をなした。天文学や測量術に通じ、日食の予言、ピラミッドの高さや船の距離の測定などをしたとも伝えられている。

〔九〕 アナクシマンドロス（前六一一頃―前五四六年以後）。ギリシアの哲学者。ミレトスの生まれ。タレスの弟子でイオニア学派に属し、日時計、天球儀、地図などを考案した現存するギリシア自然哲学の最古の著者。万物の根源（アルケー）を「無限なもの（アペイロン）」とし、四元素の何か一つではなく、それらを越えた或るものを基体とすることを考えた。

〔一〇〕 アナクシメネス（前五八五頃―前五二八年頃）。ギリシアの哲学者。イオニア学派の人で、アナクシマンドロスの弟子。万物の根源は空気（アエール）であり、その希薄化によって火が生じ、その濃密化によって雲や水や土や石が生じると考えた。また、人間の魂は空気であり、それが人間を統括しているように、気息である空気が世界を包括していると考えた。

〔一一〕 アナクサゴラス（前五〇〇頃―前四二八年頃）。ギリシアの哲学者。小アジアのクラゾメナイの生まれ。ペリクレスの友人としてアテナイに長く住んだが、太陽を灼熱した石であるとした説によって不敬罪に問われ、ランプサコスに去りそこで没した。太初万物はスペルマタ（種子）と呼ばれる微細な無限数の根源的物質が大きな混沌をなしていたが、ヌース（知性）が働いて旋回運動が起こり、それによってスペルマタが分別整理されて世界が形成されていったと説いた。

〔一二〕 「だから、或る人が理性を動物のうちに存するように自然のうちにも内在するとみて、理性をこの世界のすべての秩序と配列との原因であると言ったとき、この人のみが目ざめた人で、これにくらべるとこれまでの人々はまるでたわごとを言っていたものかともみえたほどである。ともあれ明らかに、アナクサゴラスは、われわれの知るところでは、こうした説をとっていた人である」（アリストテレス『形而上学』／『アリストテレス全集』、第一二巻、岩波書店、一九六八年、一七頁、出隆訳)。

(一三) プラトンはソクラテスの言葉として次のように記している。「ところで、いつか、ある人が、アナクサゴラスの書物——ということだったが、そのなかから、万物を秩序づけ万物の原因となるものは知性であるという言葉を読んでくれるのを聞いて、ぼくはこの「原因」に共鳴した。知性を万物の原因であるとするのは、ある意味では、結構なことだと思えたからだ。そして、もしそうなら、この秩序を与える知性は、それが最善であるような仕方で万物を秩序づけ、個々の事物を位置づけるであろうと考えた」(プラトン『パイドン』／『プラトン』(世界の名著)、第一巻、中央公論社、一九六六年、五五五頁、池田美恵訳)。

(一四) 「続いてアナクサゴラースはアナクシメネースの考えを継承し、万物の配置と秩序は、(神の)精神と理性の計り知れない力によって考案され、完成されたという説を初めて主張した」(キケロ『神々の本性について』／『キケロー選集』、第一一巻、岩波書店、二〇〇〇年、二二頁—二三頁、山下太郎訳)。

(一五) 「この人はアナクシメネスの弟子であり、質料よりも知性(ヌゥス)を優先させた最初の人である。というのも、彼の書物の冒頭には——その書物は魅力的でしかも威厳のある調子で書かれているのであるが——「あらゆるものがいっしょくたにあった」。それからヌゥスがやってきてそれらを秩序づけたのだ、というふうに書かれているからである。それゆえにまた彼は「ヌゥス」と綽名されることにもなったのであり」(ディオゲネス・ラエルティオス『著名哲学者伝』、「アナクサゴラス」／ディオゲネス・ラエルティオス『ギリシア哲学者列伝』、上巻、岩波書店(岩波文庫)、一九八四年、、一二二頁、加来彰俊訳)。

〔一六〕　プルタルコス（四六頃―一二〇年以後）。ギリシア末期の通俗倫理学者、伝記作者。ローマ帝国最盛時の属州都市カイロネアで富裕な名門に生まれ、ギリシアの思想、文物に通じた「最後のギリシア人」と呼ばれる。若い頃アテナイに学び、その後ギリシア各地、アレクサンドリア、公務でローマなどを訪れ、後にアカイア州の地方長官となり、晩年デルフォイの神託の復興に努め自ら神官となった。著作としては、ギリシアとローマの政治家や軍人で似た生涯を送った人々の伝記二三組を比較した『対比列伝』（いわゆる『英雄伝』）が有名で、その他多方面にわたるエッセイ八三篇をまとめた『倫理論集』や『神託の衰頽について』を著わした。

〔一七〕「しかし、ペリクレースと一番親しく交わって、民衆扇動家以上に重みのある威厳と思慮を与えその性格の品位をあらゆる点で高く揚げたのは、クラゾメナイの人アナクサゴラースである。これ〔この人〕をその頃の人々がヌース〔悟性〕と呼んだのは、自然学に対する深い人並優れて明るい理解力に感歎したためか、或は万物に秩序を与えている原理が、偶然でも必然でもなくて、他のすべての物が混合している中から等質素を判別する浄く混り気のないヌースを初めて主張したからである」（プルタルコス『対比列伝』、「ペリクレス」／『プルターク英雄伝』、第三巻、岩波書店（岩波文庫）、一九五三年、一一頁、河野与一訳）。

〔一八〕『倫理論集』中に含まれているこの作品は、現在では偽プルタルコスとされている。

〔一九〕テルトゥリアヌス、クイントゥス・セプティミウス・フロレンス（一六〇頃―二二〇年以後）。ラテン教父。カルタゴの人で、はじめ法律を修めて弁護士となったが、一九四年頃キリスト教に改宗し、教会弁証家として異教徒やグノーシス派との論争に従事した。その道徳的リゴリズムにより、二〇七年頃からモンタヌス派運動に接近した。代表的著作としては、『護教論』、『キリストの肉体について』、

『マルキオン反駁』、『霊魂論』などがあり、キリスト教ラテン文学の開祖としての役割は大きいとされる。

〔三〇〕 クレメンス（アレクサンドリアの）、ティトゥス・フラヴィウス（一五〇頃—二一一年頃）。ギリシア教父。アテナイの生まれで、キリスト教に改宗。一八〇年頃アレクサンドリアに赴いて、パンタイノスの教えを受け、二〇〇年頃その後を継いで教理学校の校長となった。その後、セヴェルス帝のキリスト教迫害を避けてカッパドキアへ行き、布教活動を行なった。ヘレニズム文化に開かれた精神を持つ主知主義的な神学者で、『ギリシア人への勧め』、『教導者』、『雑録』など重要な著作が残っている。

〔三一〕 エウセビオス（カイサリアの）（二六五—三三九年）。神学者で、「教会史の祖」と呼ばれる。師である文献学者パンフィロスのもと、アレクサンドリアとカイサリアの図書館でキリスト教文献、聖書写本の収集と校訂に努力した。三一三年にパレスティナのカイサリアで司教となり、コンスタンティヌス帝の信任厚く、ニカイア宗教会議（三二五年）では三位一体説をとらず、師に倣って中間派（オリゲネス派）を代表した。著作に三二四年までのキリスト教史である『教会史』、三二五年までの世界史である『年代記』、さらに護教書『福音のそなえ』、『福音の論証』などがある。

〔三二〕 アウグスティヌス（三五四—四三〇年）。ヒッポの司教、西洋古代最大の教父。青年時にマニ教徒として九年間を過ごしたが、カルタゴ、ローマ、ミラノで修辞学教師であったころ、懐疑主義や新プラトン哲学にふれ、マニ教から離れる。三八六年アンブロシウスと出会ってキリスト教へ回心し、三九一年ヒッポの司祭、三九六年司教となる。教会の指導的神学者として、マニ教批判、アカデミー派駁論、またドナートゥス派やペラギウス主義者らとの論争をおこなった。主著は『告白』、『三位一体論』、『神の国』で、それぞれ文学、神学、歴史哲学の古典とみなされている。

〔二三〕「これに反して、アナクシメネスの教えを聞いたアナクサゴラスは、わたしたちがみるこれらすべてのものをつくったのは神的精神であると考えた。そして万物のたがいに相似た微分子からなる無限の質量のうちから、個々別々のものは、それに固有で特有の微分子によってつくられるが、しかし、それは神的精神のはたらきによると考えた」（アウグスティヌス『神の国』、第二巻、岩波書店（岩波文庫）、一九八二年、一五一頁、服部英次郎訳）。

〔二四〕テミスティオス（三一七―三八八年頃）。ギリシアの雄弁家。パフラゴニアの生まれ。コンスタンティウス帝に認められて、三五〇年コンスタンティノープルで哲学を教え、のち元老院議員や地方総督などもつとめた。ユリアヌス帝やテオドシウス一世からも寵を受け、異教徒、キリスト教徒の双方から尊敬された。『弁論集』の三五篇の演説（内二〇篇は公的な史料として重要）とアリストテレスの註解が残っている。

〔二五〕スイダス（『スーダ辞典』）。『スーダ辞典』は一〇世紀のビザンチン帝国で編纂され、その公用語であるギリシア語で書かれた辞書で、古代でから当代までの文学と歴史に関する約三万項目を収める百科辞典でもある。昔はスイダスという名称はこの辞典の編纂者名として誤解されていた。

〔二六〕恒星天。古代ギリシアの地球中心の宇宙体系において、恒星が固着しているとされたもっとも外側の天球。

〔二七〕ホモイオメレイア。「ホモイオ」は等しい、「メレイア」は部分の意味であり、「ホモイオメレイア」は各部分が等質の、あるいは同質のものという意味で、等質素、同質素、同質部分などと訳される。アナクサゴラスが万物の根源的物質と考えていたスペルマタ（種子）に対してアリストテレスが名づけた語である。スペルマタについては訳注〔一二〕を参照せよ。ホモイオメレイアについては、プルタルコスの引用（訳注（一七））と、ディオゲネス・ラエルティオスの以下の引用を参照せよ。「また彼（アナクサゴラス）は同質素（部分が全体と類似のもの、ホモイオメレイア）を万物の始原とした。というのは、黄金が砂金と呼ばれている小さな粒子から構成されているように、万物も同質の小さな物体から合成されていると彼は考えたからである。またヌゥスが運動の始元であった」（ディオゲネス・ラエルティオス『著名哲学者伝』、「アナクサゴラス」／ディオゲネス・ラエルティオス『ギリシア哲学者列伝』、上巻、岩波書店（岩波文庫）、一九八四年、一二三―一二四頁、加来彰俊訳）。

〔二八〕　ペリクレス（前四九五―前四二九年）。アテナイの政治家。哲学者アナクサゴラスの友人として伝えられる。民主派の指導者で、諸改革を行なって民主政の基礎を築いた。外交ではペルシアともスパルタとも和睦して平和の維持に努め、一方前四五四年デロス同盟の基金をアテナイに移し帝国化を推し進めた。前四四四年から前四三〇年まで将軍職に就いてアテナイに繁栄をもたらしたが、この繁栄がスパルタの脅威となるに及んで前四三一年ペロポロネソス戦争が勃発し、戦時の疫病発生で没した。

〔二九〕　「しかも人々の伝えるところではペリクレースが仕事に没頭していた時に、既に老齢になったアナクサゴラース自身は誰にも構われずに横たわり絶食によって命を絶とうとして顔を衣で覆った。この事がたまたまペリクレースの耳に入ったので、非常に驚いて直ぐさまこの人のところに駆けつけ、言葉を尽して懇願し、こういう立派な政治上の相談相手を失っては、その人の事を歎くというよりも自分自身の事を歎くと言った。するとアナクサゴラースは顔の覆いをとってペリクレースに言った。〈ランプを必要とする人々は油を注ぐ〉」（プルタルコス『対比列伝』、「ペリクレス」／『プルターク英雄伝』、第三巻、岩波書店（岩波文庫）、一九五三年、三〇頁、河野与一訳）。

〔三〇〕　「大いなる希望の重みから、ねえ君、ぼくは転落していったのだ。というのはね、読みすすんでゆくにつれて、ぼくが見いだした男〔アナクサゴラス〕は知性などぜんぜん使ってもいないし、事物を秩序づける原因を知性に帰することもなく、空気とかアイテールとか水とか、そのほかたくさんのくだらないものを原因としていたのだよ。それはちょうど、こう言ったら、いちばん近い譬えになるだろう。つまり、だれかが、ソクラテスはそのすべての行為を知性によっておこなうと言っておきながら、ぼくの行為の一つ一つの原因を説明する段になると、こんなふうに言うのだ。つまり、ぼくがいまここに座っている原因については、まず、ぼくの肉体が骨と腱からできていて、骨は硬くて関節によってたがいに分かれ、腱は伸び縮みして肉や皮膚といっしょに骨をつつみ、この皮膚がこれら全部がばらばらにならないようにまとめている、そこで、骨はそのつなぎ目でゆれ動くから、腱を弛めたり縮めたりして、ぼくはいま肢を曲げることができ、そしてこの原因によって、ぼくはここにこうして膝を曲げて坐っているのだと」（プラトン『パイドン』／『プラトン』（世界の名著）、第一巻、中央公論社、一九六六年、五五六―五五七頁、池田美恵訳）。

〔三一〕　エイレナイオス（一三〇頃―二〇二年）。キリスト教の教父。小アジアのスミルナの生まれ。スミルナの司教ポリュカルポスの弟子で、一五七年頃布教のためガリアに派遣され、一七八年頃リヨンの司教となって、当時大きな影響力を持っていたグノーシス諸派と闘い、そのときに書かれた『異端駁論』が残っている。

〔三二〕　「あの知性のない渦巻」とは、アナクサゴラスが万物の根源的物質と考えたスペルマタの旋回運動のこと。訳注〔一二〕を参照。

〔三三〕　「機械仕掛けの神」。古代ギリシアの演劇で、劇の筋が錯綜して解決困難な局面に陥いると、神が突如現れて混乱を収束させる手法。このとき神を演じる役者がクレーンのような仕掛けで舞台上に登場する。

〔三四〕 ペレキュデス。前六世紀中期のギリシアの哲学者。シュロス島の出身。ピュタゴラスの師で、魂の輪廻を彼に授けたと伝えられる。

〔三五〕 マクシモス（テュロスの）。二世紀中葉のギリシアの哲学者。各地を旅し、コンモドゥス帝治下のローマに滞在した。プラトンの弟子と称したが、きわめて折衷的な哲学者で、四一篇の『哲学的弁証』を残している。

〔三六〕 ピュタゴラス。前六世紀後期のギリシアの哲学者、数学者、宗教家。小アジア西海岸サモス島の出身。前五三一年頃、ポリュクラテスの僭主政から逃れて、南イタリアのクロトンに渡り、宗教的教団（いわゆるピュタゴラス教団）を創設したが、市民の反乱によって追放され、メタポンティオンに引退し没した。数学、音楽、天文学においても独創的な業績を残したが、著作を残さず、弟子に伝授されただけであった。オルペウス教の影響を受け、魂の輪廻の教理を唱えたと伝えられる。

〔三七〕 インドの裸行者（ギリシア語でギュムノソフィスタイ）。古代インドの禁欲主義の哲学者で、衣服はほとんど身に着けず獣肉を食さず神秘的瞑想に耽った。彼らはアレクサンドロス大王の東方遠征に随行した者たちの報告によって、ギリシア人に知られるようになった。プルタルコス『対比列伝』、「アレクサンドロス」、第六四節やディオゲネス・ラエルティオス『著名哲学者伝』、第九巻、第一一章「ピュロン」、第六一節などを参照。

〔三八〕 ディオドロス（シチリアの）。前一世紀のローマの歴史家。シチリアのアギュリウムの生まれ。前六〇―前三〇年頃に『歴史叢書』の名で知られる世界史を著わした。これはエジプト、インド、メソポタミアから始め、カエサルのガリア征服にまで至るもので、それ以前の多くの史書を忠実に採録している点に価値があるとされる。

〔三九〕 テオドレトス（キュロスの）（三九三頃―四六〇年頃）。シリアのキュロスのキリスト教神学者で、アンティオキアの生まれ。ネストリオスの友人。アンティオキア付近の修道士から、四二三年にキュロスの司教となった。マルキオン派の改宗事業に従事し、ネストリオス論争ではアレクサンドリアのキュリロスを攻撃したため四四九年に追放されたが、二年後に復帰した。『異教の病の治療』、『教会史』、『修道士伝記集』をはじめ、護教論、論争書、聖書釈義などを著わしている。

〔四〇〕 アンミアヌス・マルケリヌス（三二五／三三〇―三九一年以後）。アンティオキア生まれのギリシア人。ローマ帝国後期の軍人・歴史家。コンスタンティウス二世帝、ユリアヌス帝、ヨウィアヌス帝のもとで軍務に就き、退役後三八〇年頃から『歴史』（全三一巻）を執筆し始めた。彼はタキトゥスの『年代記』、『同時代史』の後継を自認して、『歴史』ではネルウァ帝の即位からウァレンス帝の戦死までを収めた。そこでは度重なる外征による国内体制の疲弊とともに社会・経済問題を描き、またローマ帝国内の非ローマ人に対しても示される視野の広さや、自身が訪れた様々な国についての記述も見られる。

〔四一〕 ヨセフス、フラウィウス。ヘブル名はヨセフ・ベン・マッティアス（三七―一〇〇年頃）。ユダヤの歴史家。エルサレムに生まれ、家は代々上級の祭司、また旧ハスモン王家の血縁にあった。エルサレム陥落後の七〇年にローマに移り、フラウィウス家の皇帝に仕えた。『ユダヤ戦記』全七巻（七五―七九年）、『ユダヤ古代誌』全二〇巻（九三―九四年）はユダヤ史の最重要の資料とされ、『アピオーンへの反論』でユダヤ民族のために弁証した。

〔四二〕 「さらにまた、ギリシア人の間で、宇宙や神々についての思弁を初めて行なったと言われるシロスのフェレキュデース〔ペレキュデス〕、ピュダゴラス、タレースなどの哲学者たちも、その著作は少なく、結局は、エジプトやカルデアの哲学者たちの亜流であって、そのことは、全世界の人々が異議なく認めているところなのである」(フラウィウス・ヨセフス『アピオーンへの反論』、山本書店、一九七七年、四六頁、秦剛平訳)。

〔四三〕 クィンティリアヌス、マルクス・ファビウス(三五—九六年)。ローマの修辞家。スペインのカラグリスの生まれで、ガルバ帝に従ってローマに行き、二〇年にわたって雄弁術の教師をし、ドミティアヌス帝から名誉執政官の称号を与えられた。『弁論術教程』全一二巻は経験と学識に裏付けられた名著とされる。

〔四四〕 マクシムス、ウァレリウス。ローマの著作家。ティベリウス帝の治世(一四—三七年)に生き、生涯については貧しい家庭の生まれという以外は知られていない。二七年、アジアの地方総督セクストゥス・ポンペイウスに従って東方へ赴いた。著作には『著名言行録』がある。

〔四五〕 フィロストラトス(一七〇頃—二四五年)。ギリシアのソフィスト。レムノスの生まれ。アテナイで雄弁術を教えたのち、ローマに行き、皇帝セプティミウス・セウェルスや皇后ユリア・ドムナの寵を受け、この皇后の依頼で『テュアナのアポロニオス伝』を書いた。他に、『ソフィスト列伝』などがある。

〔四六〕 ヒエロニムス、ソフロニウス・エウセビウス(三四七—四一九年)。キリスト教の教父。ダルマティアの生まれ。三七三年にアンティオキアで回心し、修道生活を送りつつ聖書語学を学び、コンスタンティノープルでナジアンゾスの聖グレゴリウスに教えを受けたのち、ローマで法王の秘書をつとめた(三八二—三八五年)。その後はパレスチナに退き、ベツレヘムで修道院を指導しながら、ラテン語訳聖書(ウルガータ)を完成させた。彼の書簡集は教皇史において重要な資料とされている。

〔四七〕　ラクタンティウス、ルキウス・カエキリウス・フィルミアヌス（二四〇頃―三二〇年頃）。キリスト教弁証論者。北アフリカの生まれ。はじめ異教徒で、ニコメディアで修辞学を教えたが、三〇〇年頃キリスト教に改宗し、晩年コンスタンティヌス帝の子クリスプスの教育係をした。『神学提要』全七巻、『神の怒りについて』などを残している。

〔四八〕　ヘロドトス（前四八四頃―前四二五年頃）。ギリシア最古の歴史家。小アジアのハリカルナッソスの生まれ。エジプト、リビア、シリア、バビロニア、トラキアなど各地を訪れた。前四四五年頃アテナイにあって、ペリクレス、ソフォクレスなどと交わり、その後南イタリアのギリシア植民都市トゥリオイの建設に参加し、以後アテナイに戻ったらしい。その著作『歴史』はペルシア戦争を詳述したもので、前四七九年に及んでいる。

〔四九〕　プリニウス（大）、正式名はガイウス・プリニウス・セクンドゥス（二二／二三―七九年）。北イタリアのコムムに生まれた古代ローマの軍人、政治家、博物学者。甥の文人で政治家のガイウス・プリニウス・カエキリウス・セクンドゥス（小プリニウス）と区別して大プリニウスと呼ばれる。ネロ帝時代に長くゲルマニアに従軍し、ウェスパシアヌス帝の時代には南ガリア、北アフリカ、スペイン、北ガリアなどの各地で属州長官を歴任し、ミセヌムの艦隊司令長官のとき、ウェスウィウス火山の爆発時に調査に赴いて没した。現存する彼の著作は『博物誌』全三七巻である。第一巻の目録では四〇〇〇人以上の著作家を挙げ、各巻の事項の総数はおよそ三万五〇〇〇にのぼる。この百科全書的著作は主に自然界を中心に、天文学・地理学・民俗学・人類学・動物学・植物学・園芸・医学および医薬・鉱物学および冶金、さらに美術の分野にまで及んでいる。

〔五〇〕　イソクラテス（前四三六―前三三八年）。アテナイの修辞家で、ゴルギアスの弟子。法廷弁論の雇われ原稿作家として職歴を開始し、前三九二年に修辞学学校を開き、政治的技能としての修辞学教育によって支配階級の要求に応え、後のプラトンらの哲学的アカデミーと対抗した。ギリシアの統一とペルシア遠征を主張して、マケドニア王フィリッポス二世に期待をかけたが、彼の意図がギリシア占拠にあったことが判明するや、自ら食を断って死んだ。

〔五一〕 パウサニアス（リディアの）（一一〇頃―一八〇年頃）。ギリシアの歴史家。小アジアの出身で、ギリシア、ローマ、イタリア、パレスチナ、エジプトなどを旅し、『ギリシア記』全一〇巻を著わして、各地の歴史・地理・風俗・史跡・美術品などを記録した。

〔五二〕 マクロビウス、アンブロシウス・テオドシウス。四世紀末のローマの文法家、作家。アフリカ生まれの異教徒だったらしく、対話形式で歴史・神話・文学などの諸問題を扱った『サトゥルヌス祭り』や、新プラトン派的な立場から霊魂の問題を論じた『スキピオの夢、注解』を残している。

〔五三〕 ケクロプス。ギリシア神話でアテナイの初代の王。大地から生まれたとされ、これを表わすために下半身は大蛇の姿をとっている。

〔五四〕 ダナオス。ギリシア神話でエジプトからギリシアに移住してアルゴスの王となった。

〔五五〕 エレウシス。エレウシスの秘儀は古典古代にもっともよく知られた秘儀の一つで、アテナイ近くのエレウシスで行なわれた。オリュンポス十二神の一人、大地母神デメテルを祀った密儀である。彼女の娘ペルセポネは冥界の王ハデスにさらわれ妃となるが、母デメテルは娘を捜して放浪し、ついに娘を冥界から帰還させる。密儀ではこの物語の演劇的再現がなされたと言われる。

〔五六〕 サモトラケ。サモトラケの秘儀はこのエーゲ海の小島を中心に、プリュギアの豊穣神であるカベイロスたちを崇拝して行なわれた。

〔五七〕　イシスとオシリス。エジプト神話でイシスは最高の女神、オシリスは冥界の王。イシスはオシリスの妻で妹とされる。オシリスは現世で善政を行なっていたが、弟セトの陰謀により殺されナイル川に棺ごと流された。イシスはその死体を発見してエジプトに持ち帰るが、セトは今度はその遺骸を八つ裂きにしてエジプト全土にばらまいた。またもやイシスはそれらを探し集めオシリスを復活させる。オシリスの子ホルスが父の仇を討ち、セトに代わってホルスが現世の王となり、オシリスは冥界の王となった。

〔五八〕　ディオン・カッシオス（一五五―二三五年）。またはラテン語でカッシウス・ディオ、正式名はルキウス・カッシウス・ディオ・コッケイアヌス。ローマ帝国の政治家、歴史家。小アジアの属州ビテュニアのニカイアで、ギリシア系の元老院議員の子として生まれ、自身も元老院議員を務め、執政官・総督などを歴任したのち、晩年故郷ニカイアに戻って病死した。歴史家としては神話の時代から自身の同時代までの『ローマ史』全八〇巻をギリシア語で執筆した。

〔五九〕　ルキアノス（一二〇頃―一八〇年頃）。ローマ帝政期のギリシアの散文作家。シリアのサモサタ生まれの人で、小アジア、ギリシア、ローマ、ガリアなどを転々としたのち、アテナイに定住し、エジプトの地方官として同地で没したという。風刺的な対話八十数編が残っており、『神々の対話』、『死者の対話』、『悲劇役者ゼウス』、『神々の集会』などが有名である。

〔六〇〕　「(または言葉)」はトーランドによる挿入である。

〔六一〕　「(または言語)」はトーランドによる挿入である。

〔六二〕　ベロス。ポセイドンとニンフのリビュエの息子で、エジプト王となった。この名は、アッシリア王、バビロンの建設者、ペルシア王家の祖など、東洋の最古の王としてしばしば現われている。

〔六三〕　原語 Chaldean の語源はラテン語の「カルダイオス」、ギリシア語の「カルダイオス」。その意味は「カルデア人」と「占星術師」の両方がある。

〔六四〕　アッシリア帝国。メソポタミアのチグリス川上流一帯の丘陵地帯アッシリアに広がる帝国は前九世紀に発展し、前八世紀にはバビロニアを完全支配し、前七世紀には全オリエントを支配してその勢力はエジプトのテーベにまで及んだが、前六〇九年新バビロニア帝国によって滅ぼされた。

〔六五〕　セソストリス。セソストリス一世は古代エジプト第一二王朝二代目の王（在位前一九七一―前一九二八年）。内外ともに黄金時代を築いた王として知られる。ナイル上流のヌビアの征服を達成し金・銅・水晶などの資源採掘を始め、リビア遠征も果たし、パレスチナ、シリアとは和平を保ち繁栄を築いた。

〔六六〕　アレクサンドロス大王。アレクサンドロス三世（前三五六―前三二三年）のこと。マケドニア王（在位前三三六―前三二三年）。フィリッポス二世の子。ギリシア連合軍を率いて東方に遠征し、ペルシアを滅ぼし、エジプトおよび西アジアからインド西部にまたがる大帝国を築いて、ヘレニズム文化の基礎を作った。

〔六七〕　ネケプソス。エジプト第二六王朝の起源となったサイス朝の初期の王のひとりで、統治が六年間に及んだとされている人物。ただし、その事実は確証されていない。

〔六八〕　ポルフュリオス（二三四頃―三〇五年）。ギリシアの新プラトン派の哲学者。プロティノスの弟子。著作にはプラトンとアリストテレスの注解、なかでも『範疇論入門』が哲学史上貴重とされる。他に『キリスト教徒反駁』、『肉食の禁忌について』、『プロティノス伝』、『ピュタゴラス伝』がある。

〔六九〕　ダレイオス。ダレイオス一世（前五五八頃―前四八六年）。ペルシアのアケメネス朝の王（在位前五二二―前四八六年）。東はインド、西はドナウ川周辺まで征服し、ギリシア遠征は二度行ったが敗れ（前四九〇年）、その後エジプトの反乱鎮圧中に没した。
〔七〇〕　旧約聖書ではアブラハムはカルデアのウルの生まれと見なされていて、カナンの地に移り住もうとする父の一行と共に出発するが、その途上飢饉にみまわれた地を避けて、エジプトに寄留したと記されている。『創世記』、第一一章、一二章を参照。
〔七一〕　訳注〔六三〕を参照せよ。
〔七二〕『使徒行伝』、第七章、第二二節には次のようにある。「モーセはエジプト人のあらゆる学問を教え込まれ、言葉にもわざにも、力があった」。
〔七三〕　アウソニウス、デキミウス・マグヌス（三一〇頃―三九三年頃）。ローマ帝政末期の詩人、政治家。ボルドーの生まれ。当地の学校で文法修辞の教師を三〇年間務めたのち、宮廷で後のグラティアヌス帝の教師となり、三七九年に執政官に任じられた。韻文作家として、『日記』、『モーゼル川』、『パウリヌス宛て書簡』などがある。
〔七四〕　第14節を参照。
〔七五〕　第6節や第8節を参照。
〔七六〕　全エジプトは前五二五年、アケメネス朝ペルシア（前五五〇―前三三〇年）のカンビセス二世に征服された。
〔七七〕　ゲタイ人。トラキア地方の一部族。
〔七八〕　ザモルクシスあるいはヘロドトスによればサルモクシス。
〔七九〕　スキタイ。前六世紀頃から黒海北岸の草原地帯を支配したイラン系騎馬民族。

〔八〇〕　ガリア。ローマ人がガリア人と呼んだケルト人部族の居住地域の総称で二つの地域に大別される。一つは今日のフランスの大部分と北イタリアの地域で、前三世紀ローマの支配下に入った。もう一つは、アルプス山脈、地中海、ピレネー山脈、大西洋、ライン川に囲まれた広大な地域で、前七世紀マッシリア（現マルセイユ）にギリシア植民地（アポイキア）ができた。ローマは前二世紀に進出して南フランスを属州とし、前一世紀カエサルのガリア戦争でローマ領を拡大した。

〔八一〕　原注＊3の位置は、原著では「ガリアの吟遊詩人」に付されているが、原注＊3の引用典拠の内容から考えて、「ガリアのドルイド僧」に付されるほうが妥当と思われるので、ここに付した。

〔八二〕　ドルイド僧。古代ケルト人のドルイド教の祭司で、ケルト社会で最上位の階級を占めた。

〔八三〕　古代ギリシアの植民都市に住む人々のことであろうか。このような植民都市は前七五〇―前五五〇年頃に地中海沿岸、北アフリカなどに建設され、南イタリアの植民都市は「大ギリシア（マグナ・グラエキア）」と呼ばれた。

〔八四〕　ルカヌス、マルクス・アンナエウス（三九―六五年）。ローマの叙事詩人。セネカの甥で、スペインのコルドバに生まれ、ネロ帝の詩友として寵を受けたが、ネロ暗殺の陰謀に与したのが発覚して、ネロの命令で自殺した。共和制末期のカエサルとポンペイウスの内戦を描いた全一〇巻の『内乱記』（通称『ファルサリア』）を残している。

〔八五〕　ストラボン（前六四―後二一年頃）。ギリシアの地理学者、歴史家。小アジアのポントスの生まれ。はじめアリストテレス学派だったが、ストア派に転じ、ローマ、エジプトなどに旅した。彼が書いたという全四七巻の『歴史覚え書』は残っていないが、全一七巻の『地理書』は現存しており、多くの伝説、史実が収められている。

〔八六〕　メラ、ポンポニウス。一世紀のローマの地理学者。スペインの生まれで、四三年頃に小著『地誌』三巻を著わした。これは世界地理に関する一般的考察と航海者の手引きの体裁をとっている。一四七一年にはじめて刊行された。

〔八七〕「住民はトラキア族だけであるが、部族名や習俗には（地域によって）さまざまな違いがある。なかには、野蛮で死を覚悟の戦を行う部族があり、とりわけゲタイ族がその例である。何を考えてこのような行動を起こすか、についてはさまざまな説がある。死んでも魂がふたたび帰ってくる、帰ってはこないとしても消滅するのでなくもっと幸せなところへ移る、たしかに死滅するがそれは生きているよりもっと良いことだ、などという考えである」（ポンポニウス・メラ『地誌』、第二巻、第二章、一八／『神代地誌・世界地理・イシスとオシリス』龍溪書舎、一九九九年、五一五頁、飯尾都人訳）。

〔八八〕「ドゥルイデスがまず第一に、人を説得したいと思っていることは、魂はけっして滅びず、死後一つの肉体から他の肉体へ移るという教えである。この信念こそ、ガリア人をして死の恐怖を忘れさせ、武勇へと駆りたてる最大の要因と考えている」（カエサル『ガリア戦記』、第六巻、第一四節／カエサル『ガリア戦記』角川書店（角川文庫）、一九七〇年、一八八頁、国原吉之助訳）。

〔八九〕「教師たち〔ドルイダイ〕が一般の人びとの間へ広めている教説のひとつが、知れ渡っていて、これはあきらかに、人びとを戦闘にあたって一段と勇気ある兵にするためだが、それによると、魂は何時までも存在し、死者たちにはもうひとつの人生がある。従って、死者を火葬や土葬にする折、生きている人びとの役に立つ品を添える」（ポンポニウス・メラ『地誌』、第三巻、第二章、一九／『神代地誌・世界地理・イシスとオシリス』龍溪書舎、一九九九年、五四九頁、飯尾都人訳）。

〔九〇〕　アヌビス（エジプト神話）。オシリスの息子で死者の裁判をつかさどる神。ジャッカルの頭部をもつ人間の形をしている。
〔九一〕 トト（エジプト神話）。月の神であり、神々の書記、学問・芸術の守護神。トキまたはヒヒの頭部をもつ人間の形をしている。
〔九二〕 スーフィス。紀元前二六世紀の古代エジプトの第四王朝のファラオ、クーフーのギリシア名。ギザのピラミッドの建造者とされている。
〔九三〕 セトス。ヘロドトスの『歴史』、第二巻によれば、古代エジプトのファラオ。
〔九四〕 ファネス。ギリシア神話に導入された、オルペウス教からの伝承による光と善の両性具有の神のことであろうか。
〔九五〕 「偶像崇拝の起源」の論考とは第三書簡「偶像崇拝の起源および異教信仰の諸理由」のこと。
〔九六〕 オルペウス。古代ギリシアの伝説的詩人で竪琴の名手。オルペウス教の創始者とされている。オリュンポス山の北側のトラキア生まれ。蛇にかまれ死んだ妻エウリュディケを冥界から連れ戻す途中、禁を破って後ろを振り向いたため奪回に失敗した。ディオニュソスの祭で狂乱するトラキアの女たちによって八つ裂きにされ、首と竪琴がレスボス島に流れ着き、そこに葬られた。
〔九七〕 ミノス、アイアコス、ラダマンチュス。ミノスはクレタの伝説的王で、ゼウスの息子。律法を制定し、善政を行なった。彼の弟ラダマンチュスもまた名高い立法者であった。アイアコスもゼウスの息子で、彼ら三人は死後冥府で死者を裁く裁判官となった。
〔九八〕 「（ギリシアで行われている）」はトーランドによる挿入である。
〔九九〕 魂不滅の教理は神の啓示による以外、真の根拠に基づくとは言えない、という意味である。
〔一〇〇〕 世界霊魂。宇宙は全体として有機体をなし、それを支配する統一原理として考えられた霊魂。ピュタゴラス、プラトン、アリストテレス、ストア派、プロティノスなどにこの説が見られる。

〔二〇一〕　二種類の教理。トーランドは『テトラダイマス（四論集）』（一七二〇年）の第二論文「クリドフォラスまたは公開哲学と秘教哲学について」においてこの問題を展開している。

〔二〇二〕　ティマイオス（ロクリスの）。前五―前四世紀頃のギリシアのピュタゴラス派の哲学者。プラトンの著作『ティマイオス』では南イタリアのロクリスの人とされている。彼の著作と言われる『世界霊魂と自然について』は断片のみが残されている。

〔二〇三〕　セネカ、ルキウス・アンナエウス（前五―後六五年）。ローマの詩人、ストア派の哲学者。修辞学者セネカ（大セネカ）の次男で、スペインのコルドバ生まれ。ガイウス帝即位の四一年に姦通罪に問われコルシカに追放され、四九年許されてネロの家庭教師になり、その後ネロの助言者の一人となったが、ピソの反逆に加担した疑いにより死を命じられ自殺した。多作な著作家で、『オエディプス』、『アガメムノン』など悲劇九篇のほか、『道徳論集』、『ルキリウス宛道徳書簡集』、『寛容について』、『自然研究』などを著わした。

〔二〇四〕　ウェルギリウス・マロ、プブリウス（前七〇―前一九年）。ローマ文学の黄金時代を代表する詩人。イタリア北部マントゥア近郊の生まれ。ローマで修辞学、ナポリでエピクロス派のシロンに学んだらしい。作品としては、『牧歌』、『農耕詩』、『アエネイス』などを著わした。

〔二〇五〕　ホラティウス・フラックス、クウィントゥス（前六五―前八年）。ローマの詩人。南イタリアのウェヌシア生まれ。父は競売金取立の解放奴隷だったが教育熱心で、息子はローマ、アテナイで修辞学、哲学を学んだ。前四四年から共和派ブルトゥスの軍に仕えたが、前四二年アントニウス軍に敗れて帰国した。その後ウェルギリウスの紹介で大貴族マエケナスの庇護を受けた。著作には、『諷刺詩集』（または『談論集』、『歌章』(または『カルミナ』)、『書簡詩集』、『詩論』(または『ピソ父子宛書簡』)などがある。

〔二〇六〕 ユウェナリス、デキムス・ユニウス(六七頃—一三〇年頃)。ローマの諷刺詩人。その生涯については正確なことがわからず、自他による作品中の言及あるいは暗示から推察されるにすぎない。ネロ帝の晩年にイタリアに生まれ、生涯に大小合わせて一六篇の詩を書き、『諷刺詩集』の題名で、五巻に分けて出版した。前の九篇では後一世紀末のローマの腐敗、生活苦、女性への辛辣な意見などが描かれ、第一五篇におけるエジプトに関する知識は確実なものと考えられている。なお、本書の第三書簡、第20節には、古代エジプト人の排他的な異教信仰について、『諷刺詩集』第一五篇からの引用がある。

〔二〇七〕 コルネリウス・セウェルス。アウグストゥス帝(在位前二七—後一四年)時代のローマの叙事詩人。彼の著作はローマの詩人オウィディウス(前四三—後一七年)やローマの雄弁家クウィンティリアヌス(三五—九五年)などによる言及が残されていたり、セネカによる二五行の引用が残されていたりするだけのようである。

〔二〇八〕 プルトン(別名ハデス)。死者の国の支配者。決して帰還を許さない恐ろしい神とされているが、正義を施行する正しい神であり、ミノス、その弟ラダマンテュス、アイアコスの三人の判官と共に死者を裁き、冥界を支配するとされる。

〔二〇九〕 ステュクス河。生者と死者の国の境となる河で、冥界を七巻きして流れている。

〔二一〇〕 ティテュオス。ガイアの子。ゼウスとエラレーの子ともいわれる。冥界にあって、二羽の禿鷹がその肝を食い、彼の巨大な身体が地を蔽っている。

〔二一一〕 タンタロス。地獄での罰は池に首までつかり、水を飲もうとすると水がなくなり、頭上に垂れ下がる果樹の実は食べようとすると遠ざかり、たえず飢渇に苦しめられた。

〔一一二〕 イクシオン。ゼウスの怒りをかって、常に回転している火焔車に縛りつけられ、たえず空中を引き回される罰を永劫に負わされた。

〔一一三〕 デモクリトス（前四六〇頃—前三七〇年頃）。ギリシアの哲学者。トラキアのアブデラの人で、哲学のほか数学、天文学、音楽、詩学、生物学などに長じ、快活な気性のため「笑う人」と称された。哲学的には原子論の確立者で、原子は不変、不滅、分割不可能な同質の物質単位であり、無数の原子が無限の空虚のなかで運動することで性質や生滅の現象が生じるとした。その説はエピクロスに受け継がれた。

〔一一四〕 前節の最後で、神の啓示の真実性と信仰者について述べたことを指す。

第三書簡

〔一〕 第二書簡、第12節の冒頭を参照。
〔二〕 第二書簡「異教徒における魂不滅説の歴史」をさす。
〔三〕 伝統的に『伝道の書』の著者とされてきたソロモン王をさす。
〔四〕 第二書簡の第11節をさす。
〔五〕 エラトステネス（キュレネの）（前二七五―前一九四年）。ギリシアの博学者。自らの広範な学問的興味ゆえに、学問愛好者（フィロロゴス）と称した。リビアのキュレネの生まれ。アテナイに遊学し名声を得て、その後プトレマイオス三世に招かれて、前二三五年アレクサンドリア図書館長となった。ヘレニズム時代に文献学、地理学、数学、天文学などで後世に残る大きな業績を残した。『年代記』ではギリシア史の体系的年代の確立、『地理学』では地球の円周の測定を試みた。『星座について（カタステリスモイ）』は星々や星座の神話的な起源をヘレニズム期の解釈で述べた散文であるが、真作かどうか疑問視されている。
〔六〕 ル・クレール、ジャン（一六五七―一七三六年）。アルミニウス派の学者、ジャーナリスト。ジュネーヴの生まれ。ジュネーヴ大学、ソーミュール大学で学び、一時ロンドンで説教師をしたが、最終的に一六八三年オランダへ定着した。翌年からアムステルダムのアルミニウス派学院の教授となり、哲学、文学、ヘブライ語、教会史を教え、一七二八年まで在職した。七〇点を超す膨大な著作を残しているが、とりわけ学芸新聞『古今東西文庫』（一六八六―九三年）、『精選文庫』（一七〇三―一三年）、『古今文庫』（一七一四―二六年）で全欧的な名声を博した。リシャール・シモンを反駁した『旧約聖書の批評的歴史』に関するオランダの数人の神学者の意見』（一六八五年）、『オランダの数人の神学者の意見の擁護』（一六八六年）で聖書批評学の歴史にも大きな足跡を残し、『リシュリュー枢機卿伝』（一六九四年）、『オランダ史』（一七二三―二八年）などの史書や、雑纂『パラーズ語録』（初版一六九九年、第二版、二巻本、一七〇一年）、新約聖書の仏訳（一七〇三年）などもある。ヴォルテールが『イギリス書簡』で「当代随一の哲学者」と呼んだ人で、ピエール・ベールの晩年の論争相手だった。なお、トーランドは長老派指導者のダニエル・ウィリアムズの『福音の真理の提示と立証』とその主張を支持して、ル・クレールにこの本の要約紹介を依頼したところ、彼は『古今東西文庫』、第二三巻（一六九二年）にトーランドの前書きを添えて（五〇四―五〇九頁）、要約とともに掲載した。

〔七〕『古今東西文庫』、第一巻（一六八六年）、二五二頁以下ではヘラクレスの物語について、第三巻（一六八六年）、七頁以下ではアドニスの話について、第六巻（一六八七年）、一七一頁以下ではケレスの話について、実際説明がなされている。

〔八〕「(もっとも悪い意味での)」はトーランドによる挿入句。

〔九〕「(この害を人類はつねに手ひどく被る)」は、引用文を表示する斜字体で書かれているので、トーランドによる挿入句ではなく、プリニウスの引用文である。

〔一〇〕「(占星術を意味します)」はトーランドによる挿入句。

〔一一〕原語 Chaldean には「カルデア人」と「占星術師」の両方の意味がある。第二書簡、第8節のベロスについての記述も参照。

（一二）　アドニスはギリシア神話ではアフロディテの愛人として取り入れられたが、本来はフェニキアの神で、大地女神の愛人として毎年死んで春に復活する植物神的青年神だったらしい。

（一三）　サモトラケとレムノスではプリュギアの豊穣神カベイロスたちを祀る秘儀が行なわれていた。

（一四）　エウヘメロス。前三〇〇年頃シチリア島メッサナまたはペロポネソスのメッシナ生まれの神話学者。彼は『神論』で、神々の誕生を神人同形説によって説明した。すなわち、神話は実際にあった事件で、神々は元来諸地方の王または征服者であったが、人々の崇敬の念によって遂に彼らは神とされたものだと説明した。その説は「ラテン文学の父」と目されたエンニウス（前二三九―前一六九年）の翻訳によってラテン世界に及んだ。

（一五）　エウヘメロスについてプルタルコスの評を参考として記す。「このエウヘメロスこそ、自分の手で、およそ信ずるに足らぬ、ありもしない神話を作り上げてから、全世界に無神論をまき散らした人です。人々が信じてきたあらゆる神々をひとしなみに、昔活躍してパンコンの金の銘文中に名を連ねている、将軍だの提督だの王だのの名に帰して、帳簿から削除したのであります」（プルタルコス『イシスとオシリス』、第二三節／プルタルコス『エジプト神イシスとオシリスの伝説について』、岩波書店（岩波文庫）、一九九六年、四八頁、柳沼重剛訳）。

（一六）　プロクロス（四一二―四八五年）。ギリシア末期の哲学者。コンスタンティノープルの生まれ。新プラトン派の最後の代表者として、アテナイのアカデメイア（前三八七年プラトンが創設した学園）で哲学を教え、キリスト教に反対してギリシア思想を擁護した。『神学綱要』、『プラトン神学』のほか、プラトン、プロティノス、アリストテレスなどの注釈、エウクレイデス『幾何学原本』の注釈、『カルダイア神託』への注釈などがある。その他、『悪の存在について』、『世界の永遠性を示し、キリスト者を駁する十八の論証』などがある。

〔一七〕 マリノス。プロクロスの弟子で、アカデメイア学頭としては後任者でもあった。彼の書いた『プロクロス伝、または幸福について』という一種の追悼文がプロクロスの伝記的資料として貴重なものとされている。

〔一八〕 ペイライエウス。アッティカ地方にあるアテナイの外港都市。

〔一九〕 アウグストゥス（ガイウス・ユリウス・カエサル・オクタウィアヌス）（前六三—後一四年）。初代のローマ皇帝（在位前二七—後一四年）。ユリウス・カエサルの養子で後継者。カエサル暗殺後、アントニウス、レピドゥスと第二次三頭政治を組み（前四三年）、フィリッピの戦いでカエサル暗殺首謀者たちを敗死させ（前四二年）、さらにアクティウムの海戦で（前三一年）アントニウスを破って、ローマの支配権を独占し、前二七年元老院から「アウグストゥス」の尊号を与えられ皇帝となった。統領への選出は辞退したが、護民官職権を得て実権はさらに強化され、「大神官」（前一二年）、「国父」（前二年）の尊称を受け、すでに在世中、彼に神的礼拝が捧げられた。

〔二〇〕 テミストクレス（前五二八頃—前四六二年頃）。古代ギリシア、アテナイの政治家、将軍。前四九三年に第一執政官となり、海軍を拡充、ペルシア王クセルクセス一世のギリシア遠征のさいギリシア連合艦隊を指揮してサラミスの海戦で勝利した（前四八〇年）。親スパルタ派との対立が原因となって陶片追放に処せられ（前四七〇年頃）、さらにペルシア王との内通を噂され欠席裁判で死刑を宣告され（前四六八年頃）、小アジアに逃れて、ペルシアのアルタクセルクセス一世からマグネシア、ランプサコス、ミュウスの小アジアの三市を与えられたが、まもなく死んだ。自殺説もある。

〔二一〕 オスマン一族。一三世紀はじめセルジューク朝に従属したが、一二九九年、族長オスマンが独立を宣言して、初代君主（在位一二九九―一三二六年）となり、オスマン（トルコ）帝国を建国した。

〔三二〕神授権。いわゆる王権神授説をさす。王権を絶対的なものにするために唱えられた政治理論。王権は神から授けられたものであり、したがって王は神に対してのみ責任を負い、また王権は神以外の何びとによっても制限を受けるものではなく、被治者の王権に対する反抗は認められないとする理論。絶対王政時代においては、イングランドのジェイムズ一世（一五六六―一六二五年）が書いた『自由な君主国の真実なる法』（一五九八年）、フランスのジャック・ベニーニュ・ボシュエ（一六二七―一七〇四年）の主張などが代表的である。

〔三三〕以下を参照。「デルフォイの神託（その例をあなたに述べたばかりですが）はどうして現在発せられず、そして長い間発せられていないのか。……その力はいつなくなったのか。人々がやすやすと信じなくなってからなのか」（キケロ『卜占について』、第二巻、五七の一一七）。

〔三四〕ハルピュイア。ギリシア神話の女怪。旋風を人格化した存在で、翼をもつ女、あるいは女の顔をした鳥の姿に表され、死者の魂を鋭い爪でつかみ冥府に運ぶとみなされた。

〔三五〕タルタロス。ギリシア神話で地底の最も深いところにあるとされる暗黒界。元来は冥界ハデスの一番下にある部分で、神々にそむいた大罪者ティタンらが落とされ幽閉されているとされたが、次第に冥府そのものと混同され、悪人が死後罰を受ける地獄の呼び名となった。

〔三六〕エレボス。ギリシア神話で原初の「暗黒」あるいは冥界の擬人神。

〔三七〕ハデスの支配する死者の国は、生者と死者を隔てるステュクス川あるいはアケロン川があり、渡し守カロンが死者を渡した。冥府には別にプレゲトン川、コキュトス川があり、ローマ詩人はさらにレテ川を加えた。ギリシア各地に見られる深い洞窟やアベルヌス湖（ナポリ西方の火山湖）などが冥界への入り口されていた。
〔二八〕 アレクト、ティシポネ、メガイラ。彼女らは殺人、その他自然の法に反する行為に対する復讐あるいは罪の追及の女神で、翼があり、頭髪は蛇の恐ろしい形相で、松明を手に罪人を追い、狂わせるという。
〔二九〕 アントニウス・ファン・ダーレの『偶像崇拝と迷信の起源と伸展について、真の予言と偽の予言について、ユダヤ人の偶像崇拝的占いについて』(アムステルダム、一六九六年)の第三論文を参照。
〔三〇〕 エンニウス、クィントゥス(前二三九—前一六九年)。ローマの詩人。ラテン文学の父。カラブリアの生まれ。南イタリアのギリシア文化圏で育ち、ローマ人、ギリシア人、オスク人の三つの心を持つと自負し三つの言語を話した。第二次ポエニ戦争時、百人隊長として従軍し、カトー(大)に見いだされローマでギリシア語を教え、やがて詩作によって名士と交わって、前一八四年ローマ市民権を得た。ローマ文学の最初を飾る詩人で、エウリピデスを模した二十余篇の悲劇とローマ史を語った叙事詩『年代記』(全一八巻)、その他、エウヘメロスの人神同形説を展開した『エウヘメルス』、『諷刺』などを書いた。
〔三一〕 マルシ族。古代イタリア中部にいたオスク人の一派。ローマに忠誠を保ったが、ローマとイタリアの同盟都市の間で行われた同盟市戦争(前九一—前八七年)ではローマ市民権賦与を求めて反ローマの中心となった。癒しの女神アンギチアの神殿をもち、特に毒蛇の咬傷の癒しは有名だった。
〔三二〕 シルウァヌスとファウヌスはローマの牧神で、サテュロスはギリシアの牧神。
〔三三〕 レムレスはラルウァイともいう。ローマの信仰で死者の霊。
〔三四〕 オイノマオス。ガダラのオイノマオス(二世紀)のことであろうか。北パレスチナのガダラの人。

ハドリアヌス帝の治世の初めに活躍した四人の哲学者のうちの一人。犬儒派の哲学者。デルフォイなどの種々の神託を攻撃した著作からの長い抜粋がカイサリアのエウセビオスの『福音のそなえ』、第五巻に引用されている。

〔三五〕 アポロン。ゼウスの子で、音楽、医術、弓術、予言、家畜の神。彼は北方民族のところに一年留まったのち、デルフォイに来て巫女ピュティアの神託を自分のものとしデルフォイの神として勢力を拡大し、小アジアにも彼の神託所をもうけた。

〔三六〕 アスクレピオス。ギリシアの英雄で医神。彼の崇拝の中心はペロポネソスのエピダウロスで、壮大な神域内に多くの神殿と宿舎があり、病人はここに寝泊りし治療を施されたと伝えられる。ここからアテナイ、ペルガモン、ローマなどに分祀された。

〔三七〕 ウェヌス。本来ローマの田園あるいは庭の女神で、ギリシアの美と愛と豊穣の女神アフロディテと同一視された。崇拝の中心はキュプロス島のパフォスとアマトゥース、キュテーラ島、コリントスなどであり、結婚の女神としてはヘラに劣るが、売淫の女神としてコリントスで祭られていた。

〔三八〕 ウルカヌス。ローマの火の神で、ギリシアの火と鍛冶の神ヘパイストスと同一視された。彼は足が不自由で、天上では鍛冶の神として自分の宮殿に仕事場をもち、オリュンポスの神々の宮殿、アキレウスの武器などを造った。後代では彼の仕事場はオリュンポス山上からレムノス、リパラ、ヒエラ、イムブロス、エトナなどの火山に移されている。

〔三九〕 ミヌキウス・フェリクス、マルクス（二―三世紀）。初期キリスト教のローマの弁証論者。著作には、キリスト教徒オクタウィウスと異教徒カエキリウス・ナタリスがキリスト教について語る対話形式の『オクタウィウス』がある。

（四〇） アルノビウス（三三〇年頃没）。初期キリスト教の弁証論者。北アフリカのヌミディア地方のシッカの人で、そこで修辞学を教えた。三〇五年ごろにキリスト教に改宗し、『異教徒駁論』（全七巻）を著わした。この書にはキリスト教と聖書に関しては貧弱な知識しか含まれておらず、むしろ当時のローマ領アフリカ諸都市の異教思想や祭儀の網羅的な記述と痛烈な批判が描かれている。

（四一） 原注引用はここまでであるが、自然学者や哲学者への迫害が以下のように続く。「プロータゴラースも追放に処せられ、アナクサゴラースも投獄されてやっとペリクレースの尽力によって逃れ、ソークラテースもこういう問題には自分では少しも心を向けなかったのに、哲学をやっていたために命を失った」（プルタルコス『対比列伝』、「ニキアス」、第二三節／『プルターク英雄伝』、第七巻、岩波書店（岩波文庫）、一九五五年、一三九頁、河野与一訳）。

（四二） 「詩的神学、政治的神学、哲学的神学というあの有名な区分」はウァロによる区分であることが、トーランドの『テトラダイマス（四論集）』（一七二〇年）中の第二論文「クリドフォラス、または公開哲学と秘教哲学について」、第11節、九一頁に明記され、その傍注には、アウグスティヌス、『神の国』、第六巻、第五章「ウァロによる三種の神学、すなわち、第一に神話の神学、第二に自然の神学、第三に国家の神学について」が参照文献に挙げられている。なお、マルクス・テレンティウス・ウァロ（前一一六—前二七年）はローマの軍人、文人。諸分野にわたって膨大な著作を書いたといわれる博学者であり、カエサルの命で大図書館の文献収集の任についた。

（四三） ストア派。前三〇〇年頃、ギリシアの哲学者、キュプロスのゼノンによって創始された学派で、彼がアテナイの中央広場のストア（柱廊の意）で教えたことから、こう呼ばれた。彼の後の学頭はクレアンテス（前三三一—前二三二年）、さらにクリュシッポス（前二八一—前二〇八年）によって継がれた。前二世紀頃ローマに入って普及し、セネカ、エピクテトス、マルクス・アウレリウスらがこの派に属した。

〔四四〕 ローマ・カトリック教会では神に対する崇敬と天使および聖人に対する崇敬の二種類を区別している。

〔四五〕 アフラ・マズダとアーリマン。ゾロアスター教（または拝火教）では、光や火によって象徴されるアフラ・マズダを善神とし、暗黒によって象徴されるアーリマンを悪神として、世界は善神と悪神の戦いの場であるとされる。

〔四六〕 原文は word であるが、world の誤植と思われるので訂正した。

〔四七〕 列聖。ローマ・カトリック教会で、死後福者とされた信者が、さらに教皇によって聖人と認められること。

〔四八〕 何からの引用かは不明。

第四書簡

〔一〕 この書簡が書かれた経緯については「序文」第14節を参照。「序文」によれば、この第四書簡は「スピノザの心酔者」に宛てて書かれたもので、「スピノザ反駁」と呼ばれて彼らのサークル内で回覧されていたと説明されている。

〔二〕 ルクレティウス。ティトゥス・ルクレティウス・カルス（前九五頃―前五五年頃）。ローマの詩人、哲学者。生涯はほとんど知られていないが、かなり上流階級の人で高い教養と学識の持ち主であったと推測される。彼にまつわる媚薬・狂気・自殺といった話題は後代の聖ヒエロニムスなどに言及はあるが、無神論者を攻撃したキリスト教の初期教父のラクタンティウスやアルノビウスさえ一言の言及もないと報告されている。六巻、七四〇〇行にのぼる宇宙論詩『事物の本性について』一作のみが残されており、エピクロスの原子論をギリシアの伝統的な叙事詩形式で祖述し、ローマの国民的詩人ウェルギリウスからも賛辞を受け、後世に大きな影響を及ぼした。

〔三〕 ルクレティウスがエピクロスに捧げた賛辞は、第一巻、六二―七九行、第三巻、一―三〇行、第五巻、一―五四行などに見られる。第一番目の賛辞はルクレティウス自らの自然哲学詩の主題とともに歌われている。「人間の生活が重苦しい迷信によって押しひしがれて、／見るも無残に地上に倒れ横たわり、／その迷信は空の領域から頭をのぞかせて／死すべき人間らをその怖ろしい姿で上からおびやかしていた時、／ひとりのギリシア人（エピクロス）がはじめてこれに向かって敢然と／死すべき者の眼を上げ、はじめてこれに立ち向かったのである。／神々の物語も電光も、威圧的な空の轟きも／彼をおさえなかった。かえってそれだけいっそう、／彼のはげしい精神的勇気をかりたてては、自然の門の／かたい閂《かんぬき》をはじめて打ちやぶることに彼を向わせた。／それゆえに潑剌たるその精神力は全き勝利をおさめ、／この世界の焔に包まれた防壁をはるかに遠くふみこえた。／そしてその精神によって、はかりしれぬ全宇宙を遍歴し、／そこから勝利者として帰ってきて、私たちに、何が生じ、／何が生じえないか、またどのようにしてそれぞれのものに、／定まった能力と不動の限界があるかを教えてくれた。／これによってこんどは宗教的恐怖が足の下にふみしかれ、勝利は私たちを天にまで高めた」（ルクレティウス『事物の本性について』、第一巻、六二―七九行／『ウェルギリウス、ルクレティウス』（世界古典文学全集21）、筑摩書房、一九六五年、二九二頁、藤沢令夫・岩田義一訳）。

〔四〕 ベール、ピエール（一六四七―一七〇六年）。フランス一七世紀末のカルヴァン派迫害によりオランダに亡命したフランス人歴史家・哲学者。牧師の子として南仏で生まれる。一六七五年セダンのプロテスタント大学で哲学教授となったが、一六八一年の強制閉鎖ののち、ロッテルダムへ亡命し、市立大学の歴史・哲学教授となった。しかし亡命プロテスタント正統派からの圧迫により辞任した。学芸新聞『文芸共和国便り』（一六八四―八七年）刊行など、ジャーナリストとしても活躍した。凄惨なプロテスタント弾圧を背景に、『彗星雑考』（一六八二年）、『歴史批評辞典』（一六九六―一七〇一年）によって、あらゆるドグマティズムの徹底的な解体をおしすすめ、『「強いて入らしめよ」というイエス・キリストの言葉に関する哲学的註解』（一六八六―八七年）をはじめとする宗教的寛容に関する諸論考によって「思想の自由」の旗手となり、一八世紀の啓蒙の思想家たちに大きな遺産を残した。なお、ここでトーランドがベールの説として言及する「無神論でさえ必ずしも人を不道徳に導くものではない」は、「有徳な無神論者」という観念として一八世紀を通じて論議の的となった。ベールの『彗星雑考』、第一六一節「宗教なき社会の道徳を推測す」(『ピエール・ベール著作集』、第一巻、法政大学出版局、二五八頁、野沢協訳)、および第一七四節「無神論者が人並はずれて不道徳なものにあらざりしことを示すいくつかの例」(前掲邦訳、二七六—二八〇頁)などを参照。

〔五〕 ここでトーランドが問題にしている、「物質のどの部分も粒子もつねに思考しているとして彼が提示した論拠」とは以下のスピノザの言説を指しているのだろう。「そして程度の差はどうであれ、すべての個体には魂が宿っているのである。なぜなら、あらゆるものの観念は必然的に神の中にあり、しかもその観念の原因は人間身体の観念と同じように神であるから」(スピノザ『エティカ』、第二部、定理一三、註解/『スピノザ、ライプニッツ』(世界の名著)、中央公論社、一九六九年、一三九頁、工藤喜作・斎藤博訳)。また、第五書簡、第23節も参照。

〔六〕 場所運動と活動力の区別については第五書簡、第17・18節を参照。

〔七〕 「場所運動と静止」の詳細については第五書簡、第19・20節を参照。

〔八〕 マイエル、ロデウェイク(一六二九—八一年)はアムステルダムの医者。医学、哲学、神学、文学、辞書学に精通していた。彼はスピノザの『デカルトの哲学原理』(一六六三年)刊行において、テキストの編集・監修を引き受け、序文も書いた。ここでトーランドが言及しているスピノザの立場について、マイエルは「原著への序文」で次のように述べている。「けれども私が特に注意したいと思うのは、我々の著者が以下のすべての叙述の中で、即ち、『哲学原理』第一部、第二部及び第三部の断片並びに彼の『形而上学的思想』の中で述べているのは、単にデカルトの著書の中に見出される通りのデカルトの見解とその証明だけなのだ、或は少くもデカルトが立てた基礎から正当な推理によって導出され得るような事柄だけなのだということです。というのは、彼は自分の弟子に対してデカルトの哲学を教えると約束したのですから、デカルトの見解から少しでも遠ざかるまい、またデカルトの学説に不相応な或は反対な事柄は講述しまい、というのが彼の立場だったのです。ですから、彼がここで彼自身の見解、或は彼が承認した限りのデカルトの見解だけを説いているものと断定してはなりません。なぜというに、彼はデカルトの学説の中の若干を真理と判断し、それに自分自身の学説の若干をも附加したことを認めてはいますけれども、しかしそこには彼が誤りとして排斥している事柄、自らは全く異なった見解を抱いているような事柄が多く出ております。……従って我々の著者によれば、デカルトが据えた学問の諸基礎並びにその基礎の上に立てた建築は形而上学に現われるすべての極めて困難な問題を闡明し解決するに十分でないのです。我々が我々の知性を認識のあの頂上にまで高めようと欲すれば、むしろ他の基礎を必要とするというのです」（スピノザ『デカルトの哲学原理』／スピノザ『デカルトの哲学原理』、岩波書店（岩波文庫）、一九五九年、一六、一八頁、畠中尚志訳）。

〔九〕「スピノザ往復書簡集」は一六七七年、すなわち彼の死去の年の一二月、ラテン語版『遺稿集』の中で初めて世に公表された。「書簡集」には七四通の書簡が収められていたが、『国家論』の冒頭に付加された一書簡を合わせると七五通となり、その後一八八二年までに九通、さらにその後の二通の発見によって、合計八六通の書簡が確認された。これらはゲプハルト版『スピノザ全集』に収録されている。トーランドはラテン語版『遺稿集』を参照し、原注にラテン語原文が示されている。書簡番号については、『遺稿集』とゲプハルト版『スピノザ全集』の「書簡集」は配列方法が異なるので一致しない。トーランドが本文で示した書簡番号は『遺稿集』のものであり、原注邦訳に示した書簡番号はゲプハルト版のものである。

〔一〇〕　引用文中の「(または前提としない)」はトーランドによる挿入である。
〔一一〕　デカルト説を指している。第13節のスピノザの友人からの「書簡七一」にある「動かす者としての神」と同義。
〔一二〕　『エティカ』の執筆は一六六一年頃に始まり、その完成は一六七五年、スピノザの死の二年前であったが出版は断念され、『遺稿集』において一六七七年一二月に公表された。このチルンハウスの書簡は一六七六年六月二三日であるから、トーランドが言うように、スピノザは自分の体系を完成させていたが出版はされていなかった。
〔一三〕　スピノザの『デカルトの哲学原理』(一六六三年)を指す。ここで言及されている幾何学的な論証方法とこの著作の特殊事情については、第11節および訳注〔八〕を参照。
〔一四〕　第11節末尾に引かれているスピノザからオルデンブルク宛書簡の第一信(一六六一年九月)を参照。
〔一五〕　動く力(あるいは活動力)と場所運動の区別については、第16節を参照。
〔一六〕　デカルトの以下の運動の定義を念頭においているのだろう。「すなわち「運動とは、物質の一部分または一物体が、それに直接接触しかつ静止していると見られる物体のとなりから離れて他の物体のとなりへ移動すること」である」(デカルト『哲学原理』、第二部、第二五節/『デカルト著作集』第三巻、白水社、一九七三年、九四頁、三輪正・本多英太郎訳)。
〔一七〕　デカルト主義者の一部の人々、とりわけ一七世紀末においては「デカルト主義者」とほぼ同義で用いられたマールブランシュの機会原因論を奉じる人々を指している。機会原因論では、神が世界の唯一の作用者であり、被造物のさまざまな行為は神の作用の個別的な機会原因であると説かれた。

第五書簡

〔一〕　この書簡が書かれた経緯については「序文」第14節を参照。「序文」によれば、この第五書簡は、「スピノザ反駁」と呼ばれてサークル内で回覧されたトーランドの第四書簡に対する「ある貴人」からの異議に答えたものと説明されている。

〔二〕　ルクレティウス『事物の本性について』、第二巻、一四二―一四三行／『ウェルギリウス、ルクレティウス』（世界古典文学全集21）、筑摩書房、一九六五年、三一五頁、藤沢令夫・岩田義一訳。

〔三〕　ロックは物体からまったく分離できないような「本原的性質ないし一次性質」として「固性・延長・形・可動性」を挙げ、物体の属性に固性を含めている。ロック『人間知性論』、第二巻、第八章、第九節、／ジョン・ロック『人間知性論』、第一分冊、岩波書店（岩波文庫）、一九七二年、一八七頁、大槻春彦訳、及び「固性について」、第二巻、第四章を参照。

〔四〕　アリストテレスからの質料の定義。「ところで、ここに「質料」と私の言っているのは、それ自体はとくになにであるとも言われず、どれほどの量であるとも言われず、その他、もののあり方がよっても って規定されるもののどものいずれによっても言い表わされえない或るもののことである」（アリストテレス『形而上学』、第七巻、第三章／『アリストテレス全集』、第一二巻、岩波書店、一九六八年、二〇九頁、出隆訳）。

〔五〕　第24節、第25節ではジョーゼフ・ラフソンの「非物体的な空間概念」への反駁がなされる。

〔六〕 物質の諸部分の説明と水の例については、スピノザの『エティカ』の以下を参照。「このことは、想像力と知性の区別を知っているすべての人たちにとって、十分に明らかなことであろう。とくに物質はいたるところ同一であり、またそこに諸部分の区別が生ずるのは、物質がいろいろな仕方で変様すると考えられるかぎりのことであること、したがってその諸部分は様態的にのみ区別されて実在的には区別されないことを考慮に入れるならば、さきに述べたことはいっそう明らかなこととなろう。たとえば、水は水であるかぎりにおいて分割され、その諸部分はたがいに分離されると考えられる。だが物体的実体と見なされるかぎりの水は分離も分割もされない。さらに水は水であるかぎり、生成し消滅する。だが実体であるかぎりの水は生成も消滅もしない」（スピノザ『エティカ』、第一部、定理一五、註解／『スピノザ、ライプニッツ』（世界の名著）、中央公論社、一九六九年、九六頁、工藤喜作・斎藤博訳）。

〔七〕 前注に引き続き、スピノザの『エティカ』の同箇所、以下を参照。「しかしもしいまだれかが、なぜわれわれは生まれつき量を分割しがちなのかとたずねるならば、私はその人に次のように答える。すなわちわれわれは量を二つの仕方で考える。一つは抽象的な、あるいは表面的な考え方である。それによれば量は〔ふつうの仕方で〕考えられる。他は量を実体として考えるものであり、これはたんに知性によってのみ「想像力の助けをかりずに」なされる。かくて、量をわれわれの想像力のままに――このことはよりしばしば、そして、より容易に行なわれることだが――とらえるならば、量は有限、可分的そして部分から成り立つものと見なされるであろう。だが次のことはきわめて困難なことだが、量を知性によってあるがままにとらえ、それを実体としての量と考えるならば、量は、すでに証明したように、無限、唯一、不可分のものと見なされるであろう」（スピノザ『エティカ』、第一部、定理一五、註解／『スピノザ、ライプニッツ』（世界の名著）、中央公論社、一九六九年、九五―九六頁、工藤喜作・斎藤博訳）。

〔八〕矛盾対当。論理学の用語で、一方が真なら他方は必ず偽であり、一方が偽であれば他方は必ず真であるという二つの命題の関係。

〔九〕媒辞。論理学の用語で、三段論法の小概念と大概念を前提で媒介し、結論を導く働きをする仲介の概念。

〔一〇〕実在空間については第24節、第25節、第26節を参照。

〔一一〕トーランドが反論する世界生成に関する混沌《カオス》説は、ベールの混沌《カオス》説反駁が念頭にあったように思われる。「四元素という数とその非混合性」という仮説については、ベールの以下の反駁を想起させる。「混沌《カオス》には熱さ、冷たさ、湿りけ、乾きなどのいわゆる変性的性質と、軽さや重さなどのいわゆる運動的性質——軽さは上昇運動の原因となり、重さは下降運動の原因となるから——の両者を含む原基的な諸性質があったのに、なおかつ永遠にわたって等質的だった混沌《カオス》を想定するほど不合理なことはない」（ピエール・ベール『歴史批評辞典』、「オヴィディウス・ナソ」、註G／『ピエール・ベール著作集』、第四巻、法政大学出版局、九七五頁、野沢協訳）。

〔一二〕「跳ね回る粒子の軽さと重さ」という仮説については、ベールの以下の箇所を参照。「それら〔四元素〕の諸部分のうちに熱のはたらき、四つの原基的性質の作用と反作用、加えて土と水の粒子には中心への運動、火と空気の粒子には周辺への運動を仮定すれば、たちまちそれで、これら四種類の物体を相互に必然的に分離して、しかもそのために或る限られた時間しか要しないような原理がうちたてられるからである」（ピエール・ベール『歴史批評辞典』、「オヴィディウス・ナソ」、註G／『ピエール・ベール著作集』、第四巻、法政大学出版局、九七五頁、野沢協訳）。

（一三）「事物の種子の分離」という仮説については、ベールの以下の箇所を参照。「ごらんのとおり、混沌《カオス》という言葉で考えられていたのは、個々のあらゆる物体の種子がこの上なく雑然とごちゃごちゃにまざりあっていた・物質の形をなさぬ塊のことである。空気も水も土もいたるところに共在し、すべてが戦闘状態にあり、それぞれの部分が他の部分と角突き合わせていた。……ごちゃごちゃにまざりあった元素間のその戦いはそれらを分離し各自にその場所を指定した神の権威によって終止符を打たれた」ピエール・ベール『歴史批評辞典』、「オヴィディウス・ナソ」、註G／『ピエール・ベール著作集』、第四巻、法政大学出版局、九七三頁、野沢協訳）。

（一四）「ある全能の造物主」については、ベールの以下の箇所を参照。「オヴィディウスや、彼がその説をパラフレーズした人たちは、混沌《カオス》を解きほぐすため必要もなしに神のはたらきに頼っていたのだ。諸部分を分離して各元素にしかるべき位置を与えられる混沌《カオス》内部の力を十分に認めていたからである。ならば、その上でどうして外的な原因を介入させたのか。それでは、芝居でほんの些細な葛藤を解決するため機械仕掛けの神《デウス・エクス・マキーナ》を使ったへぼ詩人の轍を踏むことになるではないか」（ピエール・ベール『歴史批評辞典』、「オヴィディウス・ナソ」、註G／『ピエール・ベール著作集』、第四巻、法政大学出版局、九七六―九七七頁、野沢協訳）。

（一五）デカルトの渦動説などを想起しているのかもしれない。

（一六）トーランドの『パンテイスティコン』（一七二〇年）には、汎神論者の哲学的アフォリズムの一つに、「世界のすべての諸事物は一であり、一はすべての諸事物のすべてである」がある。『パンテイスティコン』英訳、一七五一年、第二部、七〇頁を参照。

（一七）原語 autokinesy は自己運動あるいは自発的運動の意であり、この語は自己によらない、外的動因によって生じる「外来運動 heterokinesy」の反対語である。カドワースの『宇宙の真の知的体系』(一六七八年)には、「単純な内的エネルギーあるいは生命的自己運動 autokinesy ——それは……同意と意識を持たない——が存在するのかもしれない」(カドワース『宇宙の真の知的体系』、ロンドン、一六七八年/Ralph Cudworth, *The True Intellectual System of the Universe (1678)*, Collected Works of Ralph Cudworth, Facsimile Editions, Prepared by Bernhard Fabian, G. Olms, 1977, Volume I, p. 159)、あるいは「自己活動あるいは自己運動 autokinesy である思考は、自然の秩序においては、外来運動 heterokinesy である物体の場所運動より前に存在する、とプラトンは正しく規定した」(同書/ibid., p. 668)などの記述が見られる。

〔一八〕 物質の固性あるいは不可入性については第28節を参照。

〔一九〕 力 effort。「活動力」の意味として使っているようだ。この節の以下を参照。「ですが、停止している間にこの船から奪われているのは一種類の運動だけであり、すべての力あるいは活動力は奪われてはいません」。また、第31節の運動衝動 Conatus ad Motum への言及では、運動への衝動を物質に内在する本質的な活動力として暗示している。

〔二〇〕 「ニュートン氏は延長的な非物体的空間の支持者」については第13節のニュートンの絶対空間への言及を参照。

〔二一〕 「ああいう例」は第17節の言及を指し、「絶対的静止の状態にある物体」の例として相手が挙げた「岩石、鉄、金、鉛、木材など、何らかの外部からの力が働かなければ急には位置を変えないようなもの」を指す。

〔二二〕 投石器。古代の武器の一種で、皮などの小片の両端にひもをつけ、皮に石を入れそれを支える二本のひもを振り回しその一方を放して石を投げ飛ばす。

〔二三〕　世界霊魂。宇宙を支配する統一原理として考えられた霊魂。ピュタゴラス、プラトン、アリストテレス、ストア派、プロティノスなどにこの説が見られる。ストア派では、宇宙はプネウマ（気息）という一種のロゴス的な火気からなり、これはもっとも根本的な物質であり、いっさいはこれより出てまたこれに帰るとされ、一者、神、ロゴス（理法）、あるいは火と同一視された。

〔二四〕　ストラトン（ランプサコスの）（前二七〇年頃没）。古代ギリシアの哲学者。テオフラストスの弟子で、かれの死後アリストテレス学派の学頭をした。自然哲学者としてすぐれ、プラトンの霊魂不滅説に反対した。

〔二五〕　現代の物活論者。この節で触れられるスピノザやカドワースを指している。

〔二六〕　ヘラクレイトスのこの点に関して、カドワースは「ヘラクレイトスとゼノンは無神論者とみなせない。というのも、彼らは自分たちの火のような物質が生命だけでなく、元来それに属している完全な知性も持つと考えたからだ」（『宇宙の真の知的体系』、ロンドン、一六七八年／Ralph Cudworth, *The True Intellectual System of the Universe (1678)*, Collected Works of Ralph Cudworth, Facsimile Editions, Prepared by Bernhard Fabian, G. Olms, 1977, Volume I, p. 113）と述べている。

ヘラクレイトス（前五四〇頃—前四八〇年頃）。古代ギリシアの哲学者。エフェソスの人。箴言風の散文で書かれた断片が残っている。彼の思想は火を万物の根源とした「万物流転」の説として一般には類型化されているが、その解釈も一定しておらず、箴言風の晦渋な表現から「暗い人」とあだ名され、難解な哲学者として知られる。

〔二七〕　スピノザのこの点に関して、以下の言葉が参考になろう。「そして程度の差はどうであれ、すべての個体には魂が宿っているのである」(スピノザ『エティカ』、第二部、定理一三、註解/『スピノザ、ライプニッツ』(世界の名著)、中央公論社、一九六九年、一三九頁、工藤喜作・斎藤博訳)。なお、ベールはスピノザを「全く新しい方法にもとづく体系的な無神論者」(『歴史批評辞典』、「スピノザ」/『ピエール・ベール著作集』、第五巻、法政大学出版局、六三八頁、野沢協訳)と見なすが、「宇宙全体がひとつの実体にすぎず、神と世界は同じものだという考えは昔からあった」(同項、註A/前掲邦訳、六四三頁)、「世界霊魂というドグマは古代人の間ではごくありふれたもので、ストア派の体系の要でもあったが、つきつめるとこれがスピノザのドグマでもある」(同註/前掲邦訳、六四五頁)と評した。

〔三八〕　カドワース、レイフ(一六一七—八八年)。イギリスの哲学者、神学者。ケンブリッジ・プラトン学派の一人。サマセットのオーラー生まれ、一六三二年ケンブリッジ大学エマニュエル・カレッジに入学、一六三九年フェローとなる。一六四五年同大学クレア・ホールの学寮長、一〇月ヘブライ語教授となり、一六五四年クライスツ・カレッジの学寮長となった。主著『宇宙の真の知的体系』(一六七八年)は「自由と必然」に関する論考であり、宗教の基盤を覆すおそれのある必然論を論駁する意図で著された。そのターゲットは彼が唯物論的無神論とみなすホッブス、デカルト、カルヴィニズムの予定説などであった。彼の形成的生命あるいは形成的自然の概念は、一方で自然が持つ「内的な原理」を認め、他方で霊体として神の「従属的代行者」として物質に秩序と規則性をうみだすための原理と想定されている。この形成的自然を想定すれば、一方で物質の必然的な運動による原子論的機械論を退け、他方で神を自然界に直接関与させるデカルト主義者の一派を退け、世界のあらゆる事物を全能なる知性存在の支配下におくことができると主張した。

〔三九〕　カドワースはストラトンを「最初の無神論的物活論者」と呼んで、自分の形成的生命説との違いを強調したが、ストラトンの説については「物質のなかに生命と自然的知覚を考え、それが物質を支配するとした」(『宇宙の真の知的体系』ロンドン、一六七八年／Ralph Cudworth, *The True Intellectual System of the Universe (1678)*, Collected Works of Ralph Cudworth, Facsimile Editions, Prepared by Bernhard Fabian, G. Olms, 1977, Volume I, p. 108) と説明している。

〔三〇〕 ジャンセニスト。オランダのカトリック神学者コルネリユス・オットー・ヤンセン（一五八五―一六三八年）が唱えた神の恩寵の絶対的力を主張した一派で、意志の自由を強調したイエズス会と対立した。プロテスタント神学ではカルヴィニスト（カルヴァン派）によって神の絶対主権が唱えられた。

〔三一〕「神をたえず登場させ、あらゆる機会に、いやあらゆる活動で無差別に、しかも絶対的不可避的必然により神を働かせる」とは機会原因論への言及であろう。第四書簡、第15節と訳注〔一七〕を参照。

〔三二〕「無限で延長的しかも非物体的な空間」とは第26節に示されているように、ジョーゼフ・ラフソンの実在空間であり、この第24節と次の第25節がその批判に当てられている。

〔三三〕 有限の延長と無限の延長という区別に関しては、ジョーゼフ・ラフソンの以下の節を参照。「事物の本源的で構成的な属性（物質における延長のような）として事物の本質の内に見られる積極的・実質的なものはみな、実在的にまた真実に必ず第一原因の内になければならず、しかも無限に高い度合いで、その類においてもっとも完全な仕方でなければならない」（ラフソン『実在空間または無限の存在について』、一六九七年、八三頁。日本語訳としては、アレクサンドル・コイレが引用したものの邦訳を参照させていただいた。コイレ『コスモスの崩壊――閉ざされた世界から無限の宇宙へ』、白水社、一九七四年、二四四頁、野沢協訳）。

〔三四〕「物質が運動から抽象される」ということに関しては、「序文」第14節のxxvi―xxvii頁の「運動はある観点のもとでは物質にほかならないと、はっきり示したと私は思っているからです」という表現を参照。

〔三五〕　延長一般と個別的延長の質的な違い、あるいは形而上学的な違いに関してはラフソンの以下の節を参照。「この内的場所、または真に最奥の場所は、その本質によってすべてのものに浸透し、分割されず、すべてのもののもっとも内深く存在する。それは何物にも浸透されず、浸透されたものとして考えられることもありえない。無限で、もっとも完全で、一にして不可分である。そこから、これと他のすべてのものがいかに無限の距離でへだてられているかが明らかになる。ほかのものはただかりそめの存在しか持たず、無限で永遠でいわば本質的なこの存在の前では、予言者（イザヤ書第四〇章）の洗練された言葉を借りれば「無きにひとしい」。言うなればそれらは真の実在のかすかな影であって、かりにいたるところにあったとしても、第一原因の内に最高度に積極的、かつ最高度に実在的にあると解されるあの無限性を最低の度合いでもけっして表わしはしないであろう」（ラフソン『実在空間または無限の存在について』、一六九七年、九〇頁以下。日本語訳としては、アレクサンドル・コイレが引用したものの邦訳を参照させていただいた。コイレ『コスモスの崩壊』、白水社、一九七四年、二四六頁、野沢協訳）。

〔三六〕　ラフソン、ジョーゼフ（生没年不詳、活動期は一六八九―一七一二年）。彼の略伝は書かれなかったようで詳細は不明。イギリスの数学者。一六九〇年『方程式の普遍的解法』を刊行し、その功績によって翌年王立学士院の会員に選ばれた。一六九二年ケンブリッジ大学ジーザス・カレッジを文学修士で卒業した。一六九七年の『実在空間または無限の存在について』（同年刊行の『方程式の普遍的解法』、第二版に付された）には彼の宇宙論、自然哲学、数学、カバラの融合が見られる。一七一〇年『神の証明』が出版された。

〔三七〕「彼自身が引き合いに出す典拠」の一つにケンブリッジ・プラトン派のヘンリ・モア（一六一四―八七年）が挙げられるだろう。コイレによれば、『実在空間または無限の存在について』の空間概念を歴史的に論じた箇所では、デカルトの延長と物質の同一化を批判し不動の非物質的延長の存在を証明したヘンリ・モアの説に焦点が当てられているようだ。アレクサンドル・コイレ『コスモスの崩壊』、第八章、白水社、一九七四年、野沢協訳を参照。

〔三八〕キケロ『神々の本性について』、第二巻、八の二二を参照。

〔三九〕キケロ『神々の本性について』、第三巻、九の二三を参照。

〔四〇〕本文中の「仮定」はヘンリ・モアによる『形而上学要綱』（一六七一年）、第六章にある一節を念頭に置いているのだろうか。この章は、非物体的実体の存在を証明するために、動きうる物質と区別された動きえぬ延長物、すなわち空間を証明することに当てられている。モアは不動の延長物である空間がなければ以下のような不条理が生じると論じる。「第三に、もう一つ別の世界を創造することは、神には絶対に不可能だということになろう。二つの青銅の球、あるいはこれら二つの世界にしても、平行な軸のそれぞれの極は、その間に空間がないので同時に互いにぴったり重なってしまうからだ」（*Henry More's Manual of Metaphysics: A Translation of the Enchiridium Metaphysicum (1679) with an Introduction and Notes*, translated by Alexander Jacob, G. Olms, 1995, PART 1, p. 38）。

〔四一〕「私は問うが、ただ一つの単独な物体だけが動いて、その場所へ他の物体がすぐ続いて入らないという観念を、人間はもつことができないかどうか。私は明白にできると思う」（ロック『人間知性論』、第二巻、第四章、第三節、／ジョン・ロック『人間知性論』、第一分冊、岩波書店（岩波文庫）、一九七二年、一六七頁、大槻春彦訳）。

〔四二〕「なぜなら、ある距離にある二物体が固い物にふれたり、これを押しのけたりせずに、表面が出会うようになるまで近づき合えると想念できるだろう」（ロック『人間知性論』、第二巻、第四章、第三節／ジョン・ロック『人間知性論』、第一分冊、岩波書店（岩波文庫）、一九七二年、一六七頁、大槻春彦訳）。訳注〔四二〕と〔四三〕に引用したロックの主張は、ロックが「固性のない純粋空間の観念」を論証する議論の一部である。〔四二〕と〔四三〕を含む以下の引用を参照。「なぜなら、ある距離にある二物体が固い物にふれたり、これを押しのけたりせずに、表面が出会うようになるまで近づき合えると想念できるだろう。これで、固性のない空間の明晰な観念がえられると思う。というのは、……私は問うが、ただ一つの単独な物体だけが動いて、その場所へ他の物体がすぐ続いて入らないという観念を、人間はもつことができないかどうか。私は明白にできると思う。……もしそうなら、その物体が捨てた場所は、固性のない純粋空間の観念を私たちに与える。この場所へはどんな他の物体も、どんな事物の抵抗もなく、いいかえれば、どんな事物も押しださずに、入ることができよう」（ロック同書、第二巻、第四章、第三節／前掲邦訳、一六七―一六八頁）。

〔四三〕「他の言葉も交え以下のように」とトーランドが言うように、この引用はロックの原文どおりではないので、該当箇所を以下に示した。「もし物体は無限だと想定しなければ（だれも無限と断定する者はなかろうと思う）、私は問うが、神が人間を形体的な存有者《もの》の末端に置いたとき、その人間は、自分の身体より先へ手を延ばせなかったかどうか。もし延ばせたら、前には物体のない空間だった所へ腕を置いたのであり、そこで指を拡げれば、指の間に物体のない空間がやはりあるだろう。また、もし手を延ばせなかったら、ある外的妨害のためでなければならない」（ロック『人間知性論』、第二巻、第一三章、第二一節／ジョン・ロック『人間知性論』、第二分冊、岩波書店（岩波文庫）、一九七四年、二八頁、大槻春彦訳)。

〔四四〕 トーランドはロックの以下の箇所を想起しているのだろう。「なるほど、私たちは固性ある延長の終わりに思惟の中でよういに到達できる。すべての物体の末端・境界に到達するのに困難はない。が、心がその末端・境界にいるとき、心は、この終わりない広がりの中へ進んで行くのを妨げる事物をなにも見いださないのである。終わりない広がりの終わりを心はすこしも見いだせないし、想念できない」(ロック『人間知性論』、第二巻、第一五章、第二節/ジョン・ロック『人間知性論』、第二分冊、岩波書店(岩波文庫)、一九七四年、六三頁、大槻春彦訳)。ここでロックが言う「終わりない広がり endless Expansion」とは「空間」を指しているが、これをトーランドは「(彼が無限と認める)延長 Extension (which he acknowledges infinite)」と言い換えている。ただし、ロックは「広がり」と「延長」という観念を区別し、「延長 Extension という名まえを物質だけに、いいかえれば個々の物体の末端の距離だけに当てはめ、広がり Expansion という名辞を空間一般に、空間を占める固性ある物体のあるなしにかかわらず当てはめて、空間 Space は広がり、物体 Body は延長すると言うのが、たぶん望ましいことだったろう」(ロック同書、第二巻、第一三章、第二七節/前掲邦訳、三五頁)と述べている。

〔四五〕 トーランドはロックの以下の箇所を想起しているのだろう。「分割された物体の最小分子がからしだねの大きさの場合、分割された物体の部分が物体面積の域内で自由に動く余地があるには、からしだねのかさに等しい空虚な空間が必須であるなら、物質分子がからしだねより一億分の一小さい場合は、固性ある物質を欠く空間もからしだねの一億分の一の大きさがなければならない。なぜなら、一方でよいなら、他方でもよいだろう。こうして、限りなく小さくなってゆくだろう。そして、この空虚な空間がどんなに小さくとも、充満という仮説は打ち破られる」(ロック『人間知性論』、第二巻、第一三章、第二三節／ジョン・ロック『人間知性論』、第二分冊、岩波書店(岩波文庫)、一九七四年、三一頁、大槻春彦訳。文脈に合わせて一部訳語をかえた箇所がある)。ここでロックは「運動は真空を証明する」ことを言明し、空間が物質に満たされているとするデカルト説に異を唱えている。

〔四六〕ここはロック『人間知性論』、第二巻、第一三章、第二一節／ジョン・ロック『人間知性論』、第二分冊、岩波書店(岩波文庫)、一九七四年、二九頁、大槻春彦訳からの引用である。文脈に合わせて一部訳語をかえた箇所がある。

〔四七〕ここは、直前のロックの引用〔四六〕に続く以下の箇所を念頭に置いているのだろう。「私は想うが、神は、物質にあるいっさいの運動を終わらせて、宇宙のすべての物体を完全な静寂と静止に固定し、これを好きなだけ続けることができるということ、これを否定する者はなかろう。そうすると、こうした全般的静止の間に神はこの書物とかそれを読む者の身体とかを消滅できると容認する者は、真空の可能性を必然的に許さなければならない。なぜなら、消滅した物体の部分が満たしていた空間は明白に依然として残り、物体のない空間であるだろう。というのも、周囲の物体は完全な静止にあるから鉄壁であって、その状態ではなにか他の物体がその空間に入るのを完全に不可能にするからだ」(ロック『人間知性論』、第二巻、第一三章、第二二節／ジョン・ロック『人間知性論』、第二分冊、岩波書店(岩波文庫)、一九七四年、二九―三〇頁、大槻春彦訳)。このようにして、ロックは神の「消滅の力能は真空を証明する」と説いている。

〔四八〕ここは以下の箇所を想起しているのだろう。「あの〔デカルト派の〕人たちは、口に出して言うのを嫌うが、物体は無限だと白状しなければならないか、それでなければ、空間は物体でないと断言しなければならない」（ロック『人間知性論』、第二巻、第一三章、第二一節／ジョン・ロック『人間知性論』、第二分冊、岩波書店（岩波文庫）、一九七四年、二九頁、大槻春彦訳）。

〔四九〕　これについて、デカルトは以下のように述べている。「二六　無限なものについては、けっして論議してはならない。しかし、世界の延長、物質の部分の可分性、星の数など、単にそのうちにいかなる限界も認められないようなものは、無際限なものとみなすべきである。……二七　無際限なものと無限なものとの間には、どのような違いがあるのか。ここに述べたこれらのものを、われわれは無限というよりもむしろ無際限と言うであろう。その理由は、第一には、無限という言葉をただ神だけにとどめておくためにである。というのは、ただ神においてのみ、あらゆる点からみて、いかなる限界も認められないばかりでなく、いかなる限界もないと積極的に理解されるからである」（デカルト『哲学原理』、第一部、第二六—二七節／『デカルト著作集』第三巻、白水社、一九七三年、四七—四八頁、三輪正・本多英太郎訳）。

〔五〇〕　ここは以下の箇所を参照。「二一　同様に、世界が無際限に延長していることも論証される。われわれはさらに、この世界、すなわち物体的実体の全体がその延長にいかなる限界も持たないことを認識する。実際かような限界をどう想像しようと、常にその限界の外に無際限に延長している空間を想像することができる。しかもそれらの空間が、真に想像可能なものすなわち実在的なものであることも覚知され、したがってそれらの空間のうちに無際限に延長している物体的実体が含まれることも認識されるのである。既に詳しく説明したように、延長の観念はどのような空間において考えられようと、物体的実体の観念とまったく同じであるからである」（デカルト『哲学原理』、第二部、第二一節／『デカルト著作集』第三巻、白水社、一九七三年、九二—九三頁、三輪正・本多英太郎訳）。

（五一）　単純観念と複雑観念はロックの基本的概念の一つであり、トーランドは彼に依拠しているようだ。以下を参照。「私たちのいっさいの知識の材料であるこれらの単純観念は、ただ前に挙げた二つの道、すなわち感覚と内省だけによって心に示唆され、備えられる。知性がひとたびこれらの単純観念を貯えると、知性はそれら単純観念を、ほとんど限りなく多様なまでにくり返し・比較し・合一する力能をもち、したがって、新しい複雑観念を好き勝手に作ることができる」（ロック『人間知性論』、第二巻、第二章、第二節／ジョン・ロック『人間知性論』、第一分冊、岩波書店（岩波文庫）、一九七二年、一五九頁、大槻春彦訳）。

単純観念の自明性については、以下を参照。「単純観念の名まえは一つの単純知覚を表わすだけだから、人々はおおむねその意味表示でよういに、また、完全に一致し、意味についてまちがいや口論の余地はまずないのである」（ロック同書、第三巻、第四章、第一五節／前掲邦訳、第三分冊、岩波書店（岩波文庫）、一九七六年、一二四頁、大槻春彦訳）。

（五二）　ロックの以下を参照。「単純観念の名まえはすこしも定義できない。複雑観念の名まえはすべて定義できる」（ロック『人間知性論』、第三巻、第四章、第四節／ジョン・ロック『人間知性論』、第三分冊、岩波書店（岩波文庫）、一九七六年、一一四頁、大槻春彦訳）。

（五三）　ロックの以下を参照。「複雑観念はいくつかの単純観念から成る。したがって、前にはけっして心になかった複雑観念を心に印銘し、ひいては、その名まえを理解されるようにすることは、ことばの、すなわち、複雑観念を構成するいくつかの単純観念を表わすことばの、力能にあるのである。定義すなわち一つの言葉の意味表示を他のいくつかのことばで教えることは、そうした〔複雑観念という〕一つの名まえのもとに通る観念集合の場合にある……虹のいろいろな色をすべて知っているが虹の現象をまだ一度も見たことのない者に対して虹ということばを使う人があったら、その人はいろいろな色の形・大きさ・位置・順序を列挙し、これによってこのことばをたいへんよく定義し、したがって、ことばは完全に理解されることができたろう。けれども、どんなに正確完全であっても、この定義は盲人に虹ということばをけっして理解させなかったろう。というのは、虹の複雑観念を作る単純観念のそれぞれは、盲人が感覚・経験によってけっして受けとらなかったようなものだから、どんなことばも盲人の心にそうした単純観念を喚起できないのである」(ロック『人間知性論』、第三巻、第四章、第一二—一三節/ジョン・ロック『人間知性論』、第三分冊、岩波書店(岩波文庫)、一九七六年、一二二—一二三頁、大槻春彦訳)。

〔五四〕「移行、移動、取り除くこと、継続的に当たること、などが運動を表わす別の言葉であって、けっしてそれ自体の定義でないことは、アリストテレスの「可能的なものとしてのかぎりにおける可能的なものの完全実現態」についても同様です」は、ロックの『人間知性論』、第三巻、第四章、第八—九節/ジョン・ロック『人間知性論』、第三分冊、岩波書店(岩波文庫)、一九七六年、一一六—一一八頁、大槻春彦訳の内容に該当する。ロックによれば、現代の原子論者は運動を「一つの場所から他の場所への移行」(前掲邦訳、一一七頁)と定義し、デカルト派は「一物体の表面部分が他の物体の表面部分へ継続的に当たること」(前掲邦訳、一一八頁)と定義しているが、いずれも定義できない単純観念である運動を定義しようとしたアリストテレスの「精妙なたわごと」(前掲邦訳、一一六頁)以上に成功してはいない、と述べられている。

〔五五〕これは前注で「精妙なたわごと」と評してロックが引用したアリストテレスの運動の定義である。アリストテレス『自然学』/『アリストテレス全集』、第三巻、岩波書店、一九六八年、八四頁、出隆・岩崎允胤訳を参照。

〔五六〕　これはロックの「固性について」に依拠しているので、以下を参照。「固性の観念を私たちは触覚で受けとる。で、この観念は、ある物体がその占有する場所を去るまで、この場所へ他の物体が入らないようにする、その物体に見いだされる抵抗から生ずるのである。……また、私たちが日々手にする物体は、両手の間にあるかぎり、物体を押す両手の部分の接近を打ち勝ちがたい力で妨げることを私たちに知覚させる。二物体が互いに向かい合って動くとき、このように二物体の接近を妨げるものを、私は固性と呼ぶのである。この〔固いを意味する〕solid と言うことばの語義が数学者の使う〔立体的という〕語義より本原の意味表示に近いかどうか、私は討議しようと思わない。私は solidity の普通の思念がこの用語法を、たとえ正しいとせずとも容認するだろうと考えるだけで、じゅうぶんである。が、もし不可入性と呼ぶほうがよいと考える者がいるなら、それでもよい。ただ、私はこの観念を表現するのに固性という専門語のほうがいっそう適切だと考えた。というのは、前述の意義で世間一般に使われるだけでなく、不可入性に比べて積極的なものを内にもっているからでもある。不可入性は消極的で、固性そのものというより、おそらく固性の帰結なのである。この固性は、とりわけて物体にもっとも密接に結合していて本質的な観念であるように思われる。それほど、物質にだけ見いだされ、あるいは想像されて、他のどこにも見いだされたり想像されたりしない」（ロック『人間知性論』、第二巻、第四章、第一節／ジョン・ロック『人間知性論』、第一分冊、岩波書店（岩波文庫）、一九七二年、一六五—一六六頁、大槻春彦訳）。

〔五七〕　ロックの以下を参照。「世界中のありとあらゆる物体が四方から一滴の水を圧しても、物体が近づき合おうとするのに対する抵抗は、水滴が柔軟であるにもかかわらず、物体の近づき合う道から水滴を移動させせないかぎり、けっして克服できないだろう」（ロック『人間知性論』、第二巻、第四章、第三節／ジョン・ロック『人間知性論』、第一分冊、岩波書店（岩波文庫）、一九七二年、一六七頁、大槻春彦訳）。

〔五八〕 訳注〔五六〕を参照。

〔五九〕 ロックの以下を参照。「この世のもっとも軟らかい物体も、二つの他の物体のいっしょになる途中の道からどけられず、その中間にとどまれば、およそ見いだされ想像されることのできるかぎりのもっとも硬い物体と同じように、二物体のいっしょになることに抵抗して、これに勝つことはできないだろう」（ロック『人間知性論』、第二巻、第四章、第四節／ジョン・ロック『人間知性論』、第一分冊、岩波書店（岩波文庫）、一九七二年、一六九―一七〇頁、大槻春彦訳）。

〔六〇〕 ロックの以下を参照。「固性はまた次の点で硬さとも差別される。すなわち、固性とは充実していることで、ひいては、その占有する空間から他の物体をあくまで排除することだが、硬さ hardness とは、ある感知できるかさのかたまりを作り上げる物質部分がしっかり凝集して、全体がその形をたやすく変えないことである」（ロック『人間知性論』、第二巻、第四章、第四節／ジョン・ロック『人間知性論』、第一分冊、岩波書店（岩波文庫）、一九七二年、一六八頁、大槻春彦訳）。

〔六一〕 第3節でトーランドは「もっとも固くかさばる岩」と述べて、solid を一般的な「硬い hard」の意味で用い、ここで区別している哲学的な意味で用いてはいないことを指す。

〔六二〕 ここはロックの固性についての記述、すなわち「また、物質相互の衝撃・抵抗・押しだしも物体の固性にもとづく」（ロック『人間知性論』、第二巻、第四章、第五節／ジョン・ロック『人間知性論』、第一分冊、岩波書店（岩波文庫）、一九七二年、一七〇―一七一頁、大槻春彦訳）を参照したものと思われる。

〔六三〕 ウィス・モトリックス Vis motrix. ニュートンは向心力の起動量に関連して、起動力について以下のように述べている。「力についてのこれらの量を、簡単のため、起動力、加速力、絶対力の名で呼ぶことにし、区別のためにそれらを、中心に向かう物体に、その物体の場所に、力の中心に、関連づけることにする。すなわち、起動力《ウィス・モトリックス》は、物体の各部分が中心に向かうコーナートゥスから合成される全体の中心に向かうコーナートゥスとして、物体に関連させ」（ニュートン『自然哲学の数学的諸原理』、定義Ⅷ／『ニュートン』（世界の名著）、中央公論社、一九七一年、六三頁、河辺六男訳）と述べている。ニュートンのこの用語をトーランドは自らの「物質に本質的な活動力」を意味すると解したのだろう。コーナートゥスについては訳注〔七〇〕を参照。

〔六四〕 ウィス・インプレッサ Vis impressa. ニュートンはウィス・インプレッサについて、「外力《ウィス・インプレッサ》とは、物体の状態を、静止していようと、直線上を一様に動いていようと、変えるために、物体に及ぼされる作用である。この力は作用のうちだけにあって、作用が終わればもう物体中には残っていない。なぜなら、物体はあらゆる新しい状態をその固有力だけによって維持するものだからである。そして外力は、打撃からとか、圧力からとか、向心力からとか、さまざまな原因による」（ニュートン『自然哲学の数学的諸原理』、定義Ⅳ／『ニュートン』（世界の名著）、中央公論社、一九七一年、六一頁）と述べている。ニュートンのこの用語をトーランドは自らの「活動力一般がある限定づけをなされたもの」を意味すると解したのだろう。

〔六五〕 これは「動物の自発的運動」を、「押しやる力あるいは引きよせる力」という「物理的原因」によって説明しようとするトーランドの試みであろうが、この試みで興味を引かれるのは、物体の直接的接触による運動ではなく、物体から絶えず流出する微粒子による運動の説明として示されていることであろう。あとに引用されている、原注＊1のニュートンの文章を参照。

〔六六〕　トーランドは以下の箇所を示しているのだろう。「しかしわたくしたちは、応用技芸よりも原理的諸問題に留意し、手先の力についてではなく自然界に存在する力について書き、重さ、軽さ、弾力、流体の抵抗、その他同種の力に、引きよせるものでも押しやるものでも、関係することがらをもっぱら取り扱います。そういうわけでこの著作を哲学の数学的諸原理として提出いたします。哲学における困難はすべて次の点にあると思われるからです、さまざまな運動の現象から自然界のいろいろな力を研究すること、そして次にそれらの力から他の現象を説明論証すること。それには第一篇および第二篇において扱われた一般的な諸命題が関係しています。そして第三篇ではそのことの実例を、世界体系（宇宙系）の解明において与えました」（ニュートン『自然哲学の数学的諸原理』、序文／『ニュートン』（世界の名著）、中央公論社、一九七一年、五六―五七頁）。

〔六七〕「神はこの物質を延長的のみならず活動的にも創造する能力があった、物質に一方のみならず他方の特性も与えることが可能であった、神が物質に前者を授けて後者を授けなかった理由は何も定められないとするなら」という仮定は、ロックが、人間の認識能力の限界ゆえに、物質は思考するか否かを知ることはできないとして、物質の思考可能性を示唆したことを、物質の活動性に適用したものであろう。ロックは以下のように述べている。「私たちは物質と思考の観念をもっている。が、たぶん、ある単なる物質的な存在が思考するか思考しないかを知ることは、けっしてできないだろう。というのは、私たち自身の観念を観想することで、啓示がなければ、全能者がある適当に配置された物質の体系に知覚し思考する力能を与えたもうてなかったかどうか、あるいはそうでなくて、そのように配置された物質にある思考する非物質的実体を連結し固定したもうてなかったかどうか、これを発見することは私たちにはできないのであり」(ロック『人間知性論』、第四巻、第三章、第六節/ジョン・ロック『人間知性論』、第四分冊、岩波書店(岩波文庫)、一九七七年、三四頁、大槻春彦訳。文脈に合わせて一部訳語を替えた箇所がある)。

〔六八〕 これはマールブランシュ一派の機会原因論への言及であろう。

〔六九〕 機会原因論を唱えたマールブランシュ一派のことであろう。

〔七〇〕 運動衝動 Conatus ad Motum. Conatus は「努力」、「衝動」、「傾動」の意味である。デカルトは Conatus ad Motum を以下のように説明している。「五六　生命のない事物のうちにある運動しようとする衝動は、どう解すべきか。〔諸物体〕は、それがめぐって回転している中心から離れて行こうとする、と私がいっても、だからといって、私がその中心に何か意識といったものを仮想して、そこからその運動衝動が出てくる、となしているのだと考えられてはならない。むしろ物体はそのような状態に置かれて、運動をするようにしいられているので、事実また、他の原因によって妨げられることがなければ、その方向に動いて行こうとするのだと、考えなくてはならない」(デカルト『哲学の原理』、第三部、第五六節/『世界の大思想』、第二一巻、「デカルト」、河出書房新社、一九七四年、三〇四頁、枡田啓三郎訳)。また、ライプニッツは「外向的傾動」を以下のように説明している。「あらゆる動体はそれが描く曲線から接線に沿って離隔しようと傾動するから、この傾動を外向的傾動とよぶことができるであろう」(ライプニッツ『天体運動の原因についての試論』/『ライプニッツ著作集』、第三巻、工作舎、一九九九年、四〇五頁、横山雅彦・西敬尚訳)。

〔七一〕 第23節を参照。

〔七二〕　ライプニッツのことを暗示しているのかもしれない。

解説

三井礼子

はしがき

『セリーナへの手紙』（一七〇四年）のこの邦訳は、『秘義なきキリスト教』（一六九六年）の拙訳（法政大学出版局、二〇一一年）に後続するものである。『秘義なきキリスト教』では、「I　ジョン・トーランドの前半生と作品」と題して、出生から『秘義なきキリスト教』を経て、非難を受けたこの著作と「コモンウェルスマン」としての活動について、聖職者議会下院に対し弁明を行った『自由の擁護、またはトーランド氏の自己弁護』（一七〇二年）出版までを取りあげ、便宜的に「前半生」として略伝を示した。今回は『セリーナへの手紙』を軸としてその前後を取りあげ（『セリーナへの手紙』との関連において再説あるいは補足すべきドイツでの活動も含め）、一七〇一年から一七〇五年までの略伝を付した。それ以後の「後半生」については、トーランドの他の著作を翻訳する機会に恵まれたときに補完したいと思う(1)。

目次

I　ジョン・トーランドの活動と作品（一七〇一年から〇五年まで）

ジョン・トーランド（一六七〇―一七二二年）による一六九六年の『秘義なきキリスト教（*Christianity Not Mysterious*）』の出版後この著作への反駁書が相次いで出版され、イングランドではミドルセックスの大陪審によりこの著作が告発され、さらに帰国した故国アイルランドでも大陪審によって告発され、議会下院により焚書と逮捕・起訴が決議され、トーランドは異端的思想家という烙印を押された。また、当時は国王殺しの支持者と一般にはみなされた共和主義者たちの諸著作を編纂・出版したこと、とりわけ一六九八年の「ジョン・ミルトン評伝（The Life of John Milton）」（『ジョン・ミルトンの歴史書・政治書・雑録から成る全集』全三巻の巻頭に付された評伝）において、自らを専制政体に対して市民的自由を擁護する「コモンウェルスマン commonwealthman」であると表明したことでさらに悪評を招いた。

一七〇一年二月に聖職者議会[2]が招集され[3]、三月にトーランドは聖職者議会下院が彼の『秘義なきキリスト教』と『アミュントール、またはミルトン評伝弁護（*Amyntor: Or, a Defence of Milton's Life*）』（一六九九年）を調査委員会で検討していることを知った[4]。この事件について彼が翌年出版した『自由の擁護、またはトーランド氏の自己弁護（*Vindicius Liberius or, M. Toland's Defence of Himself*）』（一七〇二年）

によれば、この告発の顚末は次のように説明されている。彼らは「キリスト教あるいはイングランド国教会に反対する最近出版された本について調査委員会を設立し」、トーランドの二著作はその対象とされた。これに対し、そのような手段に訴えずに彼に名誉回復の機会を提供するか、あるいは自著に譴責決議が出される前に彼自身の弁明を聞くように取り計らってほしいと、彼は聖職者議会下院議長に手紙を書いた。しかし、彼の手紙は一部の人に「非公式に見せられただけのようで[5]」、トーランドが望んでいた公的な弁明の機会は与えられなかった。彼は聖職者議会下院議長宛の二通目の手紙で、「あなたは私の意図を誤解しているようです。私は公人として、あなたが議長を務める議会に、あるいは少なくともあの委員会に、私の手紙を伝えてもらうためにあなたに書いたのです[6]」と抗議したが弁明の機会は与えられず、聖職者議会下院は、『秘義なきキリスト教』は「破滅を招く原理からなり、キリスト教に危険な結果を及ぼすもので、（彼らが言うところの）〔トーランドの注記〕ある意図に基づいて書かれ、キリスト教信仰の基本箇条を破壊するに至る[7]」本であると公式の決議文を採択し、三月二〇日頃に上院の主教たちに送られた。四月八日、主教たちは「異端的で、不信心で、不道徳な書物に関して、とりわけ下院から彼らのところへ提出されてきたこの本に関して法学者の評議会に諮問した結果、国王からの許可がなければ（それをまだ彼らは得ていなかった）〔トーランドの注記〕、どんな方法を用いても彼らがそのような本を司法上譴責できる十分な権限を持つことはできず、それどころか、そのようなことをすれば、聖職者議会上下両院は処罰を受けるだろうと忠告された[8]」と言明した。こうして、聖職者議会下院からの告発は上院で却下されて決着を見たのである。

第一回目のドイツ滞在（一七〇一年八月から一〇月頃まで）

一七〇一年から数年にわたって、トーランドは

「コモンウェルスマン」としてもっとも影響力をもつ著作家の一人であった。一七〇一年六月に王位継承法が成立すると、この法を擁護して『自由イングランド、またはイングランド王位の限定と継承の説明と宣言（*Anglia Libera, or the Limitation and Succession of the Crown of England explain'd and asserted*）』（一七〇一年）を出版し、ハノーヴァー選帝侯妃ソフィアの王位継承権の正当性を擁護し、ローマ・カトリック教会と専制的権力を排除する「イングランド王位の限定と継承」が「国王陛下の勅語、議会の審議、国民の願望、我々の宗教の安全、我々の国体の本質、ヨーロッパの均衡、人間の権利」に基づくことを国内外に喧伝した。この著作はフランス語、ドイツ語、オランダ語などに翻訳されてハンブルクやロッテルダムで出版された。国王ウィリアム三世にトーランド自らが捧げたこの著作が王位継承法を公的に擁護したものと評価されたことは、専制政体からの自由を訴えた「コモンウェルスマン」としての彼の政治的主張に公的な正当性が認められたのだと考えられよう。この功績によって、トーランドは王位継承法をハノーヴァー選帝侯妃に献上するマクルズフィールド伯の使節団に同行することが許され、八月一四日の献上式の少し前にはハノーファーに到着しており、選帝侯家との謁見では「私は王位継承法のために選帝侯妃に跪いてその手にキスをする栄光を授かった最初の者でした[9]」と誇らしげに述べている。彼は五、六週間にわたる滞在中に選帝侯妃と談論を楽しみ、時にはその場にライプニッツも同席した。

トーランドは彼のドイツ滞在記録『プロイセンとハノーファーの宮廷について』（一七〇五年）でこう述べている。選帝侯妃ソフィアは七三歳の高齢でも元気で、ヘレンハウスの庭園を一、二時間以上も散策するので、彼女と会話を楽しむ者以外は疲れてしまう、と。またその教養については、神学、哲学、歴史などのあらゆる分野の本の話題において比類のない知識を有する女性で、学識者の間でも長く賞賛の的となっている、と述べている[10]。また、英語、ドイツ語、フランス語、イタリア語、低地ドイツ語を話し、英語についてはは母親（イングランド国王ジェイムズ一世の娘、エリザベス・ステュアート）がイングランド人であるため同国人と同様に堪能であり、風貌、振舞い、気質、嗜好の点でもまったくのイングランド人で、同国に特有なものに敏感であると、将来の王位継承者に対してイングランド人の好感度を高めようとするような賞賛ぶりである。ここに述べられた彼女の学識と言語能力への賞賛は、『セリーナへの手紙』序文、第7節にも見られるものである。イングランドの宗教に関して、彼女はイングランド国教会にも他のプロテスタントにも敬意を抱いており、現在の主教その他の聖職者の穏健な気質に、とりわけ彼らが法で確立された自由を非国教徒にも認めていることに魅力を感じている、と述べられている。[11]

ライプニッツはトーランドに会う以前に彼の「ジョン・ミルトン評伝」をすでに読んで知っていた。トーランドは今回、彼に『秘義なきキリスト教』を進呈し、これにライプニッツはすぐさま一七〇一年八月八日付けで「覚書（*Annotatiunculae*）」[12]を書いてトーランドに手渡し、彼の本をプロイセン王妃ゾフィー・シャルロッテに送っている。さて、トーランドはハノーファー滞在後、ベルリンを訪れた。九月末から一〇月初めにかけてプロイセン王国を訪れ、国王フリードリッヒ一世に謁見し、王妃ゾフィー・シャルロッテのサークルにも迎えられて、学者、神学者、知識人たちと談論に応じている。この逗留において一〇月初めに、[13]トーランドは王妃付きの牧師イザーク・ド・ボーゾーブル[14]と宗教に関して二時間にわたって議論している。ボーゾーブルによれば、彼がリュッツェンブルク宮殿に赴いたとき、王妃は立ち上がって次のように言葉をかけた。「こちらの外国の方は宗教に関してあなたの考えと同じではありません。彼は私たちの信仰の土台を批判し、私たちに聖書を疑わせようとしています。あなたは聖書を擁護する必要があると思います」と。トーランドは新約聖書については、古代人が正典に疑わしい著作を含めてしまったために聖書の確実性が損なわれていると、『アミュントール、またはミルトン評伝弁護』（一六九九年）での主張を展開し、その他聖書諸編について両者は様々な論題をとりあげて宗教論議を交わした。トーランドはプロイセン王妃の宮廷での談論の後、年内にはオランダを経てイングランドに帰国した。

一七〇一年一一月一一日に、現議会の解散および一二月三〇日の新議会の開催が宣言された。新議会において国王の開会演説が行われてからまもなく、トーランドは一七〇二年一月に、『一、ハノーヴァー選帝侯未亡人と選帝侯皇太子のイングランドへの招聘を国王陛下に進言する理由。二、皇太子僭称者の権利剝奪と正式拒絶の理由（*I. Reasns for Addressing His Majesty to Invite into England Their Highnesses, the Electress Dowager and the Electoral Prince of Hanover: And Likewise, II. Reasons for Attainting and Abjuring the Pretended Prince of Wales*）』（一七〇二年）を匿名出版し、新議会での法案可決に先立ってハノーヴァー選帝侯未亡人ソフィアの正当な王位継承権とその継承を推進するホイッグの主張を説いた。新議会では、亡命先のフランスで宮廷を構えていたジェイムズ二世が没したのに伴って皇太子僭称者（ジェイムズ・エドワード・ステュアート、いわゆる老王位僭称者）の権利剝奪とプロテスタントによる王位継承を宣言する二つの法案が可決され、ウィリアム三世はこれらの法案に同意を与えた直後一七〇二年三月八日に死去し、アン女王が即位した。

ジェイムズ二世の直系で国教会に深く帰依していたアン女王の治世は、世襲君主政と国教会の堅持を基本理念とするトーリが巻き返しをはかる時期へと転換していく。『秘義なきキリスト教』以後、ホイッグの「革命の原則」を支持し一貫して「コモンウェルスマン」として活動してきたトーランドも逆風に見舞われる。『ハノーヴァー選帝侯未亡人と選帝侯皇太子のイングランドへの招聘を国王陛下に進言する理由』は女王への忠誠を阻害するに至る「破廉恥で危険な主張かつ提唱」[15]として五月にイングランド議会上院から非難された。

同年、トーランドは『自由の擁護、またはトーランド氏の自己弁護』（一七〇二年）を出版して、前年の聖職者議会下院による異端狩り的な、独断的で法的根拠を持たない告訴に徹底的に抗議した。同議会下院の訴訟事件を取り上げた本の中で、自分が「無神論的で唾棄すべき本の著者」[16]として描かれているのに気づいたトーランドは、無神論者扱いされることを恐れたのであろう。その弁護の中で、トーランドは上院の主教たちが法学者たちに尋ねた二つの質問とそれに対する回答を『聖職者議会史』から引用し、以下のように弁明を提出している。「第一、聖職者議会が異端的で、不信心な、不道徳な書物に関して見解を述べることは何らかの法律に反しているかどうか。これに対し、肯定する答えを彼らは受けた。第二に、（彼らが『秘義なきキリスト教』から抜粋した）〔トーランドの注記〕見解は何らかの法律に反するような意見であったかどうか。これに対しては、彼らは否と答えられた。この回答に主教たちは満足せずに、さらに、以前このような場合にどのようなことがなされたかを尋ねると、一六八九年に数冊の本を告訴する申し立てが下院から上院へ提出されたが、法曹界の見解では、そのような問題で司法的に訴訟を起こすことはできないと当時の上下両院は知らされた[17]」。このようにトーランドは『聖職者議会史』からの執拗な引用をもって、聖職者議会は宗教問題において司法権限を持たないと立証しようと努めた。それと同時に、自著について、教会と国家に関する自らの信念について、そしてホイッグと「コモンウェルスマン」の正当性について、自らの見解を宗教的権威に対して、また世間一般に対して公けに表明する場として活用したのだろう。

第二回目のドイツ滞在（一七〇二年七月から一一月中旬頃まで）　この著作の出版後、トーランドは二度目となるドイツ訪問でベルリンの宮廷を訪れている。ハノーファーの宮廷では先の『一、ハノーヴァー選帝侯未亡人と選帝侯皇太子のイングランドへの招聘を国王陛下に進言する理由。二、皇太子僭称者の権利剝奪と正式拒絶の理由』（一七〇二年）がトーランドから送られてきたことについて、ハノーヴァー選帝侯妃と選帝侯皇太子のイングランドへの招聘というような細心の注意を要する問題について、「彼は私たちに何も言わずに、そしてその目的のための段取りもせずにそんなことをした[18]」と選帝侯家に使えるライプニッツは不満を述べ、自分のことは書かないよう頼んでいた選帝侯妃もこの出版にはひどく驚いてトーランドに不快感を伝えた。トーランドは、将来イングランド王となるはずの孫の選帝侯皇太子の家庭教師となる望みを抱いていたが、彼女の方はこれ以後控えめな姿勢で臨んだ。多方面からの助言もあって、トーランドをこれ以上受け入れることを彼女は辞退し、ライプニッツとともにトーランドのドイツ再訪を阻止しようとさえ試みたが、イングランドへ手紙が届くのが遅すぎて功を奏さずに終わった[19]。

トーランドは一七〇二年八月にはベルリンに姿を現していた。ベルリンに向かう途中トーランドはオランダに立ち寄り、ピエール・ベールからライプニッツへの挨拶を託され、これを彼に伝えた。ライプニッツは八月一九日付ベール宛書簡[20]で、この挨拶への返礼とともにベールの新たな第二版『歴史批評辞典（*Dictionnaire historique et critique*）』（一七〇二年）に追加された「ロラリウス」の項、註Lに対する返答を書いてこの手紙に同封すると書いた。彼らのこの論争は[21]、ライプニッツの匿名論文「実体の本性と実体相互の交渉ならびに心身の結合についての新たな説」（『学術新聞（*Joural des Savants*）』一六九五年六月号）について、ベールが『辞典』第一版（一六九六年）の「ロラリウス」の項、註Hで、ライプニッツの新説、その「予定調和」説に疑義を呈したことから始まった。これに対し、ライプニッツは「精神と物体の結合に関するわが新説の内にベール氏が見いだせる困難についての解明」（バナージュ・ド・ボーヴァル『学芸著作史（*Histoire des ouvrages des Savantes*）』一六九八年七月号）で答え、それに対し再度べールは『辞典』第二版の「ロラリウス」の項、註Lで批判したのである。トーランドがベルリンに現れるまでに、ライプニッツとベールの間にはすでにこのような論争経緯があった。ライプニッツがベールの註Lに対して書いた答弁の草稿は無事ベールの元に届いたが、ベールは更なる反論は書かないと述べて、ライプニッツの論考をそのまま返送した。[22] だが、この草稿は別の人物のところで留まっていてまだライプニッツの手元には戻っていないとライプニッツのベール宛一一月の返信[23]には書かれている。その後十数年を経て、この論考は「ベール氏の『批評辞典』第二版、「ロラリウス」の項に収められた予定調和説に関する考察へのライプニッツ氏の答」と題されて、一七一六年に『古代近世文芸共和国批評史（*Histoire Critique de la République des Lettres, tant Ancienne que Moderne*）』（第一一巻、記事四、七八―一一五頁）[24]に掲載され公開された。同雑誌にはこのライプニッツの論文の次に、「ライプニッツ氏の予定調和説に関する批評的考察、ここでは数学者たちの形而上学的諸説がなぜ他の人々のものより明晰さを欠くのかについても考察される。故プロイセン王妃殿下の命により書かれた（REMARQUES CRITIQUES sur le Système de Monsr. Leibnitz de l'Harmonie préétablie; où l'on recherche en passant pourquoi les systèmes métaphysiques des Mathematiciens ont moins de clarté, que ceux des autres: écrites par ordre de Sa MAJESTÉ la feue REINE DE PRUSSE）」（一七一六年）（同巻、記事五、一一五―一三三頁）と題されたトーランドの論考が掲載されている。この雑誌が扱った主要な一四記事のうち、記事二はライプニッツの『新たな説』と予定調和説をめぐるデ・メゾーの批判、記事三はそれへのライプニッツの反批判であり、記事四はライプニッツのベールへの反批判、記事五はトーランドによるライプニッツの予定調和説批判である。このように記事二から五はライプニッツ関連の論考がまとめて収められている。なお、トーランドの「批評的考察」の刊行事情について、雑誌の編者はこの論考はかなり前に入手したもので、『批評史』

に掲載する好機を待っていたが、それが今日実現したこと、そしてこの「批評的考察」は同時に掲載された記事四のライプニッツの論考を「眼前に置いて」書かれたことを注記している。[25]

記事五として公開された論考「批評的考察」は匿名で、「ベルリンにて、一七〇三年一月一四日」とだけ記されているため、長らくトーランドの著作と確定されなかったが、近年の研究では彼の作品と同定されて、[26]彼の他の著作との関連が積極的に研究されてきている。この著者によれば、プロイセン王妃からある文書を渡され、それについて彼自身の意見を知らせるように命を受け書かれたのがこの王妃宛の手紙である。もしもこの通りであるとするなら、著者トーランドが王妃から託された文書はライプニッツの「ベール氏の『批評辞典』第二版、「ロラリウス」の項に収められた予定調和説に関する考察へのライプニッツ氏の答」の草稿、すなわち『古代近世文芸共和国批評史』、第一一巻に記事四として掲載されたもののコピーであると思われる。著者は確かにそこからの引用を交えながら、ライプニッツの予定調和説を批判している。ここでトーランドは（著者がトーランドだとすれば）初めて自らの物質論を「活動力は延長や不可入性と同じく物質に本質的である」[27]と述べて、『セリーナへの手紙』の第五書簡に見られる主張を提示している。この論考にあったという日付「一七〇三年一月一四日」はトーランドがイングランドに帰国した後である。この日付は「批評的考察」を書いた日付なのか、その写しを雑誌編集者のために書いた日付なのか。これらについては研究者のあいだでさまざまな推測がなされているが、確かなことは言われていない。

トーランドの第二回目のドイツ訪問は、第一回目のように王位継承法を携えた使節団の一員としての政治的使命に縛られることもなく、またイングランドでの宗教的対立に巻き込まれる心配もなく、彼自身の哲学的な思索の展開に集中できた時期であったように思える。トーランドがプロイセン王妃ゾフィー・シャルロッテに招かれたリュッツェンブルク宮にはしばしばライプニッツやハノーヴァー選帝侯妃ゾフィアも滞在し、ライプニッツにとっては何にも替えがたい楽しい余暇であったことが先の八月一九日付ベール宛書簡でも述べられている。トーランドは「ハノーファーよりベルリンに長く滞在したので、プロイセン王妃にたびたび仕える機会を得、彼女は彼にさまざまな質問をして、彼の逆説的な意見を聞くことを楽しんだ」[28]とデ・メゾーが伝えているように、トーランドにとってもリュッツェンブルク宮は自由な議論を楽しめる場であった。この滞在中にトーランドはこの宮廷でライプニッツを含む知識人サークルの一人として宗教や哲学や政治などの問題を論議した。王妃はその自由な討論で主張される内容を文書にして提出するよう求めたようで、その結果として、ライプニッツの「感覚と物質とから独立なものについて」[29]（一七〇二年）、それを批判した「トーランドの王妃ゾフィー・シャルロッテ宛書簡」[30]、ライプニッツの予定調和説に関するトーランドの「批評的考察」があり、これらはみな王妃ゾフィー・シャルロッテ宛の哲学書簡である。上記のトーランドの二作品はライプニッツやベールの見解とともに「II　『セリーナへの手紙』の前奏曲」の「2　感覚と物質――「トーランドの王妃ゾフィー・シャルロッテ宛書簡」」、「3　予定調和説批判――トーランドの「批評的考察」」において検討される。

宮廷でのトーランドの活動を知る直接的な手がかりとして右に挙げられた論考の他に、書簡での言及や証言がいくつか残されている。九月の初めに、トーランドは王妃ゾフィー・シャルロッテに魂についての論考を読み上げたことが伝えられている。そこに同席していたライプニッツが一七〇二年九月九日付で選帝侯妃ゾフィアに送った書簡[31]には以下のようにある。「トーランド氏は、何か新しいことを言うときはそれを要約するほうがいいでしょう。でも彼は大演説をぶちたいのです、要するに発案者になりたいのです。彼は王妃に魂について論説を読み上げましたが、それはほぼルクレティウスの教理、すなわち諸原子の協働によるものでした。しかし、物質がどのようにして運動と秩序を持つのか、世界に感覚が存在するのはどのようにしてなのかを彼は語っていません。哲学をして面白がるより——それは彼に不向きです——事実の探求に打ち込むほうがいいでしょう。とはいえ、彼が歴史だと思わせたがっているものは夢物語《ロマン》ではないかと思います」。ここに語られたライプニッツの評言が正しければ、この時点でトーランドは原子論的唯物論を抱いていたことになろう。後にトーランドが『セリーナへの手紙』第五書簡において原子論的唯物論を否定し、「運動は物質に本質的である」という見解を示したことは彼の物質論に変化が生じたことになろう。だが、ライプニッツに批判された、トーランドが読み上げた論考自体は残されていない。ライプニッツが「歴史」ではなく「夢物語《ロマン》」ではないかと疑っているテーマ自体は、『セリーナへの手紙』の第二書簡「異教徒における魂不滅説の歴史」と同じものと想定される。

また彼の活動についての別の間接的手がかりとして、その宮廷サークルのメンバーの一人であったジャック・ランファンの証言が[32]、後に雑誌『ゲルマン文庫』、第六巻（一七二三年）で以下のように伝えられている。「ランファン氏がもっぱら覚えているのは、トーランド氏がシャルロッテンブルクにいたとき王妃を前にして「さまざまな偏見について」という論考を読み上げた、作者はオリジナルなものだと自慢していたがその考えは〔マールブランシュの〕『真理の探究』から採られていた、ということだけだ[33]」。この証言からはトーランドが『セリーナへの手紙』の第一書簡「偏見の起源と力」と同じテーマを王妃を前にして語ったとも想定される。

リュッツェンブルク宮でのトーランドの活動もそろそろ終わりに近づいた頃、一七〇二年一一月のライプニッツのベール宛書簡[34]には、トーランドがオランダへ戻ろうとしていることが伝えられている。この手紙で注目すべきは、トーランドがベールの『歴史批評辞典』、「ディカイアルコス」の項の一節に関してベール宛に書いた文書をライプニッツに見せたと書かれていること、そしてライプニッツがトーランドの説を批判していることである。ベールは『歴史批評辞典』第一版（一六九六年）で「ディカイアルコス」の魂不滅説について註Cで反対論を展開したが、それに対し「或る匿名子」から反論が寄せられたので、その反論をベールが第二版（一七〇二年）、註Lで取り上げて批判検討したという経緯がある。そしてこの「或る匿名子」とは実はトーランドであるというのが定説である。これが正しいとすれば、トーランドがライプニッツに見せた文書は、ベールが註Lで批判検討を加えたトーランドの反論の草稿コピーであったろう。ここでもライプニッツ、ベール、トーランドの間で魂の本性をめぐってそれぞれの見解が互いに批判検討されていたことになろう。このトーランドの論考についても、「II 『セリーナへの手紙』の前奏曲」の「1 ディカイアルコスの魂論をめぐって」で検討される。

トーランドは一七〇二年一一月一一日以前に王妃に暇を乞うて、マグデブルク、ハノーファー、オスナブリュク経由でオランダへと向かった。

イングランド帰国後　一七〇四年、トーランドは『セリーナへの手紙』を出版した。この著作は書簡体で書かれた五つの論考の形式をとり、第一書簡は偏見の起源と力、第二書簡は異教徒の魂不滅説の歴史、第三書簡は偶像崇拝の起源、第四書簡はスピノザ批判、第五書簡はトーランドによる物質と運動に関する新説が展開されている。トーランドは後年の著作[35]で、第一書簡から第三書簡はプロイセン王妃ゾフィー・シャルロッテに宛てて書いたと述べている。また『セリーナへの手紙』でも、序論、第4節では「いかなることであろうと私には拒みようのない、ある文通者」あるいは「高貴な方の奥方」から初めの三篇のテーマについて意見を求められたと述べられ、第9節ではセリーナは架空の人物ではなく「本当に実在する人物」だと強調されて、プロイセン王妃ゾフィー・シャルロッテ宛に書かれたことが示唆されている。著者の言明だけに頼って『セリーナへの手紙』の最初の三篇を彼女宛の書簡そのものであると断定できないことは言うまでもない。しかし、一七〇二年の数箇月に及ぶリュッツェンブルク宮での彼の談論について書簡や雑誌で言及された事柄や証言などを見てくると、これら三篇の書簡体論考成立の一つの源泉としてドイツでの活動を、とりわけプロイセン王妃ゾフィー・シャルロッテの宮廷での談論を想定できるであろう。この著作の第一書簡と第二書簡については、トーランド自筆による仏語写本[36]がホーエンドルフ男爵[37]の蔵書目録に記されており、これらは男爵の主人であるオイゲン公[38]に提供されたらしく、彼らのサークル内でコピーが回覧されていたという[39]。

一七〇五年に、彼は『プロイセンとハノーファーの宮廷について』を出版した。この著作は、プロイセンの宮廷については一七〇二年八月一八日、ハノーファーの宮廷については一七〇二年九月二三日にベルリンからハーグに送られた報告の形式をとり、彼の二回にわたるドイツ旅行での体験をもとに書かれている。これはフランス語、オランダ語、ドイツ語に翻訳され、ヨーロッパに広く知られることになった。同年、『イングランド国政覚書。女王、教会、統治を擁護する（*The Memorial of the State of England, In Vindication of the Queen, the Church, and the Administration*）』が匿名で、トーランドのパトロンである国務大臣ロバート・ハーリの意向を受けて出版された。これはトーリによって書かれた『イングランド教会覚書（*The Memorial of the Church of England*）』（一七〇五年）に対する反駁である。『イングランド教会覚書』は次期議会の選挙でトーリが有利な地歩を得られるよう画策するパンフレットで、ホイッグ政権は国教会の破壊をたくらみ、教会の最大の敵を黙認していると非難していた。

同年、『事実どおり示されたソッツィーニ主義、あらゆる神学論争における公平な態度の実例として

(*Socinianism Truly Stated; Being an Example of Fair Dealing in All Theological Controversys*)』と題した一五頁の短いパンフレットを匿名で出版した。「パンテイスト」と公言する匿名著者がロンドンの友人に神学論争における公平な精神の重要性を説き、その手本となる実例としてジャン・ル・クレールの神学論争における実際的な方法を紹介したものである。ル・クレールが『精選文庫(*Bibliothèque choisie*)』第五巻でソッツィーニ主義について、彼らの救いに係わる教理、救いに係わらない教理、神学者のみが関与する教理に分けて「公平に」記述した「余談」をフランス語原文から英訳したものが紹介されている。諸宗派の一致を願い、神学論争を嫌う友人に対し、著者「パンテイスト」は「私たちの間で論争が行われることは不名誉あるいは不幸であるどころか、反対に幸運で栄誉であると考えます。それは探求を好む活発な精神、真理と知識の増進への愛好、あらゆることについて自分たちの判断を明言するという、私たちが享受すべき羨望の的としての自由を表わすもっとも確かな証拠だからです。この自由が許されず、どんな論争もまったく検討されないあのような地域における一致とは、闇の中で色について人の意見が一致するようなもの、あるいは国が専制君主によって荒野と化した後に取り戻された平和のようなものです。そのような沈黙は一致や知ではなく、無知や怠惰や隷属そして卑屈な崩壊した精神の絶対誤つことのない現れなのです[40]」と述べる。ここではプロテスタント国における宗教論争と、「絶対誤つことのない」教皇を頂点としたローマ・カトリック教に支配された「カトリック一色」のフランスでの良心の迫害とが比較されていると思われる。著者は宗教論争が一定程度許容されているプロテスタント国において、迫害の精神ではなく、公平な精神をもって論争に臨むべきことを勧めている。著者トーランドはこのような一般的な言い方でまとめているが、ル・クレール自身の主張はより具体的である。彼は異端視されているソッツィーニ主義を信奉する人たちの教理を判断するには、彼らの救いに係わる教理を検討すべきであり、それが神の慈悲を得るに十分であるならば彼らはしっかりと寛大に扱われるであろうし、それと同様にそれぞれの宗派が基本的信仰箇条を保持しているのであれば、各派が互いに他の派を大目に見るという条件で、各宗派間の神学論争は寛大に扱われるべきであると主張している。[41] トーランドはこの著作で「パンテイスト(pantheist)」という造語を作ったが、その意味は「あらゆる論争において完全に公平である」人を指しており、後の『パンテイスティコン』(一七二〇年)で公言される、ある哲学的見解を持った人を意味してはいないようだ。とはいえ、「パンテイスト」を自称する著者はその友人に「パンテイスト」の「哲学体系」も「内緒で伝えた[42]」と述べている。

II 『セリーナへの手紙』の前奏曲——ベール、トーランド、ライプニッツの論争

1 ディカイアルコスの魂論をめぐって

ベールは『歴史批評辞典』第一版のアリストテレス派の哲学者「ディカイアルコス」の項、註Cで、この哲学者の魂についての説を反駁した。ベールのこの反駁に対してトーランドが反論を寄せたため、ベールは『歴史批評辞典』第二版で、同項、註Lにおいて、「ある匿名氏」からの反論としてトーランドの見解を紹介し検討した。先に述べたように[43]、ライプニッツによれば、トーランドはこの反論の草稿コピーを彼に見せて自分が書いたものであることを自ら告白していた。トーランドが書いた草稿そのものは残っていないが、ベールは註Lでトーランドの反論の要約や引用によって彼の説を再現し検討しており、また、ライプニッツはトーランドから見せられたその論考について一七〇二年一一月のベール宛書簡で論評しているので、三者の主張の概略を比較することはできよう。

ベールは註Cにおいて、ディカイアルコスへの反論「魂の不滅につき、ディカイアルコスに無敵の反論を呈す」に取り掛かる前に、キケロの『トゥスクルム荘対談集』（または『トゥスクルム論議』）の一節を引用し、ディカイアルコスの魂否定説なるものを紹介している。「魂というのは空語にすぎず、動物〔魂を持つもの〕（〔 〕内は邦訳者の補足。以下同様）という語にはなんの意味もない、なぜなら、人間の内にも獣の内にも魂などないし、われわれが何かをしたり感じたりする力はみな、生きているすべての体の内に等しく行き渡っており、魂というのはそれ自体では何物でもなく、自然の按配により生きかつ感じるように変様された体にすぎないからだ、と」[44]。さらにベールは、ディカイアルコスは「魂とは四元素の調和」[45]と考えていたと述べ次のような反論を呈する。「魂は体と区別されず、生きているすべての物に等しく行き渡った力でしかなく、その力は生きものと呼ばれる物体とともに単一の存在を作るにすぎないと措定するなら、それは自分の言うことがわからなくなっているのか、その力は常に体に伴うと主張せざるをえないか、どちらかであろう。体と区別されないものは本質的に体であって、初歩の規則からしても、或るものがその本質なしに存在するのは矛盾だからである。……だから筋を通そうとしたら、思考する実体は体〔物体〕と別だと言うか、……物体はみな思考する実体だと言うか、どちらかでなくてはならない」[46]と二者択一をせまっている。物体はみな思考する、というのは成り立ちえない以上、思考する実体は体と別だと結論すべきだ、というのである。

このベールの反駁に対し、トーランドが寄せた反論が註Lで紹介される。「その反論の筆者は、まず、わが哲学者の説を敷衍してみせる。こう主張するのである。ディカイアルコスが言わんとしたのは、生命のある物体が生命のない物体と違うのは、その諸部分が一定の形と配列を持つことにすぎないということだと。そして、その説をデカルトの説になぞらえる。次のようにして。犬が石と違うのは、犬が物体

〔体〕と魂からなり石が物体にすぎないからではなく、もっぱら、犬を構成する諸部分はひとつの機械を作るように配列されているが、石の粒子の配列はそうではないからにすぎない。それがデカルト氏の説である。そう考えると、ディカイアルコスの説もよくのみこめる。デカルト派が獣についてだけ言うことを、ディカイアルコスは生きている万般の体にまで押し広げたと想定すればいい。ディカイアルコスは人間を機械に還元したと想定すればいいのである。そうすれば、人間の魂は体と別のものではなく、物質の多くの部分のひとつの構築、ひとつの機械的な配置にすぎないという結論になろう[47]」。トーランドは「魂」とは物体の諸部分が一定の形と配列を持つような「構築」、「機械的な配置」にすぎないのだから、その構築・配列が崩壊すれば魂もなくなり、したがって死んで配列の崩れた体も生きているときと同じ感覚を持つ、などということにはならない、と反論した。トーランドはデカルトの動物機械論を人間にまで敷衍して人間機械論と想定する解釈によってディカイアルコスの説を説明した[48]。だが、ベールはトーランドの説明に納得しない。ディカイアルコスが「命」という言葉で考えていたのは単なる生命維持に係わる呼吸、食物摂取、歩行のことではなく、五感の作用、想像、反省、推理など人間のすべての働きを考えていたのだから、「人間諸器官の配列だけで、いまだかつて思考したことのない実体が思考するようになるというのは、これまでどんな人間にも理解できなかった想定だと主張したい。……人間諸器官の配列も、もしそれぞれの器官がその位置に置かれる前から思考する資質を現に持たなかったら、思考を生みだす上で何の役にも立つまいと言いたい[49]」と反論する。ベールは「思考する資質」を持たない物質が一定の配列と組織化によって「思考する資質」を持つ魂に質的変化をとげることになる、ディカイアルコスの唯物論、あるいはトーランドの説明によれば唯物論的機械論では質的変化を説明できないと反論する。

ベールとトーランドが『歴史批評辞典』の第一版と第二版にかけて「ディカイアルコス」の唯物論に関

して論議した後に、ライプニッツは第二版註Lで検討された「匿名氏」の反論がトーランドのものであることを彼自身の口から知らされた。そこでライプニッツは一七〇二年、一一月のベール宛書簡[50]でトーランドの見解について以下のように批判した。「あの博識なイングランド人[51]は、私にあなたの丁寧なご挨拶をもってきてくれた人ですが、今オランダに戻ろうとしています。彼はあなたの『辞典』のディカイアルコスの箇所の一節についてあなた宛に書いたものを私に見せてくれました。キケロによれば、ディカイアルコスは魂が実体的事物であることを否定し、魂は調和であると言ったプラトンの『パイドン』のある対話者[52]とほぼ同じように、魂を物質あるいは延長的塊の正しい調和あるいは変様としてしまいました。エピクロス、ホッブズ、スピノザは同じ見解を持っていると思えます。エピクロスは諸々の小物体の働きしか認めず、ホッブズはすべてを物体に帰し、空気を入れたボールの反発のような反作用[53]によって感覚を説明します。スピノザは、魂は身体についての観念であると主張するのですから、魂とは物理的身体に対する図形あるいは数学的物体といったものになります。実際、デカルト派が獣の魂を思い描いたのは、いわばこのようにしてなのです。でも、彼らが獣の魂に知覚を与えなかったのはよいことです、彼らはその魂に機械しか認めません。この学識あるイングランド人も、物質は丸くなることができるように、思考するようになることができる、こうしてある種の組織あるいはある種の形態は思考を生み出せるかもしれない、そしてその組織が破壊されると思考も止むだろう、と主張しているようです。でも、私は遠慮なく、思考はまったく別の種類のものに思える、と彼に言いました。人が体の構造のごく小さな部分まで見るために、望むだけの洞察力を備えた目を持つとしても、それで前に進めるだろうとは私には思えません。そこに知覚の始まりを見つけられそうもないのは、現在たとえばその仕組の構成部分がすべて見える時計においても、あるいは歯車の間を歩き回れさえする風車においても、そんな知覚の始まりを見つけられないのと同じです。風車やもっと繊細な仕組との違いはより大きいかより小さいかでしかないのですから」。

これがライプニッツによるトーランド評である。トーランド自身の見解についてベールとライプニッツの反応は異なるように思える。注(48)に引用したように、ベールはトーランドがディカイアルコスの説を擁護するのはそのドグマを支持するためではなく、その説が論理的に整合することを示すためであると書き添えていた。一方、ライプニッツは「この学識あるイングランド人も、物質は丸くなることができるように、思考するようになることができる、こうしてある種の組織あるいはある種の形態は思考を生み出せるかもしれない、そしてその組織が破壊されると思考も止むだろう、と主張しているようです」と述べて、トーランドがディカイアルコスと同じ見解を抱いていると考えている。彼は当時唯物論者として反論のターゲットとなっていたエピクロス、ホッブズ、スピノザなどと並べてトーランドの見解を反駁している。また、トーランドがプロイセン王妃ゾフィー・シャルロッテの前で魂についての論説を読んだときも、彼の説をルクレティウスの物質の原子の協働に基づく見解とみなし、「物質がどのようにして運動と秩序を持つのか、世界に感覚が存在するのはどのようにしてなのかを彼は語っていません[54]」と批判していた。また、この時の談論について書かれたと思われる別の書簡でも、「トーランド氏は王妃殿下に自分の見解を述べましたが、それはまさしくホッブズの見解でした、すなわち自然の中にはその諸形態と諸運動以外のものはない、と。これはエピクロスとルクレティウスの見解でもありました。……しかし、私は物質より優れた、つまりまったく受動的で運動とは無関係なものより優れた、活動と知覚と秩序の元を探さねばならないと思っています。選帝侯妃様も指摘なさっていましたが、トーランドはきちんと推論したとしても、見つけられるはずもないこれら三点を説明できはしないでしょう[55]」と批判している。

ベールは「人間諸器官の配列だけで、いまだかつて思考したことのない実体が思考するようになる」ことを否定し、ライプニッツも機械あるいは物質的機構に「知覚の始まり」を見いだせないだろうし、「物質より優れた、つまりまったく受動的で運動とは無関係なものより優れた、活動と知覚と秩序の元を探さねばならない」と述べ、物質が「思考」するようにはならないであろうし、「思考はまったく別の種類のもの」であると主張している。両者は予定調和説をめぐって物質と魂について論争しながらも、「思考する資質」を持った魂の領域をそれぞれ独自の見解によって唯物論から守ることでは一致していた。

2　感覚と物質――「トーランドの王妃ゾフィー・シャルロッテ宛書簡」

ライプニッツが一七〇二年にプロイセン王妃ゾフィー・シャルロッテ宛に書簡「感覚と物質とから独立なものについて」を書いたことはよく知られており、またこの書簡が王妃からトーランドに渡され、それについて「トーランドの王妃ゾフィー・シャルロッテ宛書簡」が書かれたこともすでに周知のことである。トーランドのこの書簡もライプニッツの公刊された書簡文書集に収録されている[56]。プロイセン王妃ゾフィー・シャルロッテの宮廷に集う哲学者や文人らによる口頭論争や書簡論争の一例であろう。

ライプニッツは自分の書簡で、第一に「私たちの思考の内に感覚に由来しないものが存在するか」、第二に「自然の内には物質的でないものがあるか」、の二点について論じている。だが、王妃から渡された彼の書簡について、トーランドは冒頭で「私たちの観念の起源について書かれた書簡」と述べていることからも分かるように、トーランドによる書簡は第一の問題だけを扱っている。トーランドはまず解明すべき問題を「私たちの思考の内に感覚に由来しないものが存在するか」と設定することから始める。トーランドの論考を考察する前に、この問題に関するライプニッツの見解の構成だけは見ておこう。彼は認知機能として「個別的感覚」、数学的諸科学の成立に係わる「共通感覚」、「知性」の三段階を区別し、それぞれの機能はその機能に応じた対象、すなわち「もっぱら感覚的なもの」、数学的諸科学を意味する「感覚的にして同時に叡智的なもの」、自我を意味する「もっぱら叡知的なもの」を持つと考え、それぞれについての説明を展開した。これらについてライプニッツが書簡で論じたすべての推論をトーランドは三つの命題にまとめた。「一、私たちが外界の事物を発見するのは感覚によってである」、「二、感覚を介して発見した事物について、私たちは無数の仕方で推論する能力を持っている」、「三、私たちの推論は、推論される事物自体とは別のものである」と整理して、この命題にまとめ得ないことはライプニッツの書簡の中にはないと思うと言明した。トーランドはライプニッツが論じるさまざまな認知能力の存在とその本性に関して、「思考したり、推論したりするために私たちが可感的事物以外の何かを必要とするかどうかを知ることが問題なのではありません。可感的事物が働きかけるある能力が必要であることは誰でもよく知っています、その能力がどのような本性であるとしても、です。というのも、そのこともまた問題ではないからです」(GP 6, p. 509)と指摘し、「私たちの思考の内に感覚に由来しないものが存在するか」という問題の論点を次のように明確に提示した。「そうではなく、この能力が働くよう決定づける、可感的諸事物とは別の事物が何かあるのかどうか、この能力が自らのさまざまな推論において別の素材を持っているのかどうか、さらに、この能力がたとえば神についてのように、物体とはもっともかけ離れた事物について推論するときにさえ、能力に推論するきっかけを与えたのが感覚でないかどうか、を知ることが問題なのです」(ibid.)と述べる。このように論題を限定したうえで、ライプニッツの議論をロックの経験論に基づいて、先に挙げた主要な三点に整理して示したわけである。ここからトーランドの論は始まる。

「可感的事物について推論する能力」を解明する方法をまず二つ挙げる。ア・プリオリな方法とア・ポステリオリな方法である。さて、前者の方法をとれば、そのような能力が外的などんな原因もなく自らだけで活動できるか否かの検討は、魂の本性そのものを検討することに他ならない。するとア・プリオリな方法は「まったく実行不可能」(ibid.) である、その理由は「私たちが魂と呼ぶものは、少なくとも私たちの知識のもっとも普通の源である諸感覚、それだけとは言いませんが——問題はまだ決着していませんから——その諸感覚には係わってこない、何かわからないものだからです」(GP 6, p. 510)。トーランドはデカルトを例にあげて説明する。デカルトは体の諸特性や形態や運動の中に、思考と係わりあるものが見いだせなかったので、魂は物体的ではないと結論した、だから「魂はそれ自体によって知られるのではなく、ただ体によって、したがって感覚と可感的事物によってのみ知られる」(ibid.)、すなわちこの第一の、魂そのものを「ア・プリオリに」考察するという方法は不可能であると結論して、この問題の解明から魂についてのア・プリオリな考察を排除したのである。

残された第二の方法、すなわち経験に頼る方法によって、先に提示した三つの命題を軸にして、トーランドはこの問題に取り組む。第一命題「私たちが外界の事物を発見するのは感覚によってである」については、次のように主張する。「私たちの知識は段階を経て獲得され、私たちの観念が増え、推論力が広がり増大するのは、外部の事物をいっそう多く知るにつれて、……一言で言えば、私たちのあらゆる感覚がそれらのあらゆる対象についていっそう大きな経験を獲得するにつれてのことです」(GP 6, p. 511) と経験論の基本テーゼを提示する。子供がごくわずかな観念しか持っていないのは、わずかな事柄しか経験していないからであり、彼らに推論の力がつくのはその体や器官に力がついてからである。しかし、もしも私たちの内に可感的事物や感覚の仲介とは独立した思考が何かあるなら、子供も大人のようにその思考を持てるはずだし、また大人ほど可感的事物と係わる必要がないから、それだけ霊的思考や純粋に叡知的な対象から気をそらされることもないので、いっそう強くそのような思考を持つはずだ、とライプニッツの「共通感覚」や「知性」についての見解がもたらす非現実性を指摘している。ライプニッツは「私たちと共に生まれた光がある」（GP 6, p. 505）、すなわち私たちは生得的な真理を自らの内に持つとする見解――そこでは、子供に質問だけして何も教えないで真理に導いていくソクラテスのやり方が示されている――を述べていたからだ。

第二命題「感覚を介して発見した事物について、私たちは無数の仕方で推論する能力を持っている」と第三命題「私たちの推論は、推論される事物自体とは別のものである」については、ライプニッツの「共通感覚」を念頭において論駁が試みられている。人間の推論の最高域にまで達するような「数学的諸科学」における天才や学識者でさえ、「可感的事物について彼が行うあらゆる推論、それら事物が彼に提供する諸原理、それら原理から彼が引き出す諸帰結、それらの上に彼が築く諸体系、これらは可感的事物そのものとは異なります。しかし、もう一度強調しますが、可感的事物がなければ、どんな推論も原理も帰結も体系も彼にとっては、まったくの虚妄になってしまうでしょう」（GP 6, pp. 511-512）。

トーランドは最後にライプニッツが主張する「知性」とその対象とされる「もっぱら叡知的なもの」、すなわち「自我」の論駁を試みる。「死とは……もはやどんな感覚もなくなった人間という観念でしか十分には了解できないでしょう。……全感覚の喪失が魂と体の唯一の分離であり、私というものの完全な消失なのだと分かるでしょう。そこから私が結論づけるのは、私たちの思考の内には感覚に由来しない何かがあるどころか、あの書簡が主張しているように、私というものもその何かの一つであるどころか、反対に私というものは脳の上に可感的事物が行った刻印の結果以外のものではないということです」（GP 6, p. 512）。脳の刻印には多様な段階があり、可感的事物の刻印によって生物には昆虫の感覚、獣の生存維持の分別、人間の知的推論などさまざまな段階別の諸能力が生みだされる。それと同じく、私すなわち自我も可感的事物が脳に刻印した結果にすぎず、感覚に由来しないもの、すなわち「叡智的なもの」ではないと反論した。また「もっぱら叡知的なもの」に係わる高次の認識機能と主張される「知性」についても、トーランドは次のように述べて反論の代わりとした。「このように申し上げた後、あの書簡の学識ある著者が、諸感覚は関与していないと信じている知性のあの諸作用について詳細に考察する必要があるとは思いません。このような不分明な事柄において人が分かる限りで、諸感覚がなければ知性にどんな作用も可能でないばかりか知性そのものさえ存在しない、ということを私は示したからです」（GP 6, pp. 512-513）。

トーランドは「考察するに足る二、三の問題がある」（GP 6, p. 513）と述べて、ライプニッツの文面を引用する。「存在そのものと真理は、感覚によっては完全に捉えられることはない。というのも、ある人が人生において長い筋の通った人生とそっくりの夢を見ることはありえないことではないし、このようなとき、その人が感覚によって分かると思うすべては単なる見かけに過ぎないからです。したがって、見かけから真を区別する、感覚以上の何かが必要なのです」（ibid.）。これは「叡知的なものの存在」、とりわけ精神や魂と呼ばれている「思考する自我の存在」は「感覚的事物の存在」よりはるかに確かなものであり、それから独立した存在であることの主張の一つと見なせる。だが、トーランドはこれに答えて、「私たちが夢を見るときは、諸観念の倉庫がすでに満たされ素材が脳の中にあるからで、脳内に外部で見た可感的対象物が小さな形で集められているのです。ですから、単なる見かけを夢に見ることは誰にも決して起こりませんし、夢の原物は必ずどこかにあるか、あったのです。……というのも、起きているにせよ寝ているにせよ、存在しないか存在したことのないある事物の観念を持つこと以上に不可能な事柄はおそらくありえないからです。申し添えますが、これは永遠の実在というものでも認めない限り、プラトンやプラトン主義者の永遠の観念なるものはおかしいと言っているのです」（ibid.）とプラトンのイデアを斥け、経験論の立場を表明した。トーランドは最後にライプニッツの言葉、「現状では、諸感覚は思考するのに私たちに必要であり、もしもそれらを持っていなかったとしたら、私たちは思考をしていないだろう」（ibid.）を引用して、「根本では書簡の著者も私と意見を一にしているのです」と宥和的な言い方で結んでいる。しかし両者は一貫して唯心論的見解と唯物論的見解を主張して譲ることはなかった。

3 予定調和説批判――トーランドの「批評的考察」

ここで取り上げる「ライプニッツ氏の予定調和説に関する批評的考察、ここでは数学者たちの形而上学的諸説がなぜ他の人々のものより明晰さを欠くのかについても考察される。故プロイセン王妃殿下の命により書かれた[57]」と題する匿名の書簡には、末尾に「ベルリン、一七〇三年一月一四日」と記載がある[58]。この書簡体論考は先にも述べたように、一七一六年に『古代近世文芸共和国批評史』（第一一巻、記事五、一一五―一三三頁）に掲載されたものである。この論考は同雑誌掲載のライプニッツの「ベール氏の『批評辞典』第二版、「ロラリウス」の項に収められた予定調和説に関する考察へのライプニッツ氏の答[59]」（第一一巻、記事四、七八―一一五頁）に対するトーランドの反論である。このように両論考は一七一六年の刊行であるが、ライプニッツの論考は一七〇二年八月一九日のベール宛書簡に同封された答弁であろう。ライプニッツがこの論争に興味を持っていたプロイセン王妃ゾフィー・シャルロッテにその論考のコピーを渡した後、彼女はこれについてトーランドに意見を求めたと思われる。そうであれば、トーランドの「批評的考察」はこの問題でのベールとライプニッツの論争の最終局面で書かれた論考ということになろう。

ベールとライプニッツ　先にも述べたが、ライプニッツとベールの論争の始まりは、ライプニッツの「実体の本性と実体相互の交渉ならびに心身の結合についての新たな説」（『学術新聞』一六九五年六月号）に対して、ベールが『辞典』第一版（一六九六年）の「ロラリウス」の項、註Hで、心身に関する予定調和説が理解しづらいと指摘したことにあった。そもそも、「新たな説」とは、心身の結合に関する従来のスコラの仮説とデカルト派の機会原因説とに代わる「新たな説」という意味である。ベールは註Hにおいて、ライプニッツの心身の予定調和という「新たな説」を引用している。「その精神〔魂〕に生ずる凡てのことが、精神〔魂〕そのものから見ると完全な自発性に依っていながら而も外界の事象と完全な適合を保って精神〔魂〕そのものの奥底から出て来るような具合にしておいたのだ。……この内部表象は精神〔魂〕自身の根源的な構造によって即ち（自分の外にある存在を自分の器官に応じて表出することのできる）表現的本性によって起こるものに違いない。そしてこの表現的本性は精神〔魂〕の創造の時から与えられて精神〔魂〕の個性的特質を成すものである」[60]。このライプニッツによる説明に対し、ベールは次のように述べる。「つまり、魂を動かす特殊な法則にしたがって、魂はこれこれの時刻に空腹を感じるはずであり、また物質の運動を律する特殊な法則にしたがって、その魂と結びついた体は、魂が空腹をおぼえると自分が変様させられるとおりに、同じ時刻に変様させられるはずだと想定するのである……内的・自発的な行為の連鎖で、犬の魂は宇宙に自分一人しかいなくても、喜びを感じそのすぐ後には苦しみを感じるなどということが、私にはいくら考えてもわからない[61]」。ベールはこの説を卑近な例を用いて、「犬の魂は物体から独立してはたらく」と想定する理解しがたい説であると言う。また、ライプニッツが魂に与えられているとする内的・能動的力が自ら生み出す行為についての予見を持ちえないことにも疑問を呈する。第二に理解できないと指摘するのは、単純で分割不能と仮定された魂が、創造者から受け取った自発的能動性を用いつつ自己のはたらきを多様化させることである。ベールは二度目の反論（『辞典』第二版、一七〇二年初頭）である「ロラリウス」の項、註Lにおいても引き続き予定調和説批判を行う。この心身結合説をカエサルに当てはめれば、「ユリウス・カエサルの体は、自分が知らず自分になんの影響も及ぼさぬある魂の不断の変化に寸分の狂いもなくぴったり対応するような種々の変化の持続的な進行を、生まれてから死ぬまで辿るように自分の運動力を行使するようになる(62)」とベールは説明する。ベールによれば、魂のさまざまな変化に対応して体の運動力も変化するようになるという予定調和説の難点は、「相互に作用しない二つの実体の間に持続的な調和があるとしている(63)」ことだ、だからこの仮説はありえぬものとして斥けてよいと結論するのである。

魂の自発性と外界を表出する表象性とが完全に適合するという予定調和をめぐる論争は、さらに実体の活動原理の自発性をめぐる難点指摘へと接続される。ベールは註Lの原注一四二でライプニッツにこう指摘する。「なお、ライプニッツ氏によると、各実体の内にある活動的なものは真の単一性に還元されるべきものである。したがって、一人一人の人間の体は多くの実体から構成されている以上、それぞれの実体が或る活動原理を持ち、それは他の実体それぞれの原理と物として区別されねばならない。各原理の活動は自発的だと同氏は言う。しかし、そうなるとこれらの原理から生じる結果は限りなく多様化され乱されるはずである。近くの物体との衝突によって、各原理の本然的な自発性になんらかの束縛が混入されるはずであるから(64)」。このベールの反論を引用した後、ライプニッツは自らの再反論で「しかし各原理は他のそれぞれの原理と永遠に適合し、他の原理が要求することに合わせて自らを適合させることを心に留めておかねばなりません。したがって、実体における束縛は外観上あるいは見かけ上にしか存在しないのです」(HCRL, p. 87) と自説を繰り返す。

トーランドとライプニッツ　以上はベールとライプニッツの予定調和説をめぐる論争の一部を見たにすぎないが、この論争をトーランドはどう受け取ったのか。「批評的考察」を見てみよう。

さて、ベールの『辞典』第二版、「ロラリウス」、註Lに答えたライプニッツの未刊行の草稿をプロイセン王妃ゾフィー・シャルロッテから見せられて、トーランドは王妃宛の書簡、「批評的考察」を書いた。その冒頭で次のように述べている。「奥様が私の意見を望まれて私に預けられたあの文書は、ヒューロン族の言語と同じくらい私には理解できかねるのです。この告白はあの著名な著者への非難と解されるべきではなく、他人によって非難される以前に自らすみやかに認める私自身の無知にもっぱら結び付けられるべきです。それに、かつてアリストテレスが王族の弟子に行ったように、ライプニッツ氏が妃殿下に秘伝を伝えようとしたのかも知れません」(HCRL, p. 117)。儀礼的言辞に皮肉も交えて語られる「あの文書」とは、ベールに対するライプニッツの再反論のことである。トーランドはライプニッツの説の一部が『ヴェールを脱いだカバラ』[65]の中のラビたちのカバラと明らかに類似していると指摘する。ラビたちは「すべての事物に唯一の実体」しか認めず、その実体とは「精神」で、それは実際には宇宙内にある「数学的点」と同じ数の「個物」に分かれ、その一つ一つの「個物」がまとっている諸属性は彼らが「物質」と呼ぶものであるから、「諸物体とは彼らの哲学では、影によって偽装された、あるいは無によって覆われた諸精神にすぎないのです」(HCRL, p. 118) とラビたちの説を紹介し、それとライプニッツの見解は一致すると皮肉る。このセンセーショナルな比較から彼の考察は始まる。

トーランドはライプニッツの基本テーゼを引用する。「ライプニッツ氏は言います。「私は諸々の魂あるいは単一体 Unites〔ライプニッツの原文ではモナド monades（HCRL, p. 94）〕を実体の諸原子と考えます。というのも、私の見解では、自然の中に物質の原子は存在しないからです」（HCRL, p. 123）。これについて、トーランドは「ご覧のように彼は物質が実体であるであることを常に否定しています。これは物質が世界で唯一の実体だと主張している人々にとってはきわめて驚くべき発見となるでしょう。それに彼らは諸々の魂が知性的点であることも学ぶことでしょう。さて、点は現実的存在ではなくまったくの抽象物ですから、そういう諸君は必ずや言うことでしょう（唯物論者はいつでも大変な皮肉屋でしたから）、ライプニッツ氏のあらゆる精神はいたずら妖精みたいなものでまったくの架空だな、と」（HCRL, pp. 123-124）と唯物論者の口を借りて皮肉っている。ライプニッツの「分割不可能な小さな実体」とエピクロスの「原子」の違いについて、「これらの小さな実体は精神であり、エピクロスの原子は無であり、精神は唯一の実体だが、物質は単に様態的なものだ」（HCRL, p. 120）とライプニッツが考えていることに触れて、物質が実体であることを否定する説に対して「なんとまあ、物質が様態であるとは、さらに精神の様態であるとは」と述べて驚きを隠さない。そして、「もしこれらの基本的エンテレケイアあるいは能動的原理が精神であるならば（著者とラビたちの見解に沿って）、物質たることは、両者ともはっきり述べているように、一偶有性にすぎません。この仮説は、もっとも普通の共通概念を覆してしまいます。なぜなら、この仮説が打ち立てるのは、無数の精神が存在し、それらの精神は、通俗哲学が言うところの、物質の微粒子が持つという思考あるいは知覚と同じだけの思考あるいは知覚を持つ、ということだからです」（HCRL, pp. 120-121）と反論する。

トーランドはライプニッツのモナドを「魔術的な鏡」と呼び、モナドの説明箇所を以下のように引用する。「諸物体は原子ではなく、分割可能なもので実際限りなく分割されており、またすべては諸物体で満ちているので、そこからこういうことになる。すなわち、もっとも小さな物体であろうと、他のすべての物体——それらがいかに離れていようと小さかろうと——に生じる最小の変化からさえ何らかの刻印を受けるわけで、こうしてそれは宇宙の正確な一つの鏡となるはずです。こうしたことから、この点に十分精通した精神を持つ人はその洞察力に応じて、一つ一つの粒子のうちに、この粒子の内と外で起こっていること、またこれから起こることを見て取ったり予見したりできるでしょう」（HCRL, pp. 121-122）。トーランドの方は「これはまったく独創的ではないですか、奥様」と言って相手にしないが、ライプニッツ自身はこの箇所に続けて、彼の本題に入って精神が外部から束縛されることのない完全な自発性を持つことを強調している。「したがって、そこ〔ある一粒子〕においては、周囲の諸物体が衝突しようとも、すでに内部に存在するものから生じないどんなことも、内部の秩序を乱すかもしれないどんなことも起きることはありません。このようなことは、諸々の単純実体においては、あるいは私がアリストテレスに倣って原初エンテレケイアと呼び、なにものもそれを乱すことはありえないと私が言う諸々の活動原理そのものにおいては、さらに一層明らかです。……したがって、諸実体における束縛は外観上あるいは見かけ上にしか存在しないのです」（HCRL, pp. 86-87）、と述べて先のベールの反論に再反論を返している。これに対し、トーランドも「「実体における束縛は外観上あるいは見かけ上にしか存在しない」とは私には概念することができません（神の予知と人間の自由とのさまざまな難問を解くなんとすばらしいやり方でしょう）」（HCRL, p. 121）と述べて、ベールと同様にライプニッツに賛同しない。

さらに、ライプニッツの魂に内包された「多数の現前する思考」にトーランドの批判は向けられる。「彼はこう主張します。〔自然の中にそのようなものは存在しないが、人が想定しているような（HCRL, p. 95)〕（〔　〕内はトーランドによる省略。以下同様）原子はたとえ諸部分を持っていても、その傾向のうちに多様性を引き起こすものは何も持っていません。〔なぜなら、それらの諸部分は相互の関係を変えないと想定されているのだから〕一方、魂はまったく分割不可能であっても、複合的傾向、すなわち世界の他のすべての事物との魂の本質的関係のおかげで、魂の中にまったく同時的に存在する多数の現前する思考〔――その一つ一つは、それが含んでいる内容にしたがって個別的変化へと向かう――〕を内包しています、と」(HCRL, p. 125)。トーランドはこれに対して、「率直に告白しますが、分割不可能な点が多数の思考を持つどころか、どのようにして複合的傾向とか、なんらかの種類の傾向や運動とかをもちうるのか、私にはさっぱりわかりません。私の考えでは、思考は複合的存在によって生み出されるのです。思考は独特な運動であり、始まり、続き、終わり、その誕生と継続と壊廃を持つことは、実体の他のすべての変様と同じなのです。思考も分割されたり、決定づけられたり、単純あるいは複合的であったり、増やされたり減らされたり、あるいは抽象的であったりするのですから。これらは複合的なある存在のさまざまなバネ、運動、能力や、その力強さ、完成度、無秩序、あるいは壊廃によって、すべて自然的に概念され説明されうる諸現象ですが、どんな分割不可能なもの、実体のどんな単一体あるいは原子によっても決して概念され説明されはしません」(HCRL, pp. 125-126) と反論する。このような思考の説明に対し、ライプニッツは「異議のある著者が、「私の考えでは、思考は複合的存在によって生み出されるのです」と言うとき、どうも彼は魂の非物質性を否定しているように思われます[66]」(GP 6, p. 627) とコメントしている。

ライプニッツはベールが再度カエサルの例を用いて魂と身体の結合関係に異議を唱えたことに対して、「身体は、魂が身体の諸々の動きと一致しない決定をしないような具合に、作られているのです。一言で言えば、諸現象の細部に関してはすべてが物体の内部で生じる、まるで(エピクロスとホッブズにしたがって）魂は物質的であると信じる人々の悪しき教理が正しいかのように、あるいは人間が物体あるいは自動人形でしかないかのように」（HCRL, pp. 88-89）と新たな説明を加えた。一方でライプニッツはこれに続けてデカルト主義者が陥った失敗を次のように批判している。「したがって彼ら〔唯物論者〕はデカルト主義者があらゆる他の動物に認めたことを人間にまで押し広げ、人間においては理性があるにもかかわらず、身体の中では映像や情念や運動の働きではないどんなこともなされない、ということを実際に示しました。〔デカルト主義者は〕反対のことを証明しようとして身を売ってしまったのです。こういう策を用いて、誤謬の勝利に道を開けただけだったのです」（HCRL, p. 89）。このようなライプニッツのデカルト主義者批判に対して、トーランドは彼らが「反対のことを証明しよう」とした意図は認めるべきであると述べている（HCRL, pp. 122-123）。ライプニッツとしては、デカルト主義者が獣は「動物機械」にすぎないと証明するやり方は、結局のところ人間も単なる「自動人形」にすぎないとする唯物論者を正当化することになると指摘しているのだ。彼らが唯物論者に付け込まれたのは、魂と体の交流の説明の仕方がまずかったからである。ライプニッツはこの弱点を回避できる自らの仮説を次のように提示した。その仮説の「第一の半分」は「エピクロスの偽りの邪悪な説の内にある良質で確かなもの」（HCRL, p. 91）を用いることで、「魂はないかのように、すべてが体の中でなされるのです」。「第二の半分」はエピクロスを反駁する「内的経験」の存在である。形態と運動によって説明されえない「自己の意識」と「知覚」という「内的経験」はその源泉として「分割不可能な実体」を認めざるをえないと主張して、彼の仮説のもう一方が構成される。「私の仮説のこの第二の半分によれば、体はないかのようにすべては魂の中でなされるのです」（HCRL, pp. 90-91）。このような仮説をたてれば、デカルト主義者が試みたように、魂は体に運動を与えることはできないが、「体の中にある諸傾向は変える」（HCRL, p. 91）などと言う必要はないし、またスコラ哲学者のように架空の形質を持ち出して物塊が魂に思考を送るとか、機会原因論者のように魂と体の媒介者として神が常に作用すると言う必要もないと説明する（ibid.）。ライプニッツはこのように予定調和説の二元的構成を説明した後でこう語る。「予定調和こそ、双方の〈魂と体の〉良き通訳なのです。これが示すのは、エピクロスとプラトンの、もっとも偉大な唯物論者たちともっとも偉大な観念論者たちの、諸仮説の中にある良きものがここに統合されるということであり、ここにはもはや驚くべきことなど何もなく、人がこれまで至高の原理について信じてきたあらゆることを超えて、唯一の至高の原理の卓越した完璧さが神の手になる自然において今説き明かされるということです」（HCRL, pp. 91-92）。ライプニッツがスコラの仮説とデカルト派の機会原因説に代わって提唱した予定調和説について、彼自身はこのように語っている。

トーランドはライプニッツが用いる以下のような表現について、「「神の無限を無限に表現する」、〈魂について述べて〉「それぞれの仕方で縮約されたモナド」、「豊穣な単純さ」、「潜在的には無限の実体的単一体」、「無限な円周を表現する中心」、「可能な共存在」、「共存在する可能性」、こういうあらゆる表現は……私にはまったく理解不能です」（HCRL, p. 127）と述べて、彼自身が捉えたライプニッツの予定調和説を次のように要約して、プロイセン王妃の命に答えている。「知的原子であり、実体のモナドであり、原初エンテレケイアであり、能動的鏡であるという魂、それは想像力にもっとも抽象的な対象さえ表示するのみならず、そのモナドの分割不可能性にもかかわらず複合的傾向を持ち、自然のあらゆる部分に対して本質的関係を持ち、己のうちに数え切れないほどの思考を同時に含むものであり、しかも世界にはそういう精神、モナド、エンテレケイア、鏡以外の実体は存在しない、こういうことを思い描けるほど超越的な天分も、それほど強烈な概念も、それほど広大な洞察力も持ち合わせていないと告白するのに私はなんら難を覚えたりはしないでしょう。さらに、諸物体が影や無にすぎないということも、世界の中に数学的点が存在するのと同じだけの分離区分された精神が存在するということも、私には同程度に概念しがたいのです」(HCRL, pp. 127-128)。

ここでトーランドは自説を述べる。「私としましては、奥様、ライプニッツ氏とともに物質の原子を否定するだけでなく、彼とは反対に精神の原子、あるいは他のところで彼がそう表現するような、分割不可能な小さな実体をも否定します。というのも、実体、現実あるいは世界は、私によれば無限であって、その連続は、言ってみれば、現実には決して分割されてはいません。したがって、物質の独立した諸部分など存在しないのです。というのも、個々の諸物体は、それらの様態によって頭の中で普遍的延長から分割されているにすぎないからです。しかしながら、それらの様態とは現実のものではなく、私たちとの関わりによるもの、事物を概念する私たちの仕方によるものにすぎません。このように私は物体、部分、粒子、あるもの、ある存在という言葉を理解しています。さて、無限は無限によってしか表現されえませんから、同じくその現実的な諸属性はすべて、たとえば延長のように現実的に無限です。一方、変様の諸概念は、たとえば丸いあるいは四角い、赤いあるいは青い、のように常に有限です。しかし、私たちが持っている変様の有限な観念が実体の現実的な分割を前提にしていると信じるのは、あまりに粗雑な考えでしょう」(HCRL, pp. 124-125)。以上の主張のほとんどは『セリーナへの手紙』の第五書簡に見られる主張でもあるが、ライプニッツの「分割不可能な小さな実体」を「精神の原子」と呼んで否定するだけでなく、「物質の原子」をも否定して、ライプニッツがしばしばトーランドの見解と見なしてきたルクレティウスやエピクロスの原子論的唯物論がここではっきりと否定されている。この後、「批評的考察」の最後の三節は表題にあるように、「数学者たちの形而上学的諸説がなぜ他の人々のものより明晰さを欠くのかについて」のテーマに移るが、数学者として念頭にあるのはライプニッツのことであろう。プロイセン王妃との談論のさいに彼女が「哲学に携わるすべての人々の中で、数学者が一番自分を満足させてはくれない、とりわけ、彼らが総じて事物の起源を、個別には魂の本性を説明しようとするときには、とおっしゃっていました」(HCRL, p. 128) とあることからもそう推測される。ここでの主張も「第五書簡」に見られるものが多いが、ニュートンについては「優れた数学者」と「深遠な哲学者」としての二つの美質を備えているとして賞賛している (HCRL, p. 131)。しかし、「重さは延長同様に物質に本質的である、さらに特有である」とする彼の説には同意せずに、トーランドは「活動力が延長ないし不可入性と同じく物質に本質的である」(HCRL, p. 132) と確信をもって述べる。この主張こそ「第五書簡」のテーマである。

III 『セリーナへの手紙』

『セリーナへの手紙』は五通の書簡から構成され、第一書簡から第三書簡までのテーマは「偏見の起源と力」、「異教徒における魂不滅説の歴史」、「偶像崇拝の起源および異教信仰の諸理由」であり、第四書簡ではスピノザの自然哲学批判、第五書簡ではトーランド自身の唯物論的自然哲学を主なテーマとして展開されている。このような二部構成において前者は偏見、魂不滅の教理、偶像崇拝など宗教に係わる考察であり、後者は唯物論的自然哲学に係わる考察である。これらのテーマは当時の知的サークルで論議の的となった話題を興味本位に寄せ集めただけのものなのか。あるいはこれらのテーマの諸要素は何らかの構想のもとに論じられ、全体として一つのメッセージを表明しているのか。このような観点から彼の第一書簡から第三書簡における信仰、魂、キリスト教についての宗教的考察と第四、第五書簡における唯物論的自然哲学の関係を検討することを試みたい。彼の批判対象をより具体的に絞り込み、この時代のさまざまな宗教的、政治的、知的潮流に対してトーランドが試みたメッセージを探ることが以下の作業となる。『セリーナへの手紙』の全体的メッセージが明らかになれば、それによって『秘義なきキリスト教』で展開されたキリスト教批判、また専制政体から脱却した「自由な政体」を擁護するコモンウェルスマンの主張との関連もいくらか明らかにできるだろう。以下の「1　魂不滅説の宗教的、政治的意味」では、魂不滅の教理がもたらした知性の堕落、「聖職者の術策」によるキリスト教の汚染、また為政者と聖職者の協調関係について検討される。「2　トーランドの自然哲学における唯物主義」では魂不滅の教理を支える唯心論的自然哲学に対抗するための唯物論的自然哲学の提示が検討される。

1　魂不滅説の宗教的、政治的意味

トーランドは序文で「この書簡集の中には宗教や政治において今彼らを分裂させている争いに係わることは何もなく……これらは古代の古びた遺跡についての害のない研究や哲学の短い試論」（序文、第15節）にすぎないから誰に見せてもかまわないと述べている。しかし、第一書簡から第三書簡のテーマはキリスト教における「聖職者の術策（priestcraft）」の告発であり、『秘義なきキリスト教』（一六九六年）の第三部最終章の簡略なキリスト教史で扱われたテーマ「秘義がキリスト教に持ち込まれたのは、いつ、なぜ、誰によってなのか」の延長線上にあると言える。また、「ジョン・ミルトン評伝」（一六九八年）や『自由イングランド』（一七〇一年）で名誉革命後の政体を支持するホイッグ内急進派コモンウェルスマンとして、プロテスタント国家における市民的、宗教的自由のために闘ってきたトーランドの活動の延長線上にあることも確かめられるであろう。

第一書簡のテーマに関して、トーランドは序文で「人生のあらゆる段階を通じて偏見が相次いで成長し増大することを示し、ありとあらゆる人々が各人の理性を損なうために一緒に共謀していると証明したのです」(序文、第10節)と述べて特定の「偏見」を名指してはいない。だが第一書簡で挙げられる偏見の具体例として、産婆、乳母、召使、両親、学校、大学など、人々を取り巻くあらゆる環境で、お化け、妖怪、妖精、エルフ、魔法、亡霊、占い、ダイモン、ニンフ、守護霊、サテュロス、牧神、神託、変身などのおとぎ話や授業を聞かされ、説教師からは「奇妙な事柄や驚愕させるような物語」(第一書簡、第8節)、彼ら自身の「空想を本物の神のお告げと宣告する」(同上)やり方などが挙げられていることから、「偏見」とは宗教に係わる「偏見」であると容易に察せられるだろう。人々は生まれるや否や、聖職者の幼児洗礼の儀式で、「この先この子に対しては自分に権利がありこの子は自分のものだという印を付け」(同書簡、第3節)られて、その後次々と「壮大なペテン」(同上)に巻き込まれる人生が開始する。こうして彼らは聖職者による魂の争奪戦に組み込まれる。聖職者は自分たちの宗派の教理こそが「本物の神のお告げ」であると宣告して、人々を迷いから醒ますのではなく誤謬のうちに留め置き、人々の知性を堕落させることに専念する。このようなペテンが成立する原因は人々が死後の魂の行先について抱く希望と不安にあるとトーランドは指摘する。「天国の幸福と地獄の責め苦に関して人々が抱く不安がありさえすれば、聖職者たちの果てしない諸矛盾でさえ権威を得るには十分なのです。希望と恐怖が及ぼす影響はこれほどに強力ですが、それらはつねに無知に基づいているのです」(同書簡、第8節)。プロテスタントの宗派には「検討の自由」(同書簡、第11節)を認めると標榜している人たちもいるが、それは自分が入る宗派を選ぶさいにはありうるが、「そこから出て行くことを自分で推論してよいという宗教が一体どこにあるでしょうか」(同上)。このような検討によって彼らの教理が疑われたり否定されたりすれば、死刑に処せられなくても、その教会から追放、罰金、破門などを科されたり、社会の成員から忌み嫌われ無視されたりする運命が待っているからである、とその実態が明かされる。彼らによって植え付けられた「偏見」は人々の「情念」、「一致した意見の感染力」、「逆らいえない暴君たる慣習」（同書簡、第12節）の力によって彼らを虜にし、そのため彼らは互いに共謀し合う。それゆえ人々の大部分は死を恐れて「闇の中を這い抜けられない迷路の中で迷い、無数の疑念にかき乱され、果てのない恐れに苦しめられ、自分たちの悲惨が死で終わるという確信さえ抱けない」（同書簡、第13節）、一方その「偏見」から脱したごく少数の人は「自分の知性を正しく用いることで、これらのあらゆる空しい夢と恐ろしい妄想から完全に守られて、自分がすでに知っていることで満足し、新しい発見を喜び、不可解なものに係わることなどは考えず、そして獣のように権威や情念によって引きずり回されるのではなく、自由で理性を備えた人間として自分自身の行為に法則を与えます」（同上）と述べて、「偏見」から解放された人の精神的な安らぎと喜びを対置する。

第二書簡でトーランドはこの「偏見」のターゲットを魂不滅説に定め歴史的に遡ることを試みる。これはキリスト教の根幹を成す魂不滅の教理を啓示とは別の観点から検討することを意味する。キリスト教が野蛮な多神教として排斥してきた異教の魂不滅説の見解を検討するのである。キリスト教徒にとっては不用な検討であり、またキリスト教の教理が異教の教理と比較されて相対化される危険を孕む試みとも見なされるであろう。レイフ・カドワース(67)（一六一七—八八年）は『宇宙の真の知的体系』（一六七八年）において非物質的存在を証明するために、無神論者の物質論を歴史的に遡ってデモクリトスやレウキッポスなどの見解の論理的欠陥を論述したのだが、彼の意図は正当に評価されずに「無神論者と彼らの敵対者の理論をどちらについても公平に論じたがゆえに、無神論者を優遇したと非難された(68)」時代である。トーランドもそのような時代の風潮を知っているからこそ、キリスト教は魂不滅の教理について「最高かつもっとも明らかな証拠、まさに神ご自身の啓示を与えています」（第二書簡、第1節）と論題に入る前に言明している。だが、このテーマがこの時代にどれほど危険なものであったかは以下の一節からも見当がつく。「セリーナ様ほどの知識もなく偏見から自由でもない人々は、私が魂の不滅について、まるで哲学における他の何かの見解と同じように、この説をある時代にあるいはそれを発明したある創始者に端を発し、そして人々の信念、興味、好みに応じて賛同されたり反対されたりした見解のように語るのを聞けば、おそらく奇妙に思うことでしょう。ですが、あなたがこの問題についてどうお考えになっているにしても、異教徒の間では実際そういうものだったのです」（同書簡、第2節）。異教徒の間における魂不滅説についての「この事実を認めるのを恐れているような人たちの臆病さ」（同上）に抗議して、「異教徒たちが神の存在そのものや、私たちの宗教の他のあらゆる信仰箇条に関して途方もない妄想」（同上）を抱いたとしても、そんなものが私たちの宗教の真理を損なう論拠となることはない、ときっぱりと断言して自己防衛を行っている。

トーランドは最古のギリシア自然哲学者たちの見解の記述から始める。タレス、アナクシマンドロス、アナクシメネスらイオニア学派は神々、ダイモン、魂、亡霊、天界、冥界などは詩人が勝手にでっち上げた虚構として否認し、宇宙やそのいかなる部分にも物質以外の「動かす霊体」（同書簡、第3節）などは認めず、「宇宙は無限であり、物質はその諸形態は変化しても、永遠であると教えた」（同上）。その後アナクサゴラスが物質を動かし配列するものとして知性というもう一つの原理を付け加えたために、ここで始めて霊体の教理が生まれた。さらにアナクサゴラス以前の魂の教理の発明者はエジプト人であることを、多くの古代著作家からの引用によって結論づけている。エジプト人の誰が、あるいはどうやって考案したのか。「エジプト人自身が神の啓示もなく、どうやってあのような概念を考案することができたか……これについては、彼らの葬式と、功労者の記憶を保存する昔からのやり方とが、どうやらこの信念を引き起こした原因であったようだ」（同書簡、第11節）。魂不滅の教理は「民衆によって始められ、彼らからその子供らが教わり、ついにあらゆる人の教育の一部となり（一般に受け入れられた見解によくあるように）、そうやって学者たち自身も信じる根拠を見いださないうちにそれを信じてしまったのです」（同書簡、第13節）。キリスト教徒が神の啓示と信じている魂不滅の教理は、エジプト人の間ではこのようにして生まれた、と説明される。

異教世界でこうして確立された魂不滅説を、それでも拒否した学派や哲学者の見解、詩人の詩句をトーランドは紹介する。唯物論的原子論を唱えたエピクロス派や、死後の魂が世界霊魂へと回帰すると唱えた学派、そしてピュタゴラスが挙げられる。彼は通説では輪廻転生を唱えたとされているが、トーランドによれば、それは二種類の教理のうちの対外的な通俗的教理であり、学派内部の教理では「物質における諸形態の永遠なる循環」（同書簡、第14節）を説いていた。詩人については、セネカの「死後には何も存在しない、死そのものすら無、／……死は肉体を侵食し、ついに破壊し、／魂さえ容赦しない」（同書簡、第15節）、ウェルギリウスによるエピクロス賛歌「幸いなるかな、事物の諸原因を究めた者よ。／すべての恐怖から解放され、冷酷な運命と／貪欲なる冥界の川をその足下に踏みつけたとは」（同上）、その他が挙げられる。最後は大プリニウスの『博物誌』で締めくくられる。「すべての人は命の最後の日以後は、最初の日以前と同じ状態にある。死後に肉体や魂にもはや感覚がないことは生れる以前と同様である。それでも生者の空しい望みは死後にまで押し広げられ、まさに死に臨んで新たな命をでっちあげる。ある者は魂に不滅性を授け、ある者は魂の輪廻転生を説き、またある者は冥界の人々に感覚を認めてその亡霊を崇拝し、今はもはや人間でさえない者を神にしたりする。……このようなことは子供騙しの甘言、際限なく生きようと欲する死すべき人間の虚構である。……しかし、命が死によって再び新たにされうると考えるとは、なんという愚の骨頂であろうか。あるいは、もしも魂が天上界で生きており、亡霊が冥界で感覚を持つならば、いったい人間はどんな安らぎを得られるというのか。本当のところ、このような愚かさと軽信は、自然のもっとも重要な恵みである死の有用性を台無しにしてしまい、そして死にかけている人が自分の未来の状態を心配することにでもなれば、その苦痛を倍加させてしまう。……だが、各人が自分自身の経験を信じて、生まれる以前に自分がどのような状態にあったかをよく考え、自分の心を安心させる論拠を引きだすほうがどれほど容易で確実であることか」(同書簡、第16節)。もう一つ付け加えれば、プラトンの『パイドン』について、キケロが「しかし、どうしてそうなるのかわからないのですが、読んでいる間は同意していても、本をわきに置いて自分自身で魂の不滅について推論し始めると、その同意はすべて消え去ってしまうのです」(序文、第11節)と批判する引用文も挙げることができる。トーランドはキリスト教徒の神の啓示は「そのすべてが私たちに理解できるわけではありませんが、それでも真であり絶対確実であるにちがいありません」(第二書簡、第16節)と述べ、そしてセリーナに対しては、「そもそもあなたはプリニウス以上に有能などんな敵の害毒に対してさえ、解毒剤などまったく必要とされないでしょう」(同書簡、第17節)と述べて第二書簡を終えている。

異教徒の魂不滅説の発生とその世界的な伝播、およびその説を否定する少数者たちの見解を、キリスト教徒の立場から述べたものだとは言えよう。しかし、この論考のテーマは「異教徒における魂不滅説の歴史」であるのだから、魂不滅説の歴史的遡及に関しては確かにテーマに沿う内容であるが、最後の数節(第14―16節)を魂不滅説に反対する者たちの見解で締めくくることに批判が向けられても不思議ではない構成であろう。第一書簡の終盤の第13節で述べられた「偏見」から解放された人の精神的な安らぎと喜びと、第二書簡の終盤の第14―16節における魂不滅説への反対論を合わせて考えれば、トーランドの主旨が魂不滅説の擁護にあるのではなく、魂不滅説という「偏見」を脱することによって、「不可解なものに係わることなどは考えず、そして獣のように権威や情念によって引きずり回されるのではなく、自由で理性を備えた人間として自分自身の行為に法則を与え」る（第一書簡、第13節）ことを説いた論考であることが分かるだろう。ウィリアム・ウォットン（William Wotton）が『ユーシービアへの手紙（*A Letter to Eusebia*）』（一七〇四年）でこの著作を攻撃したのは、これが魂不滅の教理への批判だと解釈したからである。

第三書簡「偶像崇拝の起源および異教信仰の諸理由」では、偶像崇拝の起源は、死者への崇敬に関連したものであり、まず死者の不朽の記念碑として星々にその名が与えられて、死者を天界の住人として神格化するようになった、ということが説明される。そのような神格化が人間の枠を超えて拡大し、詩人によって人間にとって価値のある徳性（名誉、平穏、調和、清純、自由、勝利、寛大、敬虔など）にも、さらに風、大気、雲などの自然現象、川、泉、丘など自然のあらゆる部分にも拡大され、膨大な数の神々が誕生したと、「偶像崇拝の起源」が解明される。トーランドの目的の一つに、この神格化を支える祭司の職務と君主との関係を示すことがあるようだ。祭司は神格化された君主を追悼する様々な儀式と称賛の演説を執り行い、君主は彼らに様々な特権を与える。祭司は「自分たちが目論んだ天界との親密さ」（第三書簡、第14節）を強調して彼らの利得をいっそう拡大する。「君主と祭司の互いの合意」（同上）によって、前者は後者の利得を保証し、後者は見返りとして前者の絶対的権力を民衆に説き、君主が民衆に思うままの影響を及ぼせるようにする、という両者の相互依存が指摘される。

「神授権」に関する王と聖職者の協調関係は近代でも同様だと指摘される。「近頃キリスト教徒の一部の王たちによって要求された神授権、そして彼らにへつらう聖職者によって主張された、王に当然与えられるべき無制限の受動的服従は、専制政治を支える方策として異教徒のものよりいっそう有効とまではいかなくても、同じ目的と意図のために目論まれたことは疑う余地がありません」（同書簡、第11節）と批判される。「近頃キリスト教徒の一部の王たち」と、そして彼らの神授権を主張して「無制限の受動的服従」を説いた聖職者との共謀関係は、トーランドにとっては、処刑されたチャールズ一世と『王の像』（『エイコン・バシリケ』）を彼の遺著と偽って世に広めたエクセター主教ゴードンとによる術策があっただろうし、また名誉革命後においては、世襲ではなく議会制定法によって即位したウィリアム三世とメアリ二世のイングランド王位継承に対して、王権神授説を根拠に不満を抱き続けた国教会トーリの反発があったろう(69)。

異教徒における偶像崇拝はキリスト教徒における新たな偶像崇拝と比較され、ローマ・カトリック教会の堕落形態と比較される。「同じことは現代における聖人と偶像についても間違いなく言えることでしょう。……また私たちが忘れるべきでないのは、キリスト教徒におけるこの新たな偶像崇拝は、古代異教徒のそれと同様、死んだ男たちや女たちへの過度の畏敬に完全に起因するものですが、それが聖職者たちの手練手管で次第にあのように価値を高められ、彼らはこの例に倣って他の人々を自分たちの指導に従うよう誘い込み、そしてその指導はつねに彼ら自身の栄光、権力、利益を増大させるものであることです」（同書簡、第19節）。このような偶像崇拝はキリスト教本来の姿とは異質な、「反キリスト主義」であるとトーランドは糾弾するが、以下の糾弾は単にローマ・カトリック教徒だけでなく、「キリスト教を政治的な党派あるいは意味のない単なる名称」と考えるようなプロテスタントにも向けられていると言えよう。

「しかしイエス・キリストが打ち壊そうとした事柄そのものを擁護するこれらの人々はキリスト教徒という宗派を名乗る権利などほとんどないことは、キリスト教を政治的な党派あるいは意味のない単なる名称とは考えず、私たちの道徳を正し、神についての正しい観念を私たちに与え、その結果あらゆる迷信的な見解と慣習を一掃することを意図した制度と考えるすべての人にとっては明らかなことです。簡単明瞭に言えば、これは反キリスト主義であり、これ以上にキリストの教理と真っ向から対立するものはありません」（同書簡、第21節）。この記述から明らかなことは、トーランドはキリスト教を「私たちの道徳を正し、神についての正しい観念を私たちに与え、その結果あらゆる迷信的な見解と慣習を一掃することを意図した制度」、別の言葉で言えば、「自然宗教」と考えていることである。それは第三書簡の末尾に、この書簡の主題として引用された四行詩から明らかであろう。

「自然宗教は最初やさしく、わかりやすかったが、
作り話によって秘義とされ、奉納によって金儲けにされ、
ついに生贄と見世物が供されて、
祭司は焙った肉で腹を満たし、民衆は飢えた」（同書簡、第22節）

「しかし、人間はどうして理性の真っ直ぐで平坦な道を見捨てて、あのような抜けられない迷路をさまようようなことになったのか」（同上）とトーランドは問う。「どうしてかなり数多くの地域でイエス・キリストの平明な教えがもっともばかげた教理、わけのわからない隠語、滑稽な儀式、説明しえない秘義へと堕落するようなことになったのか、そしてどうして世界のほとんどすべての地域で宗教と真理が迷信と聖

職者の術策に変貌させられるようなことになったのかを」（同上）問う。その答えはローマ・カトリック教会に象徴される、神の代理人と称して人間の知性を堕落させ、迷信と偶像崇拝のうちに陥れた聖職者に、容易に屈服してしまった人間とその魂不滅への願望にあるとトーランドは考えたのだろう。

2 トーランドの自然哲学における唯物主義

第一書簡から第三書簡は自然宗教を堕落に導いた魂不滅説の習俗的原因の究明であると考えれば、第四書簡、第五書簡は自然哲学から非物質的存在を排除する試みと考えられるだろう。第四書簡はスピノザの心酔者宛てにトーランドのスピノザ批判が提示されており、第五書簡ではその批判に基づくトーランド自身の物質論の見解が別の人物宛てに展開されている。この書簡はその文通者からの異義に順を追って答える形式で書かれている。

まず第四書簡のスピノザ批判から見ていこう。トーランドはスピノザの見解を以下のように提示している。「スピノザは宇宙に唯一の実体しか認めないこと、あるいは宇宙におけるあらゆる事物の素材は一つの連続した存在であり、それはどれほど様々に変様していようと、いたる所で同じ本性を持ち、不変で、本質的な、分離できない諸属性を持つと認めていることです。彼はこれらの属性のうち（属性はそれが属する実体と同じように永遠的だと彼は想定しています）延長と思考をもっとも主要なものとみなし、その他無数の属性を想定しているものの、それらの名前を挙げませんでした。運動が属性の一つだとはどこにもほのめかしませんでした」（第四書簡、第7節）。さらに続けて、スピノザの「物質のどの部分も粒子もつねに思考している」（同上）という見解に対しては、「理性にも経験にも反している」し、その見解の論拠も説得力に欠けるものだとして、運動が実体の属性の一つであることをほのめかしていた証拠にはならないと斥けた。スピノザが「物質のどの部分も粒子もつねに思考している」として提示した論拠、すなわち「程度の差はどうであれ、すべての個体には魂が宿っているのである。なぜなら、あらゆるものの観念は必然的に神の中にあり、しかもその観念の原因は人間身体の観念と同じように神であるから[70]」をトーランドは説得力に欠ける形而上学的な論拠とみなしたのであろう。第五書簡ではスピノザの説は物活論のうちに含められ、「物質が有する運動や思考の原因を何も示さなかった」(第五書簡、第23節)と批判された。

トーランドは運動に関して、「場所運動」と「動く力あるいは活動力」(第四書簡、第8節)とを区別すべきことに注意を促している。「場所運動」とは位置の変化にすぎず、それゆえ自然における実在的存在ではなく、単に物体の位置のあり方でしかないが、「動く力あるいは活動力」とは「場所運動」の原因であり、物質に生じる多様性の原因であると断言した。「**スピノザ**は宇宙という実体から分離した、あるいはそれと異なる存在をまったく認めず、宇宙がそれ自身の運動をもっていないとしても、宇宙に運動を与え、運動を存続させたり維持したりするような存在をまったく認めていません。彼は場所運動に関する一般概念すべてから〔体系を〕組み立て、場所運動の原因をいっさい示していませんが、それは彼には統括する神からの一撃を認める気がなく、しかも(やがておわかりになるように)それを上回るあるいは同じくらい説得力ある推論を提示できないからです。それでも、物質は本性的に非活動的であるというのが彼の見解でした」(同書簡、第10節)と批判した。さらに続けて、「スピノザは『エティカ』で諸事物をそれらの第一原因から演繹すること(スコラ学者たちがア・プリオリと呼ぶものです)を自負していますが、そのスピノザが物質はどのようにして動かされるようになったのか、あるいは運動がどのようにして持続しているのかを何も説明せず、神を第一動者〔最初に動かす者〕と認めることもせず、運動を属性であると証明したり仮定したりすることもせず(それとは反対のことを行い)、それどころか運動が何であるかを説明してもいないのですから、彼は個々の物体の多様性が、実体の単一性とどのように調和しうるか、また宇宙全体における物質の同一性とどのように調和しうるかをどうしても示せなかったのです。それゆえ、彼の体系はまったく根拠があやふやで、どんな基盤もなく、よく練られておらず、非哲学的だと結論して間違いないでしょう」(同書簡、第12節)とその体系に基盤がないと結論づけた。このようなトーランドの批判はスピノザの友人チルンハウスが向けた批判でもあり、引用される彼らの往復書簡がその証拠として挙げられる。チルンハウスの質問は「運動の真の定義とその定義の説明」(同書簡、第13節)、延長から「どうしてあれほど多くのさまざまな多様性が生じうるのか」(同上)、「運動と形を持つ諸物体の存在がどのようにしてア・プリオリに証明されうるか」(同上)に向けられる。また、デカルトは事物の多様性を「活動力のない物質」から導き出したわけではなく、「動かす者としての神という仮定」(同上)によって説明したことにも触れて、スピノザ自身の見解を執拗に尋ねている。トーランドによる引用を用いれば、スピノザの最終的な答えは「事物の多様性が単なる延長概念だけからア・プリオリに証明されうるかどうかをたずねておられますが、私はそれは不可能であること、したがってデカルトが物質を延長によって定義したことは不適切であったこと、物質は永遠無限の本質を表す何らかの属性によって必然的に説明されねばならないことをすでに示したと考えます」(同上)と述べることで終わった。物質の延長概念からだけでは事物の多様性は証明できない、それゆえ物質は永遠無限の本質を表す何らかの属性によって必然的に説明されねばならない、というスピノザ自身の言葉を引き出して見せることで、トーランドの批判は終わる。

　第五書簡でトーランドが証明すべきことは第四書簡末尾に提示されている。「私が抱いております考えは、運動は物質に本質的である、すなわち運動は不可入性あるいは延長と同じように物質の本性から切り離しえない、そして運動は物質の定義の一部をなすべきであるということです。……私は物質が絶対的な静止状態にある、活動力のない死んだ塊、すなわち怠惰な動けないものである、またはかつてそうであったということを否定します」（第四書簡、第16節）。トーランドの批判は「物質を延長のみで定義し、物質を本性的に非活動なものとし、物質は互いに独立した実在的な諸部分に分割されると考えることから起こる無数の誤った帰結」（第五書簡、第6節）に向けられる。まず挙げられるのは空虚あるいは真空の存在である。物質が諸部分に分割されることを前提として考えられた空虚の概念は、スピノザの見解に依拠して反駁がなされた。「私たちが物質の諸部分と呼ぶものは……物質の変様についてのさまざまな区別立てにすぎない、したがって、諸部分とは想像上のものあるいは相対的なものでしかなく、実在するのではなく絶対的に分割されているのではない、と証明されるかもしれません。というのも、水は水として、生成、分割、壊敗、増加、減少されることはありますが、物質として考えられたときにそんなことはありえないからです」（第五書簡、第6節）と主張した。これは『エチカ』の、「物質はいたるところ同一であり、またそこに諸部分の区別が生ずるのは、物質がいろいろな仕方で変様すると考えられるかぎりのことであること、したがってその諸部分は様態的にのみ区別されて実在的には区別されない……たとえば、水は水であるかぎりにおいて分割され、その諸部分はたがいに分離されると考えられる。だが物体的実体と見なされるかぎりの水は分離も分割もされない。さらに水は水であるかぎり、生成し消滅する。だが実体であるかぎりの水は生成も消滅もしない」[71]を参照していることは明らかであろう。実在的な諸部分の存在を否定するためにも、さらにスピノザの見解に依拠していることは両者の見解を比較してみれば――スピノザの説明は概念的により整序され明瞭である――分かるだろう。トーランドは「私は物体を、物質のある変様と理解しており、これは心によって限定された多くの組織体として、あるいは心の中で抽象された個々の量として概念されますが、宇宙の延長から実際には分離されないものです。ですから、変様の雑多な変化のために、ある物体は別の物体より大きいとか小さいとか、ある物体は壊れているとか分解しているとか私たちは言いますが、宇宙には一種類の物質しか存在しないので物質が一方より他方のほうが大きいと言うのは適切ではありえません。そして、物質が無限の広がりを持っているならば、部分と粒子は私が今物体について述べたのと同じように概念されるのですから、物質は互いに独立した絶対的などんな部分も持つことはできません」（同書簡、第7節）と述べているが、これも私たちには周知のスピノザの様態的捉え方と実体的捉え方の区別に依拠している。念のためスピノザを引用しよう。「われわれは量を二つの仕方で考える。一つは抽象的な、あるいは表面的な考え方である。それによれば量は〔ふつうの仕方で〕考えられる。他は量を実体として考えるものであり、これはたんに知性によってのみ〈想像力の助けをかりずに〉なされる。かくて、量をわれわれの想像力のままに――このことはよりしばしば、そして、より容易に行なわれることだが――とらえるならば、量は有限、可分的そして部分から成り立つものと見なされるであろう。だが次のことはきわめて困難なことだが、量を知性によってあるがままにとらえ、それを実体としての量と考えるならば、量は、すでに証明したように、無限、唯一、不可分のものと見なされるであろう[72]」。スピノザの実体と様態のこの区別は、トーランドが主眼とする、物質に本質的な「活動力」と様態としての「場所運動」の区別へとおそらくは転用され、物質は延長的であると同じく活動的であると以下のように主張された。「私たちが何々の物体と呼ぶ、あれら個々の、あるいは限定された量は物質の延長一般のさまざまな変様にすぎず、それらの量はすべて物質の延長一般のうちに含まれ、延長一般を増加させたり減少させたりすることがないのと同じように、（適切な比較として）物質の個々の運動あるいは場所運動はすべて物質の活動力一般のさまざまな限定にすぎず、その活動力一般があれこれの諸原因によって、あれこれのやり方で、あちらの方やこちらの方へ向けられたもので、その活動力一般に増加や減少をもたらすことはないからです。通常の運動法則に関するあらゆる論文で、何らかの物体が失ったり獲得したりするさまざまな程度の運動量というものをあなたは確かに読まれるでしょうが、これらの法則は個々の物体が相互に及ぼす作用力の量に関するものであって、物質一般の活動力に関するものではありません」(同書簡、第9節)。トーランドが、他の著作家の、とりわけ彼自身が自分の主張の確固たる基盤として有効と考えた見解に依拠して、それを翻案したり転用したりすることはめずらしいことではない。『秘義なきキリスト教』において、ロックの経験論を神学問題に転用したことはよく知られている。彼の独創性は、オリジナルの思想をその文脈から切り離して、自分の主張の文脈に置き換え、有効に論敵を反駁する巧みさにあった。彼にとって問題は何に対して、何のために、どのようにそれを援用・転用するのかにあった。この意味でオリジナルの思想の持つ斬新な力を看破する鋭敏な感性を持っていたと言えるかもしれないが、一方でこれは宗教論争で相手を論破するために必要とされる資質であったことも忘れてはならないだろう。

こうして「物質の本質的な活動力」という基盤をすえた後、トーランドは宇宙における物質の様々な変様について、天体の無数の系、さらに分化した系、地球、大気、陸地、水、そこに生息する動植物などを挙げて、その破壊と生成という不変の運動の原因が「普遍的活動力」にあることを以下のように説明した。「物質のいかなる諸部分も一つの形や形態に縛られることはなく、その形と形態を絶えず失い変化させています。すなわち、物質の諸部分は永続的運動の中で他の諸部分によって切り取られ、摩滅させられ、粉々に砕かれ、分解されながら、その形を獲得し、そしてこれらの形も同じように絶え間なく変化していきます。土、空気、火、水、鉄、木、大理石、植物、動物は希薄にされたり濃縮されたり、液化されたり凝固されたり、溶解されたり凝結されたり、あるいはその他の方法により互いに変換しあうのです。地表全体は刻一刻とこのような変転を私たちの眼前に提示し、何一つとして数において同一のまま一時間と存続しないのです。これらの変化は、幾種類かの運動にすぎないので、したがってある普遍的活動力の否定しえない諸結果なのです」（同書簡、第16節）。宇宙におけるこのような無数の絶え間ない循環による相互的な変換は「各々の物質的事物はすべての諸事物であり、すべての諸事物は一でしかない」（同上）と格言風に書かれた。これと同義のアフォリズム「世界におけるすべての諸事物は一であり、一はすべての諸事物におけるすべてである」が『パンテイスティコン』（一七二〇年）にも示されている。[73]

トーランドは物質の非活動性という考えから生じた、もう一つの「絶対的静止という通俗的な誤謬」に反駁する。反駁の第一として、鉄や石や金や鉛も血液や樹液といった液体状のものと同様に内部の場所運動を持っているが、「私たちの感覚が知覚できるほどに形態や位置を変えるよう決定づけられること」（同書簡、第18節）が簡単に迅速に行われないので、人々はこれらが運動をまったく持たないと想像したのだが、実際は錆や磨耗といった感知しうる諸結果によって内部の諸部分の運動を最終的には確認できる、と主張した。反駁の第二では、「諸物体が一つの場所に留まっていること自体が実在的な活動なのであり、その間この塊の力と抵抗は、これに働きかける隣接する諸物体からの限定づける運動と相等しく、その運動が一定の限界を超えないよう対抗しているのです」（同書簡、第19節）と述べられ、静止は相等しい運動の間に生じる実在的な抵抗活動であって、「絶対的非活動などではなく、感知できるほどにその場所を変える他の諸物体と比較して相対的停止である」（同上）と結論された。

物質の非活動性という考えから生じた誤謬のうちでもっとも広く普及したものと指摘されるのは、「絶対空間」あるいは「実在空間」、すなわち「無限で延長的しかも非物体的な空間」の概念である。この概念の反駁にはジョーゼフ・ラフソン[74]の見解が取り上げられているが、ニュートンもこの概念の支持者として言及されている。トーランドによれば、物質の有限を主張したことによって、必然的に有限の延長を仮定するに至り、同時にもう一つ無限の延長を認めることになった。「一方は不動、不可入、分割不能、不変、同質、非物体的、そしてすべてを含み込むものとされ、他方は可動、可入、分割可能、可変、異質、物体的、そして含み込まれるものとされ、一方は無限の空間、他方は個々の物体を表わすとされました。……したがって彼らは、物質は有限で諸部分に分割され、物質はどこかよそから来る運動を必要とし、物質にはその中で活動するための空虚な場所が必要であることは当然と考えたあとで、この枠組みをもう一つの枠組みの中に据えつけました。すなわち一方の延長が他方の延長に浸透し、あたかも諸様態がそれらの基体によって浸透されるかのごとき説を立てたのです」(同書簡、第24節)。そして彼らはその無限の空間を「至高存在そのもの、少なくとも神についての不完全な概念とするのさえためらわなかった」(同書簡、第26節)、その結果「神は純化されて単なる無」、あるいは「自然または宇宙が唯一の神」とされてしまい、結局は無神論を導くことになると論駁される。

ここまでは、物質の非活動性あるいは絶対的静止の概念から引き起こされたさまざまな誤謬への反駁を見てきた。それらの誤謬は「運動は物質にとって外来的である、物質は実際に分離・独立した諸部分を持つ、空虚あるいは非物体的な空間が存在する」(同書簡、第23節)などという諸見解であった。次に、この範疇に入らない誤謬にトーランドの反駁は向けられる。それは「物質は本質的に非活動である」(同上)と認めながら、「非活動の物質が実際に運動すること」を説明するために「物質と緊密に結合した何らかの存在」を設定し、「あらゆる物質は生命を与えられている」と主張する、物質への生命付与の見解であった。「ある者たちはストア派のように、この生命は世界霊魂だと考え、物質と同一の広がりを持ち、物質の全体と各部分に浸透し満ちていると考えました。ですが世界霊魂自体は本質的に物体的で、他のあらゆる物体よりはるかに微細ですが、巧みさと活動力の点できわめて粗雑とみなされました。ところが、プラトン主義者たちの普遍的霊魂は非物質的で純然たる霊体でした。また他の者たちは、ランプサコスのストラトンや現代の物活論者のように、物質の粒子は生命を有し、またある程度の思考、あるいは内省を伴わない直接的な知覚をも持つと教えました。これにさらに知性や内省までをも、古くはヘラクレイトスが、最近ではスピノザが付け加えました」(同上)。ここでは、世界霊魂説と物活論に分けられ、前者の見解にはその原理を物体と考えるストア派と霊体と考えるプラトン主義者が挙げられ、後者の見解には古代のストラトンと知覚と知性を伴わない形成的生命説を唱えた「現代の物活論者」カドワース、それに知性や内省も付与したヘラクレイトスとスピノザが挙げられている。スピノザについては、「物質を本性的に非活動であると認めながら……物質が有する運動や思考の原因を何も示さなかった現代人のスピノザのような人々について言えば、これ以上語るに値しないほど非哲学的」(同上)であると批判した。物質に対するこのような生命付与は、非活動の物質を運動させるためにデカルト派が考えだした機会原因論——あらゆる機会に、あらゆる活動に神を登場させ、絶対的不可避的必然により神を働かせることになってしまう——を回避するための、「紛れもないごまかしの数々」として否定されている。同時に、「物質のすべての粒子相互の作用と反作用」によって運動を説明する原子論も以下のように否定される。「あなたが考えられる限りのあらゆる原子を寄せ集め、あらゆる偶然を想定しても、宇宙の諸部分に現在の秩序をもたらすことも、それらを同じ状態に保つことも、花一本、ハエ一匹の組織を生みだすことも不可能でしょう。印刷機の活字を一〇〇万回混ぜ合わせれば、ついにはウェルギリウスの『アエネイス』や、ホメロスの『イリアス』や、世界中の他のどんな著作もできあがるような配列に、それらの活字が並ぶなどとあなたが想像できないのと同じことです」(同書簡、第30節)。

以上の反駁によって、トーランドは一方では「物質を動かす外的あるいは異質的な力」(同書簡、第23節)を一掃し、他方では原子論的唯物論を斥けて、物質が本質的に活動力を持つこと、運動が物質の属性に含まれるべきことの論証を終えた。「私は物質が絶対的な静止状態にある、活動力のない死んだ塊、すなわち怠惰な動けないものである、またはかつてそうであったということを否定します」(第四書簡、第16節)というトーランドの見解は当時どのような意味を持っていたのか。「この見解は特異であるうえに、それが不可避的に打破する多くの仮説や定説のために私がさまざまな敵を作りだすはめになる」(同書簡、第17節)が、それにもかかわらず「攻撃は受けて立つもので甘受するものではありませんし、真理の発見に何か役に立てるならば、そんなことで私の心は少しも乱されません」(同上)と果敢な論戦意欲を見せている。彼が「不可避的に打破する多くの仮説や定説」として考えるものは、活動力のない物質を動かすための非物質的存在あるいは霊体を設定するさまざまな自然学の諸見解である。したがって、これらの見解を論駁することは非物質的存在の否定である、ひいては無神論につながる論であると反発されることは必定である。それを回避するため、「物質が創造されたと信じる人々であれば、最初に神はそれに延長を授けたように活動力も授けたのだと考えてもよいでしょう」(同上)と、自分の説は創造説に抵触するものではないとロックの見解を援用して予防線を張った。論敵からの予想される同種の異議、「物質の活動性を認めると、統轄する知性は必要なくなる」(第五書簡、第30節)に対しても、著名な哲学者ロックの見解に依拠して防御線を張った。「神はこの物質を延長的のみならず活動的にも創造する能力があった、物質に一方のみならず他方の特性も与えることが可能であった、神が物質に前者を授けて後者を授けなかった理由は何も定められないとするなら、神がずっと、いやいつでも、物質の運動を監督する必要もないのではないですか」（同上）とロックの言説を転用した仮定を用いて、機会原因論を斥けながら、自らの見解の優位性を示した。ここに転用されたロックの一節は当時その文脈から切り離されて唯物論的と見なされて物議をかもした見解だったが、ロック自身は人間の「観念」の限界ゆえに、物質が思考するか否かを知ることはできないとして、物質の思考可能性を示唆したにすぎない。しかし、トーランドはその論法を物質の活動性に転用したのである。周知のようにロックは以下のように述べていた。「私は物質と思考の観念をもっている。が、たぶん、ある単なる物質的な存在が思考するか思考しないかを知ることは、けっしてできないだろう。というのは、私たち自身の観念を観想すること〔だけ〕（〔 〕内は邦訳者の補足。以下同様）で、啓示がなければ、全能者がある適当に配置された物質の体系〔すなわち身体〕に知覚し思考する力能を与えてなかったかどうか、あるいはそうでなくて、そのように〔適当に〕配置された物質にある思考する非物質的実体〔すなわち心ないし霊魂〕を連結し固定してなかったかどうか、これを発見すること〔いいかえれば明らかにすること〕は私たちにはできないのであり、それというのも、私たちの思念にかんしては、神は、もし思うなら、思考する機能を物質に添えることができると想念することは、思考する機能をもつ他の実体を物質に添えただろうと想念することに比べて、私たちの了解力からはるかにかけ離れてはいないのである」[75]。トーランドはこのように陣容を整えることで、自身の見解が証明できるならば、敵が争う相手は「神や自然」（第四書簡、第17節）であって、それらの「謙虚な解釈者」にすぎない自分ではないと自信をのぞかせている。最後に、「物質の無限性について言えば、それが排除するものは、思慮分別ある賢明な人たちすべてが認めないにちがいないもの、すなわち延長を持つ物体的な神だけであり、純粋な霊体あるいは非物質的存在は排除しません」（第五書簡、第30節）と言明した。トーランドはロックの物質の思考可能性を示唆する見解を後ろ盾として、自分の目的がただ自然哲学から「純粋な霊体あるいは非物質的存在」を排除することにあり、それ以上の形而上学に係わる問題には触れないことを言明したのであろう。トーランドは唯物論的物質論の危険性を十分に承知した上で大胆不敵な挑戦をしたのであって、この企てに慎重な限界を設けることを忘れてはいなかった。「私のなすべき仕事は、物質は延長的であるのと同じく必然的に活動的であると証明し、そこから私にできうる限り物質のさまざまな状態を説明することだけであり、物質の起源や存続期間について他の人々が引き起こすかもしれない論争に関与することではありません」(第四書簡、第17節)。第五書簡冒頭に置かれたルクレティウスの『事物の本性について』からの引用、「さてそれでは、物質の粒子にはどんな速度が与えられているのか、メンミウスよ、次のことから少しの言葉で分るだろう」もトーランドの主題が自然学に限定されることの表明とみなせるだろう。だが、第一書簡から第三書簡での偏見、魂不滅説の習俗的起源の歴史、偶像崇拝の起源といったテーマとの関連を考えてみれば、トーランドの最終的な目的は宗教的恐怖の打破にあったと考えられよう。魂不滅の迷信と聖職者の術策に押しひしがれた人間に「死すべき人間」の真の姿を自然学によって教え、それによって宗教的恐怖を打ち砕いてみせたエピクロスへのルクレティウス賛歌(76)の木霊が聞こえるようである。『セリーナへの手紙』以後のトーランドの著作、『ナザレ派』(一七一八年)、『パンテイスティコン』(一七二〇年)などで、その木霊がどんな形態をとるのかはまた別の課題となろう。

(1) 今回の邦訳にあたって、『秘義なきキリスト教』に関わるものも含めて、以下の三点を注記する。

一、固有名詞に関しては現地表記を原則としたが、「ハノーヴァー選帝侯妃ソフィア」については、イギリス史やイギリス思想史では英語表記が多用されているのでその慣例に従う。

二、『秘義なきキリスト教』の「補遺　ジョン・トーランドの主要出版書」にある著作名に関して、

・『一、ハノーヴァー選帝侯妃と選帝侯皇太子のイングランドへの招聘を国王陛下に進言する理由……』の「ハノーヴァー選帝侯妃」を慣用的な通称ではなく正式名称「ハノーヴァー選帝侯未亡人(Electress Dowager of Hanover)」と訂正する。

・『プロイセンとハノーヴァーの宮廷について』を『プロイセンとハノーファーの宮廷について』と訂正する。

三、『秘義なきキリスト教』の「解説」にある「イングランド議会下院」(二二九頁)と「議会下院」(三〇八頁)は、「聖職者」を補って「イングランド聖職者議会下院」、と「聖職者議会下院」に訂正する。

(2) イングランド国教会はカンタベリとヨークの二つの大主教管区にわかれ、それぞれに聖職者議会(convocation)が設けられた。聖職者議会は上下両院を有し、上院は大主教管区内のすべての主教により、下院は下級聖職者(各教区の主教座聖堂参事会首席司祭と二名の先任大執事、各教区から選出された聖職代議員など)により構成された。聖職者議会は元来中世の大司教管区の宗教会議であり大司教により招集され、おもに教会に対する課税の承認を任務とした。しかし、ヘンリ八世がローマ教会から離反し、国王が「イングランドの教会と聖職の最高の首長」となった国王至上法の成立以後、聖職者議会は国王と議会に従属することになり、聖職者の宗教的権限は制約されるようになった。名誉革命後も聖職者議会は宗教的事項に関する代議機関であったが、実質的な権限を持たないことに聖職者は恒常的に不満を抱いていた。ウィリアム三世の没後、アン女王の治世には国教会の勢力が伸張し、「国教会の危機」を唱えて、信仰の強化が図られた。

(3) Justin Champion, *Republican Learning: John Toland and the Crisis of Christian Culture, 1696-*

1722, Manchester, Manchester University Press, 2003, p. 77.

（4）ジョン・トーランド『自由の擁護、またはトーランド氏の自己弁護』、ロンドン、一七〇二年、一二―一三頁。

（5）同書、一三頁。

（6）同書、三〇頁。

（7）同書、四九頁。

（8）同書、四九―五〇頁。

（9）ジョン・トーランド『プロイセンとハノーファーの宮廷について（*An Account of the Courts of Prussia and Hanover*）』、ロンドン、一七〇五年、「ハノーファーの宮廷について（An Account of the Court of Hanover, Sent from Berlin to the Hague, September 23. N. S. 1702）」、六九頁。

（10）同書、六六、六七頁。

（11）同書、六八頁。

（12）ピエール・デ・メゾー（Pierre Des Maizeaux）編『ジョン・トーランド小論集（*A Collection of Several Pieces of Mr. John Toland*）』、第二巻、ロンドン、一七二六年、「『秘義なきキリスト教』について急いで書かれた覚書（Annotatiunculae Subitaneae ad Librum De Christianismo Mysteriis Carente）」、六〇―七六頁。

（13）このエピソードは、論争相手であるボーゾーブル自身が語った事柄として、『ゲルマン文庫またはドイツ、スイス、北欧諸国の文芸史（*Bibliothèque Germanique ou Histoire Littéraire de l'Allemagne, de la Suisse, et des Pays du Nord*）』、第六巻、アムステルダム、一七二三年、記事二「ヨハン・ロレンツ・フォン・モスハイム『ジョン・トーランドの生涯、業績、著作』（Jo. Laurentii Mosheim, De Vita, Fatis et Scriptis Jo. Tolandi)」、三九―五〇頁に、モスハイムによるトーランド伝の補遺として編者が記事中に挿入したものである。モスハイムがトーランドのベルリン訪問を一七〇二年のみとしていることに対する反証として、一七〇一年一〇月初めにトーランドと宗教談義を交わしたボーゾーブルが提供した。ショフピエ（Jaques George de Chauffepié）も『新歴史批評辞典（*Nouveau dictionnaire historique et critique*）』第四巻、アムステルダム、一七五六年の「トーランド」の欄外脚注Q' 四五一―四五二頁において、『ゲルマン文庫』のこの箇所を再録している。

（14）ボーゾーブル、イザーク・ド（Isaac de Beausobre）（一六五九―一七三八年）。フランス人カルヴァン派神学者。フランスで牧師をしていたが、ナント勅令が廃止された一六八五年、ロッテルダムへ亡命し、翌年デッサウでアンハルト公女の宮廷付き牧師となった。一六九五年にベルリンのフランス人改革派教会の牧師となり、四三年間務めた。ベルリンに着くとすぐ、彼は同僚牧師のジャック・ランファンとともに新約聖書のフランス語新訳をするようブランデンブルク選帝侯から命じられた。また、プロイセン王妃ゾフィー・シャルロッテの宮廷付き牧師も務めた。なお、ボーゾーブルは『ゲルマン文庫』に無記名書評や学術的・論争的論文を送るというジャーナリスト活動をも行っていた。

（15）Robert E. Sullivan, *John Toland and the Deist Controversy: A Study in Adaptations*, Cambridge, Mass., Harvard University Press, 1982, p. 18.

（16）トーランド『自由の擁護、またはトーランド氏の自己弁護』、四頁。

（17）同書、五〇―五一頁。

（18）F. H. Heinemann, 'Toland and Leibniz', *The Philosophical Review*, Vol. LIV, No. 5. 1945, p. 440.

（19） ibid.

（20）「ライプニッツのベール宛書簡、一七〇二年八月一九日」、ゲルハルト版『ライプニッツ哲学著作集（*Die philosophischen Schriften von Gottfried Wilhelm Leibniz*）』（全七巻、ベルリン、一八七五―九〇年）、第三巻、六三頁。以下、「GP 3, p. 63」の形で示す。

（21）ピエール・ベール『歴史批評辞典Ⅲ』、『ピエール・ベール著作集』、第五巻、法政大学出版局、一九八七年、野沢協訳、「解説」、一七四六―一七五二頁を参照。

（22）「ベールのライプニッツ宛書簡、一七〇二年一〇月三日」（GP 3, p. 65）。

（23）「ライプニッツのベール宛書簡、一七〇二年、一一月の返信」（GP 3, pp. 65-69）、「場所と日付なし」と欄外注記された書簡。この書簡が書かれた年月日をウルハウスは「一七〇二年、一一月三〇日以前」と推定しているので、「一七〇二年、一一月」とする。*Leibniz's 'New System' and Associated Contemporary Texts*, translated and edited by R. S. Woolhouse and Richard Francks, Oxford, Clarendon Press, 1997, rep., 2009, pp. 71, 126を参照。ウルハウスによれば、ゲルハルトが説明しているようにこの書簡には異なる版があり、ゲルハルトが収録したのは、「場所と日付なし」の版（GP 3, pp. 65-69）と前者より短く後に書かれ、「送られなかった」と注記された版（GP 3, pp. 69-72）である。これらの他に、「ベルリン、一七〇二年、一二月五日」の日付が記されたさらに短い版があるが、ゲルハルトはこれを収録していない。

（24）雑誌に掲載されたオリジナルと想定されるこの版とゲルハルト版（GP 4, pp. 554-571）ではかなり異同があることが指摘されている。Cf. *Leibniz's 'New System' and Associated Contemporary Texts*, p. 107.

(25) 『古代近世文芸共和国批評史』、第一一巻、記事五、一一五頁。

(26) 「批評的考察」をトーランドの作品と同定する研究は、Antonio Lamarra, 'An Anonymous Criticism from Berlin to Leibniz's Philosophy: John Toland against Mathematical Abstractions', *Studia Leibnitiana*, Sonderheft 16, 1990, pp. 89-102. R. S. Woolhouse, 'John Toland and "Remarques Critiques sur le Système de Monsr. Leibniz de l'Harmonie péétablie"', *Leibniz Society Review* 8, 1998, pp. 80-87. Stuart Brown, 'Toland's Clandestine Pantheism as Partly Revealed in His Neglected "Remarques Critiques sur le Système de M. Leibniz ..." and Partly Concealed in the Last of His *Letters to Serena*', in *Scepticisme, Clandestinité et Libre Pensée: actes des Tables rondes organisées à Dublin dans le cadre du Congrès des Lumières*, sous la direction de G. Paganini, Miguel Benítez et James Dybikowski, Paris, Champion, 2002, pp. 345-370. なお、「批評的考察」は以下にも再録されている。John Toland, *Lettres à Serena et autres texts*, édition, introduction et notes par Tristan Dagron, Paris, Honoré Champion, 2004, pp. 303-313.

(27) ジョン・トーランド「批評的考察」、『古代近世文芸共和国批評史』、第一一巻、一三二頁。

(28) ピエール・デ・メゾー編『ジョン・トーランド小論集』、第一巻、ロンドン、一七二六年、「ジョン・トーランド氏の生涯と著作についての覚書」、lvii頁。

(29) ゴットフリート・ヴィルヘルム・ライプニッツ「感覚と物質とから独立なものについて」、『ライプニッツ著作集』、第八巻、工作舎、一九九〇年、一〇五—一一九頁、佐々木能章訳。

(30) 「トーランドの王妃ゾフィー・シャルロッテ宛書簡」(GP 6, pp. 508-514)。John Toland, *Lettres à Serena et autres texts*, pp. 293-302.

（31）「ライプニッツの選帝侯妃ソフィア宛書簡、一七〇二年九月九日（自分の手紙の要約——ライプニッツ）」、クロップ版『ライプニッツ著作集（*Die Werke von Leibniz*）』（全一一巻、ハノーファー、一八六四—八四年）第八巻、No. 246, 三六二—三六三頁。以下、クロップ版と略記する。

（32）ランファン、ジャック（Jacques Lenfant）（一六六一—一七二八年）、『ゲルマン文庫』の創設者で編集者の一人であり、第一巻（一七二〇年）から第四巻（一七二二年）では様々な執筆もしていた。

（33）『ゲルマン文庫あるいはドイツ、スイス、および北方諸国の文芸史』、第六巻、記事二「ヨハン・ロレンツ・フォン・モスハイム『ジョン・トーランドの生涯、業績、著作』」、五一頁。

（34）GP 3, pp. 65-69. なお、前注（23）を参照。

（35）トーランド『アデイシダエモン（*Adeisidaemon*）』、ハーグ、一七〇九年、二三—二四頁。Cf. Giancarlo Carabelli, *Tolandiana: materiali bibliografici per lo studio dell'opera e della fortuna di John Toland (1670-1722)*, Firenze, La nuova Italia, 1975, p. 104.

（36）これらの仏語テキストは以下に収録されている。John Toland, *Lettres à Serena et autres textes*, pp. 315-346. John Toland, *Dissertations diverses*, édition par Lia Mannarino, Paris, Honoré Champion, 2005, pp. 101-144.

（37）ホーエンドルフ男爵。ホーエンドルフ、ゲオルク・ヴィルヘルム（Georg Wilhelm Hohendorf）（?—一七一九年）。オイゲン公に仕えていたプロイセン人将校。次のオイゲン公の注を見よ。

（38）オイゲン公。ウジェーヌ＝フランソワ・ド・サヴォワ＝カリニヨン（Prince Eugène-François de Savoie-Carignan）（一六六三—一七三六年）。サヴォイア家の血を引くフランス貴族であったが、オーストリアのハプスブルク家に仕えた軍人であったため、プリンツ・オイゲン（オイゲン公）と通常呼ばれる。対オスマン帝国戦、スペイン継承戦争などでオーストリア・ハプスブルク家を守りぬいた名将で政治家でもあったが、膨大な蔵書をもった趣味人としても知られている。一七一一年頃から書籍蒐集が始まったようで、通常の刊行本のみならず希覯本、草稿にまで及び、異端思想書、いわゆる地下文書をも含んでいた。この蒐集には彼の副官であったオーストリア軍将校ホーエンドルフ男爵が大きく関わっていたようだ。オイゲン公の蔵書とホーエンドルフ男爵の蔵書をオーストリア皇帝が買い上げ、これが現在のオーストリア国立ウィーン図書館の蔵書の基盤を作ったと言われている。

(39) トーランド自筆の仏語写本は現在オーストリア国立ウィーン図書館に所蔵されている。

(40) ジョン・トーランド『事実どおり示されたソッツィーニ主義』、一〇頁。

(41) 同書、一五頁。

(42) 同書、七頁。

(43) 二六九—二七〇頁を参照。

(44) ベール『歴史批評辞典I』、『ピエール・ベール著作集』、第三巻、法政大学出版局、一九八二年、八八七頁、野沢協訳。

(45) 同書、原注一五、八九四頁。

(46) 同書、八八七頁。

(47) 同書、八八九頁。

(48) ベールはトーランドのこのような反論について以下のように述べている。「銘記していただきたいが、この人が一戦まじえにやってきたのは、べつにディカイアルコスのドグマ自体のためではない。それが虚偽であり不敬であることはこの人も認めた。ただ、ディカイアルコスは首尾一貫しないと私が非難したのは間違いで、あの哲学者は一度生命を持った体には感覚と命が滅びることなくあるとはしなかったが、それでも彼の説は脈絡と正確さを失うわけではないことを示そうとしたのである」（同書、八九〇頁）と書き添えた。これはトーランドがディカイアルコスと同じ見解を抱いているのではないとベールが言明した断り書きと見なせるだろう。

(49) 同書、八九一頁。

(50) 「ライプニッツのベール宛書簡、一七〇二年一一月」（GP 3, p. 68）。

(51) トーランドが初めてドイツを訪れたのはイングランドの王位継承法を携えた使節団の随行員としてであった。

(52) プラトン『パイドン』、八六b‐c、シミアスを指す。「つまり、われわれの肉体は、熱、冷、乾、湿、その他、同様の相反する性質のあいだの緊張関係によって結合が保たれており、われわれの魂は、これらの要素そのものがたがいに正しい適当な割合でまぜあわされるばあいに生ずる混合であり、調和である、と考えられるわけです」。プラトン『パイドン』／『プラトン』（世界の名著）、第一巻、中央公論社、一九六六年、五三八頁、池田美恵訳。

(53) 「感覚とは、対象から内部のほうへと向かう努力によって生じる外部へと向かう感覚器官の努力から、それもしばらくの間継続するこの努力から、反作用によって生じた表象である」。トマス・ホッブズ『物体論』、四・二五・二／ホッブズ『物体論』京都大学学術出版会、四三四―四三五頁、本田裕志訳。

(54) 「ライプニッツの選帝侯妃ソフィア宛書簡、一七〇二年九月九日（自分の手紙の要約――ライプニッツ）」、クロップ版、第八巻、No. 246, 三六二―三六三頁。上記、二六九頁参照。

(55) 「ライプニッツの選帝侯妃ソフィア宛書簡（日付なし）（自分の手紙の要約――ライプニッツ）」、クロップ版、第八巻、No. 248, 三六四―三六五頁。

(56) 「ライプニッツのプロイセン王妃ゾフィー・シャルロッテ宛書簡」（GP 6, pp. 499-508）、「トーランドの王妃ゾフィー・シャルロッテ宛書簡」（GP 6, pp. 508-514）。この問題に関する両者の論考はゲルハルト版『ライプニッツ哲学著作集』による。

(57) トーランド「批評的考察」は掲載誌『古代近世文芸共和国批評史』、第一一巻から引く。引用箇所は雑誌名の略語「HCRL」と頁数を記した。なお、同『批評史』におけるトーランドの論考掲載は一一五頁から一三三頁（HCRL, pp. 115-133）である。

(58) 表題にある「故プロイセン王妃殿下の命により書かれた」と末尾にある「ベルリン、一七〇三年一一月一四日」という記載は齟齬する。なぜなら、プロイセン王妃ゾフィー・シャルロッテの没年は一七〇五年二月一日であるからだ。この問題に関して、確定した見解は今のところないようだ。

(59) ライプニッツ「ベール氏の『批評辞典』第二版、「ロラリウス」の項に収められた予定調和説に関する考察へのライプニッツ氏の答」は掲載誌『古代近世文芸共和国批評史』、第一一巻から引く。なお、同『批評史』におけるライプニッツの論考掲載は七八頁から一一五頁（HCRL, pp. 78-115）である。

(60) ベール『歴史批評辞典Ⅲ』、『ピエール・ベール著作集』、第五巻、法政大学出版局、野沢協訳、四〇六頁。

(61) 同頁。

(62) 同書、四一四頁。

(63) 同書、四一五頁。

(64) 同書、四二四頁。

(65) 『ヴェールを脱いだカバラ』。クリスティアン・クノール・フォン・ローゼンロート（Christian Knorr von Rosenroth）というヘブライ語学者、神秘家が出版した著書、*Kabbala denudata*, Frankfurt am Main, J. D. Zunner, 1677-1684, 2 vols.

(66) これはライプニッツがトーランドの「批評的考察」を読んだ後『古代近世文芸共和国批評史』の刊行者宛に書いた書簡（GP 6, pp. 624-629）からの引用である。

(67) レイフ・カドワースについては第五書簡、訳注〔二八〕を参照。

(68) 第三代シャフツベリ伯がカドワースを弁護した評言。シャフツベリ伯『人間、習俗、意見、時代の諸特徴』（Anthony, Earl of Shaftesbury, *Characteristics of Men, Manners, Opinions, Times*, edited, with an introduction and notes, by John M. Robertson, volume 2, Gloucester, Mass., Peter Smith, 1963, p. 50）。なお、第三代シャフツベリー伯爵（アントニー・アシュリー・クーパー）（一六七一―一七一三年）はケンブリッジ・プラトン学派からの精神的影響を強く受けた。ベンジャミン・ウィチカットの『説教』の初版を一六九八年に出版し、二七歳で書いたその序文は彼の文学経歴の第一歩である。同学派のカドワースやヘンリ・モアの『倫理学要綱』も絶賛した。

(69) ジョン・トーランド『秘義なきキリスト教』、法政大学出版局、二〇一一年、拙訳、「解説」、「2 名誉革命後の共和主義」、「② 「ジョン・ミルトン評伝」――国王の神授権打破」、二九七―三〇三頁を参照。

(70) スピノザ『エティカ』、第二部、定理一三、註解／『スピノザ、ライプニッツ』（世界の名著）、

中央公論社、一九六九年、一三九頁、工藤喜作・斉藤博訳。
(71) スピノザ『エティカ』、第一部、定理一五、註解/『スピノザ、ライプニッツ』、九六頁。
(72) スピノザ『エティカ』、同所/『スピノザ、ライプニッツ』、九五—九六頁。
(73) トーランド『パンテイスティコン(*Pantheisticon*)』(一七二〇年)英訳、ロンドン、一七五一年、第二部、七〇頁。
(74) ジョーゼフ・ラフソンについては、第五書簡、訳注〔三六〕を参照。
(75) ロック『人間知性論』、第四巻、第三章、第六節/ジョン・ロック『人間知性論』、第四分冊、岩波書店、一九七七年、三四頁、大槻春彦訳。文脈に合わせて一部訳語を変えた箇所がある。
(76) 「第四書簡」、訳注〔三〕を参照。

[マ　行]

[ヤ　行]

[ラ　行]

[サ　行]

[タ　行]

[ナ　行]

[ハ　行]

人名・書名索引

・本文のみを対象とし，原注および訳注は対象にしなかった.

[ア　行]

[カ　行]

《叢書・ウニベルシタス　1043》
セリーナへの手紙　スピノザ駁論

2016年6月10日　初版第1刷発行

ジョン・トーランド
三井礼子 訳

発行所　一般財団法人 法政大学出版局
〒102-0071　東京都千代田区富士見 2-17-1
電話 03（5214）5540　振替 00160-6-95814
組版 HUP　印刷 ディグテクノプリント　製本 積信堂

ISBN978-4-588-01043-9　Printed in Japan

著　者

ジョン・トーランド（John Toland）

1670-1722 年．アイルランド生まれの思想家．名誉革命の動乱期にスコットランドのグラスゴー・カレッジで学んだ．ロンドンにやってくると，非国教徒内の同盟を推進する長老派ダニエル・ウィリアムズを支援して，その著作をジャン・ル・クレールの雑誌に紹介した．これによってオランダでの勉学の機会を与えられ，ベンジャミン・ファーリ，ル・クレール，フィリップ・ファン・リンボルクなど大陸の自由主義的プロテスタントとの交際を得た．帰国後，反三位一体論争のさなか『秘義なきキリスト教』（1696 年）を匿名出版した．多数の反駁が書かれ，イングランドではミドルセックス大陪審の告発，アイルランドでは大陪審の告発と議会下院による焚書と逮捕・起訴が決議された．逮捕を逃れてロンドンにもどると，時事的な政治的著作・パンフレットの出版や，ジョン・ミルトンやジェイムズ・ハリントンなどピューリタン革命時の共和主義者たちの諸著作を編集出版し，「コモンウェルスマン」として活動した．後に『セリーナへの手紙』（1704 年），『パンテイスティコン』（1720 年）などで唯物論的自然哲学を展開した．

訳　者

三井礼子（みつい れいこ）

1949 年生まれ．東京都立大学人文科学研究科英文学博士課程満期退学．学習院大学非常勤講師．論文に「ジョン・トーランド『キリスト教は神秘ならず』の一つの背景──反三位一体論争」（日本イギリス哲学会『イギリス哲学研究』第 13 号，1999 年），「バトラーと理神論論争」（行安茂編『近代イギリス倫理学と宗教 ──バトラーとシジウィック 』，晃洋書房，1999 年），訳書にエルンスト・カッシーラー『英国のプラトン・ルネサンス──ケンブリッジ学派の思想潮流 』（工作舎，1993 年），ジョン・トーランド『秘義なきキリスト教』（法政大学出版局，2011 年）がある．